改訂版
世界一わかりやすい
慶應の英語
合格講座

スタディサプリ講師
関　正生

は じ め に

📩 「紙面の都合」ではなく「受験生の都合」を!!

ボクが高2の冬,「慶應に受かる」と決めてから28年が経ち,今度は「慶應英語」の対策本を書くことになりました。

この本を書きながら頭から離さずにいたことが1つあります。

「慶應を目指していた昔の自分」 が欲しがる本を書く

文法1問の解説に3ページ使おうが,すべての判断は「昔の自分・自分のように独学で慶應を目指す受験生が望んでいるかどうか?」という1点だけを頭に入れて,解説を書き続けました。「紙面の都合」なんて考えず,「受験生(読者)の都合」だけを考えて問題を選び,解説を書きました。

地理的な事情,経済的な事情,その他もろもろ……

なんらかの理由で予備校に通えない受験生,通っても納得できなかった受験生に,「25年間,英語教育の道1本,毎日授業と執筆を繰り返してきた慶應OBが,本気で慶應の対策をすると,こんな本ができる」というのを,実際にカタチにしました。

📩 慶應英語の勝ち方教えます!!

慶應英語はまったく妥協ナシ・容赦ナシです。慶應の入試問題を見て,今までの英語とのギャップをモロに感じて呆然とした受験生に,現状を打破して「慶應レベルの聖域へ」登りつめる道をこの本で示します。「何が何でも慶應に受かる!!」という気持ちで,この本を読んでください。最後まで読み終えて「あこがれ」を「現実」に変えてください。

この本で1人でも多くの慶應合格者が出ることを願っていますし,確信もしています。さあ,今すぐ始めましょう!!

関　正生

CONTENTS

> 慶應の出題意図を
> あぶり出す

CHAPTER 1　学部別・超具体的「傾向と対策」編

> まず慶應レベルの
> 基礎力を養う

CHAPTER 2　慶應・基礎力確認 編

CHAPTER 3 慶應・学部別対策 編

> 学部別の難問を
> ネライ撃ち

本文デザイン：井土 由紀子（熊アート）
本文イラスト：中口 美保

本 書 の 方 針

どんな人が使えば効果的なのか？

　早慶などの超難関大学の対策本となると，とにかく難しい問題をたくさん載せて（その結果，解説は少なくなる），「これだけ解ければ早慶に受かるぞ」という感じになってしまいがちな気がします。

　しかしボクに言わせれば，「**そのレベルの問題がガンガン解けるなら，そりゃ受かるに決まってるよ**」です。「最初から受かる生徒」が自分の力を確認するだけのものであるなら，それは対策本としての価値がないと思います。

　そこでこの本は，以下のような受験生が早慶レベルの問題と戦えるようになる力・考え方を養成することが目的としています。

> □ このままでは早慶まで届きそうにない
> □ 記念受験するけど，本当はめちゃくちゃ受かりたい
> □ 早慶レベルでの基礎を確認しておきたい
> □ 早慶の過去問にどう取り組めばいいのかわからない
> □ 一度早慶の過去問をやったけどボロボロだった

　言ってみれば，基礎的なこと（単語・熟語・文法・英文解釈）は当然終わって，長文に取り組み始めている人が過去問に入る前の「早慶対策の集中レクチャー」というイメージです。

「安心感を持てる」本

　この本は2010年に発売して以来の改訂版ですが，この10年ほどで多くの受験生が使ってくれました。

　たとえば読者の1人は，早稲田に4戦4勝，慶應は本命の文学部1つだけを受けて合格し，慶應に入学後，ボクの事務所でアルバイトをして，この本の改訂にあたって多くの意見を出してくれました。彼女いわく「**早慶合格のための"英語の考え方・時間配分・捨て問の考え方"を知ることができ，それにより，とにかく落ち着いて本番に臨むことができた**」とのことです。

　「自分には早慶なんて，ちょっと無理だし……」と思っている人がいれば，ぜひ同じような安心感と合格の感動を味わってほしいと思います。

本 書 の 特 長

徹底的に詳しい解説

この本では，文法問題1問に解説を3ページ，発音問題1問に3ページ使った問題もあります。

なぜそんなに解説が必要なのでしょうか？　理由は単純です。

慶應の問題だからです！！

慶應の問題が数行の解説でおさまるほうがオカシイんです。

実際ボクの授業では，それだけの密度で解説をしています。

ですから，この本でもまったく妥協ナシで同じ解説を心がけました。

プロフェッショナルの問題分析

かつて商学部では「英文にピリオドを打ちなさい」という，受験生のド肝を抜く問題が出ました（**LESSON3**に掲載）。今までこういう問題の分析は無視されてきました。まるでそんな問題が存在しなかったかのように。

ズバリ，ピリオドを打つ問題の意図は「**構文力**」なんです。

その問題の意図を見抜く受験生を欲しがるのが慶應なんです。

毎日教壇に立って圧倒的多数の受験生を指導してきたプロにしかできない**分析力**をお見せします。

「捨てる問題」の嗅覚も養う

入試には，だれも解けない問題も出ます。つまり「捨てる問題」です。

学校や予備校の現場では「あ，これ捨て問な」という解説がふつうになされます。それによって受験生は「とるべき問題」と「捨てる問題」を区別する嗅（きゅうかく）覚が養われるんです。

ところが！

なぜか従来の問題集では，この「捨て問」にいっさい触れないんです。ボクも何冊も出版の機会をいただいて，自分の考えを活字にする「怖さ」は知っているつもりです。ここで「捨て問」に触れなければ面倒なことはないのかもしれません。

でも，それじゃあ独学で勉強している受験生だけが悲しい目にあうのです。この本では，あくまで良問を厳選しながらも，その中に一部含まれる「捨て

問題」も取り入れました。ぜひとも実際の授業の空気感を体感してほしいと思います。

🎓 キレイごとは言いません

慶應は "OPEC" という単語のアクセントを出してきたこともあります（【óupek】です）。「ニュースを英語で聞く訓練をしていれば，こういう問題にも対処できる」……そんなのはキレイごとです。

慶應の合格体験記を読んでると「TOEFL® テストや英検1級の単語帳をやったほうがいい」なんて意見もあります。たしかに「やったほうがいい」ことはたくさんあります。でも**「やったほうがいい」ということは，やらなくても合格はする**んです。**「やったほうがいい」より「やらなきゃいけない」ことを最優先する**べきです。受験生に時間の余裕はありません。この本で，慶應合格への最短の道を示します。

🎓 ズバリ的中の実績

改訂前の原本が世に出たのが2010年です。その中で「特に慶應が出しそうなもの」にも触れることがありましたが，その分析の方向性が間違っていないことも証明されたと思っています。

たとえば，「inhabit が他動詞であることを慶應が出しそう」と触れたのですが，発売3カ月後の2011年入試（商学部の正誤問題）でその知識がそのまま出題されました。もう1つ挙げると「不可算名詞は，baggage・luggage・furniture が常識だが，慶應受験者であれば mail と equipment までチェックを」と書きましたが，2014年試験（看護医療学部の文法4択問題）でequipment が出題されました。

ふつうの重要事項が的中することは当然（これは他の本でも起こること）ですが，あえて「慶應が出しそう」と触れた事柄が的中していることは，この本の大きな誇りでもあります。ここ35年ほどの慶應の入試問題を全問解いている講師の感覚・発想を活かして，今回の改訂作業も全力で取り組みました。

CHAPTER 1

学部別・超具体的「傾向と対策」編

慶應の
出題意図を
あぶり出す

抽象的な言葉では傾向分析にはなりません。
「総合的な読解力が必要」
「設問の処理に注意を要する」
「長文のテーマは多岐にわたる」
……こういったあいまいな言葉ではなく
「結局どうすりゃいいの?」という疑問に
答えます。超具体的な「傾向と対策」で慶應の
全学部を斬ります!

文学部

全体の傾向 噂に惑わされるな！

30年以上前から「長文1題のみ」「辞書持込み可能」という特殊性のため，受験生を惑わす忠告が飛び交っています。ここでは誤解だらけの文学部対策を考えていきます。

※一時期，長文が2題になったこともありましたが，また1題に戻りました。2題になったからといって，出題方針はまったく変わっていなかったので，仮にそういうことがまた起きても心配はいりません。

長文問題 ⟶

1 量は多くない!!

世間では「超長文」なんて言われていますが，量はまったく多くありません。

- 慶應文学部 　約1800語（選択肢等含む）　120分
- 慶應法学部 　約3800語（選択肢等含む）　80分

なぜか世間の問題集は「選択肢の英文量」を考慮していません。法学部などは選択肢だけでもかなりの英文量です。これを考慮に入れないと，実際の問題のイメージが変わってきちゃいます。「文学部は量が多い」という考えは間違いだとわかりますね。

2 内容は堅い!!

「The 文学部」と言わんばかりの内容です。世間の会話文やら実用志向なんてお構いなしの「大学で学問をするうえで論文をしっかり読める硬派な英語力」を求めてきます。文学部の過去問はどんなに古くても構いません。手に入るだけやってOKです。また慶應の他学部なら総合政策学部・環境情報学部，他の大学なら京都大学の英文が参考になります。

英文和訳 ⟶

1 まずは「構文」，次に「自然な日本語」を！！

合否を握るのは，毎年3題出る下線部和訳です。「辞書持ち込み可」の真意はここに出ます。つまり「どう辞書を使うか？」が問われるんです。

慶應文学部の意図は，決して「知らない単語を辞書で引く」のではなく，「辞書に載っている意味を理解したうえで，問題文を考慮しながら，どうやって自然な日本語にしていくか？」なんです。論より証拠，**LESSON 11** の **STEP 3** (I)で実例を示します。

英作文問題 ⟶

1 必ずしも本文の表現を使う必要はない！！

世間では，慶應文学部の英作文は「英借文」だと言われます。長文の中に出てくる語句・構文がそのまま使えるので，本文を読む前に英作文の問題に目を通しておいて……なんて言われていると思います。

たしかにこれは事実ですが，実際の問題を見てみると，該当箇所を見つけるのが難しいケースもあるんです。そもそも英作文の問題としてのレベルは標準的なので，文学部志望者のレベルを考えれば素で英作文に取り組んでも解答できます。必ずしもムキになって探したり，探せなくて焦ったりする必要はありません。

2 本文を読む前に英作文に目を通さない！！

ブレるからです。あくまで英文の内容に集中すべきですし，集中しないと理解できないレベルの英文ですよね。「英作文の表現を探しながら，英文を読む」なんていうのは，オトナのズルイ論理です。受験生にそんなことできるわけがありませんよね。

LESSON 11 の「慶應文学部ネラい撃ち」で，さらに「本番での手順・注意点」をお話しいたします。

法学部

全体の傾向 豪快に読みながらも，語句の緻密さまでが求められる！

人気・難度ともに私立文系 No.1 だけあって，王者の貫禄を見せつけんばかりの圧倒的な問題です。ふつうの長文だけでなく，会話・インタビュー形式の英文まで出ますが，正しく読むことが一番大切な対策です。やみくもに急いで読んだり，慣れない英字新聞をムリに読んだりするより，地道に過去問を研究していった人が合格します。長文は慶應らしい英文・設問で，経済・商・理工学部と似た感じなので，ここでは法学部特有の問題について書きます。

語彙・発音・アクセント問題 ───────→

難しい単語（他大学だったら意味だけ知ってればいいような難しい単語）の発音・アクセントが出ます。慶應法学部受験者ならば，どんなに難しい単語であっても，意味だけじゃなく，発音・アクセントまでちゃんとチェックする精密さが必要です。**LESSON6** にて対策します。

また，2020年の入試では，特殊な出題形式でしたが，たとえば wound は「ケガさせる」という単語と wind「巻く」の過去形の 2 つがあって，それぞれ発音が違う，career「経歴」と carrier「運送業者」の発音が違う，mine は発音は同じだが，「my の所有代名詞」と「鉱山」の意味がある，など，発音問題の対策をしていれば解ける問題でした。

長文中の難しい単語に下線が引かれて，意味を問う問題も出ますが，これは文脈から判断するのがベストです。英検 1 級レベルの単語帳をやれば知識で解けますが，もしそこまでやるならまずは英語以外の科目を完成させるようにしてください。

文法問題 ───────────────→

ずっと正誤問題が出題されていたものの，2020年に消えました。でも対策

はしておいてください（**LESSON 4**）。一度消えた形式が復活するのが慶應（特に法学部）の特徴です。

会話長文問題 ───────────────→

かなり難しいものが含まれますが，**LESSON 7** で対策します。

インタビュー問題 ───────────────→

以前は出ていて，その後一度消えた問題ですが，2020年に復活しました。特殊な問題なので，「対策は？」と先走ってしまう受験生が多いのですが，そもそも基礎力（長文の力）が足りないケースが多いので，まずはふつうの長文の力をつけることを意識してください。

それをしないうちに，このインタビュー問題に取り組んでしまうと，苦手意識が増すだけです。とはいえ心配だという受験生が多いので，具体的な解き方を以下に示しておきます。

■1 解法（その1）ふつうにオーソドックスに解く

9個ある質問を先に全部読んで，返答を読んでいきます……でもこれだと99％の受験生は膨大に時間をかけてしまうわけです。そこで，次の解法（その2）を参考に，自分なりの方法にアレンジしていってみてください。

■2 解法（その2）返答の1〜2行目だけチェックして易しいものから解く

- interviewer の質問を先読み
  ↓
- 返答の1〜2行目だけチェック
  ↓
- 確実に解ける問題から先に解く
  ↓
- 残った質問と返答を全部読んで，じっくり読む

最初の1〜2行だけ読めば解ける問題が3問くらいあります。まずそれを確実に取ることです。これで3割の選択肢が減るわけですから，だいぶラク

になります。残ったものはじっくり読んでください。

　最後に，難しくて行き詰まった問題は返答の最後の部分をよく読むことです。

　最後の部分は，次の質問につながることが非常に多いんです（これは昔から同じ傾向です）。自信がない問題は，「直前にある返答とつながるか？」をチェックするといいですよ。

　また，インタビューだからといって，無理に最初の問題から解こうとしないでください。最初の2問くらいが難しいことはよくあります。

経済学部

全体の傾向 もはや芸術，入試問題の鑑（かがみ）！

入試問題全体の構成ですが，そのテーマに「賛成した長文」と「反対した長文」をセットで出したり，その2つの長文の内容をふまえて自由英作文をさせたりするなど，非常によく作られていて，芸術性さえ感じさせる出題形式です。

長文問題 ━━━━━━━━━━━━━━━━━━━━→

時事的なテーマがよく出るのは昔から変わりません。たとえば「同性婚」や「芸術分野への補助金の是非」など，日本ではそこまで大きな話題にならないものの，世界のニュースではよく取り上げられるようなテーマが容赦なく出ます。

「過去に出た長文」ではなく，「これからも出題され続ける長文」をテーマにした問題集を使うのが理想ですが，実際にはそこまで対策できる受験生は少なく，慶應レベルの語彙力と文法力を土台に，しっかりと英文を読んでいけば問題自体は解けます。ただし最新テーマに触れておきたいというのであれば，法学部・商学部・総合政策学部・環境情報学部の過去問が良い練習になるはずです（問題形式は違いますが，新しいテーマが出ます）。

英作文問題 ━━━━━━━━━━━━━━━━━━━━→

出題は2パターンあり，ふつうの和文英訳と自由英作文です。

和文英訳は慶應に限らず，「すぐに英語にする前に"子どもに説明する発想"で，日本語をかみ砕いてから英語にする」という方法をボクは25年以上ずっと教えてきたのですが，なんと経済学部の入試問題ではそのことがハッキリと書かれるようになりました（2012年以降に登場）。

経済学部の問題に書いてある注意書き

> 注意点：日本語の表現をうまく英語にできない場合は，別の言い方に変えてから英語にしてみましょう。
>
> （例）難解 → わかりにくい → hard to understand

　これは「英作文というのはこういう発想で良いし，慶應大学はそういう答案に合格点を与えますよ」と明示していることになりますね。無理に直訳して，実際に使われるのか怪しい英語を書くのではなく，確実に自分が知っている表現を使いまわすことが求められているわけです。

　また，自由英作文については，**LESSON 10** で対策します。

商学部

長文問題 →

　出題形式が変わるといっても，商学部は決してデタラメに問題を作ってるわけじゃありません。30年以上一貫して「構文力」という硬派な英語力を求める問題が出続けています。それは文法問題・整序問題だったり，ときには「英文にピリオドを打て」なんていう問題だったり（**LESSON3**），ありとあらゆる形で構文の力をきいてきます。もちろんその傾向は今現在も変わらず，たとえば2020年度の長文（大問番号Ⅰ）なんて，構文が複雑だったり，挿入がやたらと多い英文で，正確・緻密に読む力がないと対応できないものでした。

　量に圧倒されて速読に走るのではなく，まずは1文1文をきちんと読める力をつけたうえで，スピードを上げていくようにしましょう。

　英文のレベルや量自体は経済学部・法学部・理工学部と変わらないので，対策は同じです。

　商学部だけの特徴としては，ふつうの高校生が知らない（単語帳に載っていない）ビジネス関連の語彙をバンバン出してきます。entrepreneur（起業家）や startup（新興企業）などは商学部受験者なら常識として知っておかないといけません。この辺りの対策は **LESSON8** で行います。

文法 4 択問題 ————————————————→

　出題数が減ることもあるので，そのうち消滅するかもしれませんが，商学部は長文の中で文法力が必要とされる英文が出るので，文法の問題集は完璧に仕上げておいてください。さらに，熟語問題も多く出るので，熟語帳を 1 冊完璧にするのは最低条件です。そのうえで，基本動詞（come・get など）の熟語はどんなに難しくても，出合ったものはすべて覚えていく姿勢が必要です。**LESSON7** の法学部の会話問題でも難しい熟語が出るので，法学部を受けない人でも必ず読んでおいてください。

$$\frac{1}{s^2}\frac{\partial^2 u}{\partial t^2}=\Delta u$$

理工学部

全体の傾向　商・法・経済学部を参考に作っているのでは!?

慶應の他の学部と同じ難度。理系だからといってまったく手加減してくれません。英語に手を抜くことなく，「文系に負けねーぞ」くらいの勢いがほしいところです（私立理系に関して，東京理科大・上智に受かりながらも，慶應・早稲田にはあと一歩届かなかった受験生は，英語の力が足りなかったというのがボクの見解です）。

また，商学部・法学部・経済学部に似た問題形式が出ます。この本をしっかりやりこんで，他学部の問題にも慣れておいてください。

さらに，慶應と早稲田は入試問題にそれぞれ独自の特徴がありながらも，慶應の理工学部と早稲田の理工学部に関しては似た（長文や文法問題のレベル・語彙問題を重視する姿勢）雰囲気があります。併願することで相乗効果をもたらし合格に近づくと思います。

長文問題 ───────────────→

レベルは高いですが，変な問題はないので，実力が反映されるはずです。内容一致問題に関しては，長文を読みながら設問を解いていったほうが時間をロスしないでしょう。

会話長文問題 ───────────────→

以前は基本的で変な問題もなかったのですが，最近はかなりの難問も出ます。会話の慣用表現や熟語は完璧にしておきましょう。また，余裕があれば法学部の会話問題に目を通しておくのもいいでしょう（まずは「**LESSON7** 法学部の会話対策」を読んでみてください）。

単語書き取り問題 ───────────────→

苦手な人が多いので，単語帳ばかり気にしてしまいがちですが，毎年狙われるのは「新しい内容の長文でよく使われる単語」です。ですから，いかにたくさん，しっかりと長文を読んできたかが勝負の分かれ目となります。

総合政策学部・環境情報学部

全体の傾向 硬派な英文にくじけず，地道に設問を解く！

総合政策学部と環境情報学部（まとめて「湘南藤沢キャンパス」で「SFC」と呼ばれます）はまったく同じ形式（長文に3択の語句選択と4択の内容一致問題がある）です。ずっと長文は2題だったのですが，2016年度から長文が3題になりました。と言っても，読むべき語数は20年以上変わっていない（約4000語）ので，3題になったからといって対策は変わりません。

長文問題 ⟶

　文学部と同様「学問のための硬派な英語力」を求めてきます。時間は120分あるので，法学部などと比べると少し余裕があります。

- 慶應法学部　　約3800語（選択肢等含む）　80分
- 慶應SFC　　　約4000語（選択肢等含む）　120分

　しかし内容があまりにもヘビーです。妥協ナシの硬派な英文です。最新のトピックを扱っているのですが，英文内での考察がかなり深いので，「一度どこかで読んだことのある話題っぽいから」なんて油断して，ササッと読んだりすると，まったく理解できなくなります。正確な文法の知識と構文力を土台に，いかに基礎を大事にして，精読のトレーニングをしてきたかが問われます。本番での手順は「**LESSON 12** のSFCの長文対策」でお話しいたします。

設問 ⟶

　英文の内容が難しい分だけ，解きやすい設問もたくさんあります。特に文法・語法・熟語問題を確実に得点することが絶対条件です。また，文脈で解く問題も空所前後を読めば解けるものがほとんどです。かなり前のほうに解答の根拠があり，2段落も後ろを見なきゃ解けない問題はきわめて少ないです。

看護医療学部

文法 4 択問題 ———————————————→

標準的な問題（tell 人 that ～という語法や仮定法過去完了の公式など）ばかりです。ときどき難しい問題が混じります（「冠詞」の問題が同じ年に何題も出たことがあります）が，そこに意識を奪われることのないようにしてください。そういった問題はできなくても合否には関係ありません。

単語書き取り問題 ———————————————→

ache「痛む」など看護医療としては常識的なものは必ず対策しておきましょう。カタカナ語もよく出るので，日本語を見てわからなくても，「（中学生でも知っているような）カタカナ語で言えるのでは？」と考えてみてください。これで数問取れてしまうことがあります。たとえば2020年の問題だと「競売」→ auction，「設計」→ layout，「突進する」→ dash などです。

長文問題 ———————————————————→

看護だからと言って必ずしも医療系の内容が出るわけではありません。色々な長文をしっかり読みこんでおいてください。ちなみに言語論がよく出るのは，「いくら理系でも慶應生は英語もできなくちゃダメだよ」というメッセージかもしれません（これは薬学部でも同じです）。

また，和訳問題は簡単なときと，難しいときの差がありますが，きっちりと構文をとって，それを日本語に反映することを意識してください。文学部で要求される「きわめて自然に意訳する力」まで考える必要はありません。

自由英作文問題 ———————————————→

LESSON 10 で解説します。

薬学部

長文問題 →

　かなり難しい英文が出ます。普段あまり問題集では見ない，理系感全開の英文（それゆえ単語がものすごく難しい）や，看護医療学部同様に「言語」を大切にしていて，理系の人が好きじゃないかもしれない「言語論」がよく出ます。内容自体は非常に興味深く，「患者が症状を訴えるときの，それぞれの人の背景による言葉の違い」だとか，将来，医療関係，薬剤師になるにあたって，他の大学では入試問題の段階では重視しきれないところまで要求する姿勢などは，さすが慶應と言わざるを得ません。

　ただし，受験者にはあまりに難しいので，全力で読みこむものの，わからないところはスルーして，わかるところだけしっかり理解し，その部分が問われた設問だけは必ず取る，という姿勢で読んでいくしかありません。

　途中で「もうわかんない！」と心が折れてしまうと，そのままグダグダになります。「とりあえず次の長文を読んでから」なんて思っても，次の長文も同じくらい難しい，というのが慶應の薬学部なんです。「理系だし……」なんて言わずに，文系の受験生に負けないほどの英語力を目指してください。

医学部

全体の傾向 読んで・書いて・考える!!

医学部といっても，理系の内容に偏らず（むしろ文系の内容のほうが多いくらい），英文の出典も，英字新聞などからも多く，広い視野と教養を持った学生を望む姿勢が感じられます。

設問も多彩で，マーク式から英作文まで何でもあります。単語の同意語や反意語を書かせる問題・多義語問題・会話表現も出たことがあるので，とにかく英語の勉強で出てきたこと・他大学の問題など，なんでも貪欲に吸収していってください。

「こういう問題，慶應の医学部には出ないよ」という言葉は禁句です！

医学部の過去問以外では，慶應の他学部なら経済学部・商学部・看護医療学部，他大学なら東大・東工大の問題が参考になります。

長文問題 →

　他大学の医学部ならストレートに医療面での倫理観についての長文を出すことが多いのですが，「自動運転の車の話の中で，倫理観を伝える英文」（2020年）のようなものを出したり，最新テーマであり，かつ深く読まないといけないような英文をたくさん出したりします。

　さらに，内容を把握するだけでなく，語彙・文法・構文の緻密さも問われます。その自動運転の長文の中では関係詞の問題が5問も出たくらいですので，法学部や経済学部など文系学部の受験生と同じくらい英語の知識は絶対に必要です。

和訳・英訳 →

　和訳問題は，基本的な構文がよく出ます。such ～ that ... や and が何と何とを結ぶか（この問題はLESSON 3 に掲載）や倒置構文などが出ています。場合によっては意訳も必要ですが，文脈からわかるようになっています。

　英訳も基本的な文法・構文がポイントとなることが多いです。英文中の英訳なので，ヒントとなる語句・構造が英文のどこかにある，ということもよ

くあります。すぐに英訳をするのではなく，いったん問題はスルーして，英文を読み進めると，だいぶ後ろのほうに英訳のヒント（場合によっては，そのまんま流用できる語句や構造）があるかもしれません。

自由英作文 ⟶

LESSON 10で解説します。

まず
慶應レベルの
基礎力を養う

たとえ慶應の問題といっても
大半は標準的な問題です。
この Chapter2 では慶應で求められる
基礎的な英語力とはどのくらいなのかを
確認していきます。
一見難しい問題でも「こうやれば解ける！」
というポイントも示していきますよ!!

LESSON 1 文法対策(1)
〜超効率的！ 語法の解説〜

今までの語法の解説といえば，
「strike にはいろいろな意味があって，『打つ』『思いつく』『印象を与える』です。はい，暗記して」
こういう暗記の強要でしたよね。
この LESSON では，慶應で出た問題を使って，
「プロがまとめると，語法はここまで整理・洗練される!!」という解説をいたします。
ぜひ効率的に語法をマスターしていってください!!

⊗ この LESSON のポイント

❶ 「基本問題＋ひっかけ」に注意！

❷ 語法は「型で」整理する！

STEP 1 慶應ネラい撃ちポイント

1 慶應は「基本問題＋ひっかけ」

「rise と raise，lie と lay の区別」なんて聞くと，「そんな簡単な問題，慶應で出るわけね〜じゃん」って言われちゃいそうですが，実は結構出題されます（慶應に限らず，早稲田，東大でも出てます）。

「自動詞か，他動詞か？」といった基本をおさえるのは当たり前なんですが，慶應ともなると，ほんのちょっとだけひっかけてきます。もしそれで間違え

ちゃうと，大学の先生からは「君は，あれかね？　lie と lay も区別できない
で，我が慶應義塾を受けに来たのかね？」って烙印を押されちゃいます……。

　この LESSON では，基本語法をおさえつつ，それにどのくらいの知識と
思考力を足せば慶應で得点をゲットできるのかを明確に示します！

② 語法は型で整理すると超効率的

　今まで語法といえば「この動詞はこの型をとる」ってバラバラに解説され
てきました。
　一方，この本では語法をきちんとまとめ，慶應で出題された動詞と同じ型
をとるものを整理しました。ただの過去問解説で終わることなく，語法の解
説書としても最高にわかりやすい解説を目指しました。

③ 今後出題が増える難問も解説

　たとえば，blame の語法と言えば，相も変わらず〈blame 人 for ~〉の問
題ばかりやらされますよね。たしかに，こういう基本も大事です。

　でも，慶應をねらう受験生なら，〈blame 人 for ~〉だけでなく，〈blame
~ on 人 〉までチェックしておくべきなんです（詳しくは42ページ）。この
ような慶應受験生に必要な問題を，この LESSON でチェックしてください！

文

経

済

法

商

医

理

工

総合政策

環境情報

看護医療

薬

(1) 日本文に合うように適切な1語を入れよ。解答は与えられた "s" の文字ではじめること。

彼女の発言は私には奇妙に思われた。

Her remarks（s   ）me as strange.　　　　　（慶應・理工）

(2) 日本文に合うように適切な1語を入れよ。解答は与えられた "c" の文字ではじめること。

過労のため彼は命をなくした。

Overwork（c   ）him his life.　　　　　（慶應・理工）

(3) Thanks to your kind suggestion that（   ）the library book by Friday, I avoided paying the penalty.

① I remember to return

② I will remember returning

③ I would remember returning

④ I would remember to return

（慶應・経済）

(4) He（   ）at this time of the year.

① accused me for going to vacation

② accused me of going on vacation

③ blamed me for going to vacation

④ blamed my going for vacation

（慶應・経済）

(5) The price of coffee（   ）early this month.

① has raised to 200 yen   ② has risen by 200 yen

③ raised 200 yen   ④ rose by 200 yen

（慶應・経済）

(6)　She（　　）aside her book and went to answer the door.
　　① lied　　　　② lain
　　③ laid　　　　④ lay

（慶應・理工）

(7)　She complained about（　　）in her room.
　　① there being few furnitures
　　② there being little furniture
　　③ there was little furniture
　　④ there were few furnitures

（慶應・経済）

(8)　Asked about the new car's outstanding features, the car dealer first mentioned（　　）of fuel.
　　① about its economic use
　　② about its economical use
　　③ its economic use
　　④ its economical use

（慶應・経済）

(9)　When a fire follows an earthquake, it is better to keep the doors and windows closed in order to（　　）.
　　① keep the fire from spreading　　② limit the fire inside
　　③ prevent the fire to be spreaded　④ stop the fire to spread

（慶應・看護医療）

(10)　私たちは彼を説得してとうとうダンス・パーティーに行かせた。
　　［going / talked / to / him / dance / into / we / a］.

（慶應・理工）

文

経

済

法

商

医

理

工

総合政策

環境情報

看護医療

薬

解答・解説

(1) **答** **struck**

解説 〈**strike** 人 **as** 〜〉「 人 に〜という印象を与える」という意味になります。

「思われた」につられて、seem を書いてしまう人もいるかもしれませんが、ここは strike です（seem の使い方は47ページで触れます）。strike の語法を完璧に理解している受験生はほとんどいません。無理もないんです。辞書でも単語帳でもダ〜ッと意味が並んでるだけですもんね。

では、原義から考えてみましょう!!
strike の原義は「バシッと打つ!!」です。
　　▶昔の野球のルールでは、バットで「打てる」ゾーンを「ストライク」と言ったそうです。"strike ＝打つ"ってことなんです。

とにかく strike は「打つ」から考えてください。
辞書でも一番最初に「打つ」「なぐる」って意味がきていると思います。
〈strike 人 〉の形で「 人 を打つ」になるわけですが、 人 の「どこを打つか？」によってだいぶ意味が変わってきます。

⟩〈strike 人〉の３つの意味

➊「体を打つ」➡「なぐる」

「打つ」➡➋「頭を打つ」➡「思いつく」

➌「心を打つ」➡「印象を与える」
　　〈S strike A as B〉の形でよく使われる。

「人の心を打つ」➡「印象を与える」って意味になります。
イメージとしては、たとえば、思いっきり好みのタイプの異性を見て「もろストライクゾーン」って言い方がありますよね。その感覚です。ハートの真ん中をぶち抜く「人の心をズバッと打つ」感じです。
この「印象を与える」って意味では、〈**strike** A **as** B〉「A に B という印

象を与える」って形でよく出ます。今回の問題が strike *A* as *B* の形ですね。strike - struck - struck の変化ですから，過去形 **struck** を書けば OK です。

(2) **答**　**cost**

解説 空所直後の him his life に注目。2つの目的語がきてるので，SVOO をとる動詞が入りますね。

⊗ SVOO の2つの意味

〈V 人 物〉
➡ ❶「**与える**」：**give** / **show** / **teach** / **send** / **get**　などたくさん
➡ ❷「**奪う**」：**take** / **cost** / **save** / **spare** / **owe** など少し

　まず，原則的に〈V 人 物〉を見たら「**与える**」って意味を考えてください。teach us English だって「私たちに英語の知識を**与える**」わけですよね。このパターンが圧倒的に多いんです。

　まったく逆の「**奪う**」って意味は5つだけ頭に入れてください。どれも今までは「特殊な語法」なんて言われてきたものです。**take** / **cost** / **save** / **spare** / **owe** だけは「 人 から 物 を奪う」って考えれば，ひとつひとつ暗記しなくても大丈夫です！

take	**例** It took her three years to write the novel. **訳**「彼女がその小説を書くのに3年かかった」
cost	**例** It will cost you $600 to fly to Japan. **訳**「飛行機で日本に行くには600ドルかかる」
save **spare**	**例** His e-mail saved [= spared] me the trouble of going there. **訳**「彼がメールをくれたので，そこに出かける手間が省けた」
owe	**例** I owe him some money. **訳**「彼に少しお金を借りている」

たとえば，〈It takes 人 時間 to 〜〉「 人 が〜するのに 時間 がかかる」（It は仮 S，to 〜が真 S）なんて公式を覚えさせられたと思います。そんな公式はいったん忘れて〈take 人 物 〉の形に注目してください。「 人 から 物 を奪う」って訳してみましょう。

　直訳は「小説を書く行為は 彼女 から，3年の時間 を奪った」➡「小説を書くのに 3 年かかった」となります。

　問題に戻りましょう。「過労のため彼は命をなくした」➡「過労が，彼から命を奪った」と考えて，cost を入れれば OK なんです。

　cost him his life「彼から命を奪った」➡「彼は命をなくした」です。

「時間を奪う」は take ですが，「お金・命」など貴重なものを奪うときは cost です。ちなみに，cost は，cost - cost - cost の無変化動詞です（これも慶應で狙われたことがあります）。

(3) 答 ①

解説 suggestion に注目します。まずは suggestion のもとの形（動詞）である，suggest の語法から確認していきましょう。

◯suggest型 ➡ 基本形：S suggest $\begin{cases} \text{that S' } \boxed{原型} \\ \text{that S' } \boxed{should+原型} \end{cases}$

> **suggest 型の動詞**
> ➡すべて「要求する」って意味がベース!!
> **提案**：suggest（提案する）/ propose（提案する）
> 　　　recommend（勧める）
> **要求**：insist（要求する）/ request（要求する）
> 　　　require（要求する）
> **命令**：order（命じる）
> **決定**：decide（決定する）
> ▶「提案・要求・命令……」なんて暗記しなくても大丈夫です。すべて「要求」って意味がベースになっていますよね。「提案」＝「やさしい要求」，「命令・決定」＝「度がすぎた要求」と考えれば，ムダな暗記がなくなります。

✒️ ココが慶應らしい

suggest の後にくる **that** 節の中では 原形 か should＋原形 がきます。これは有名なルールですよね。慶應の受験生にとってはやさしすぎるので，ちょっとだけひっかけてきます。実はこれ，**suggest** の名詞形 **suggestion** でも，後ろの **that** 節内でも同じ形をとるんです。

ということは，that の中では 原形 か should＋原形 を意識すれば OK なんです。① I remember to return が正解ですね。

suggest の語法はどんな問題集にだって書いてありますね。でも，suggestion のことまで書いてある本は，ほとんどありません。慶應は，本番で suggestion を見たときに「suggest と同じじゃないか？」って類推できる受験生を求めてるんですね。

訳 | 「金曜日までに図書館の本を返すんだよ，とあなたが親切にも言ってくれたので，罰金を支払わずに済んだ」

(4) **答** ②

解説 「非難する」の語法は 3 種類あります。

⊙「非難する」

❶ **accuse** 人 **of** ～   ☞「～に関して」の **of**

❷ **blame** 人 **for** ～   ☞「～を理由に」の **for**

❸ **charge** 人 **with** ～   ☞「～に関して」の **with**

では，選択肢をチェックしてみましょう。

①	accused me for going to vacation	☞ accuse 人 of ～ が正しい。
②	accused me of going on vacation	☞ 正解！
③	blamed me for going to vacation	☞ going on vacation が正しい。
④	blamed my going for vacation	☞ blame 人 for ～ が正しい。

③ blamed me for going <u>to</u> vacation が慶應らしいひっかけですね。「休暇で出かける」なんて熟語，意外と聞いたことないですよね。

でも，あきらめちゃいけません。

知らない表現というのは，正反対の意味から考えるとヒントが得られます。「休暇で出かける」 ⟷ 「仕事で出かける」ですよね。「仕事で」ってなんて言いますか？ （　　）business に入る前置詞は？

on business ですよね。「**接触の on**」です。「仕事に<u>接触した状態</u>で出かける」ってことです。これ，仕事じゃなく休暇で出かけたって，発想は同じですよね。「休みに<u>接触した状態</u>で出かける」だって「on vacation じゃないかなぁ？」って考えれば OK なんです！

訳 ┃「彼は1年のこの時期に休暇をとった私を非難した」

(5) 　**答**　④

解説 rise と raise の区別ですね。

⊙rise vs. raise

- **rise**　自動詞　「上がる」　**rise** - **rose** - **risen**
- **raise**　他動詞　「上げる」　**raise** - **raised** - **raised**

🕐**発展**

- **arise**　自動詞　「起こる／生じる」　**arise** - **arose** - **arisen**

　　☞ "強調の a" + rise ＝ arise ですので，大ざっぱに arise ≒ rise と考えれば OK です。

　　　例 A new problem has <u>arisen</u>.
　　　訳┃「新たな問題が生じた」

では，選択肢をチェックしてみましょう。

①	has raised to 200 yen	☞	raise は他動詞 ➡ 目的語が必要。
②	has rised by 200 yen	☞	rised ➡ rise の過去分詞形は risen。
③	raised 200 yen	☞	raise の後ろに200 yen（目的語）➡ 保留
④	rose by 200 yen	☞	rise は自動詞なので目的語不要 ➡ 保留

残った③ raised 200 yen と，④ rose by 200 yen を吟味してみましょう。こういう最後のツメをいい加減にすると，慶應の問題はミスするようになってるんです。

③　raised 200 yen

形は問題ないので，意味を確認しましょう。

主語は The price of coffee ですから……

「コーヒーの値段が，200円を上げる」??　これでは意味不明ですよね。

　　▶でも，実際予備校で授業をしてると，このミスが一番多いんです。それは次の④の選択肢の by がうまく訳せないからだと思います。

④　rose by 200 yen

この **by** は「差」を表します。「200円分だけ上がった」って意味でバッチリですね。

ちなみに〈by ＋数字〉は「単位／差／期限」になることが多いです。

どれも入試頻出です。

⊙ 〈**by** ＋ **数字**〉

> **単位**：「～単位で」
> 　例 I am hired by the hour.
> 　訳「1時間単位で雇われてる」
> **差**　：「～の分だけ」
> 　例 I am older than you by 8 years.
> 　訳「君より8歳，年上だ」
> **期限**：「～までには」
> 　例 I'll be here by five.
> 　訳「5時までにはここにくる」

訳|「今月の初旬に，コーヒーの値段が200円上がりました」

(6)　**答**　③

解説 lie と lay の区別はおなじみですよね。

⊙lie vs. lay

- **lie**　自動詞　「横になる／ある」　**lie** - lay - lain
- **lay**　他動詞　「横にする／置く」　**lay** - laid - laid
  - 📝　lay の変化は pay（pay - **paid** - **paid**）に似ていますね。

　慶應がひっかけてきたポイントは，空所直後の aside です。aside の品詞はわかりますか？
　「副詞」なんです。「横（side）に」って意味ですね。"**副詞＝なくても文が成立**" ですから，さらにその後ろに注目します。

She（　　）<u>aside</u>　<u>her book</u>　and went to answer the door.
　　　　　副詞　　名詞＝目的語！！

　目的語がありますので，空所には他動詞が入ります。
　④ lay には「3 単現の -s」が必要です（主語は She）ので，過去形の③ **laid** が正解です。and の後ろで went to ～と過去形が続いているのもヒントになります。

　慶應の場合，lie と lay の知識は当然として，aside の品詞まで聞いてくるんですね。

訳 | 「彼女は本を横に置き，ドアへ向かった」

(7)　**答**　②

解説　まず，空所直前 about に注目です。about は前置詞ですよね。後ろには「名詞・動名詞（-ing）」がくるはずです。

①	<u>there being few furnitures</u>	📝 furniture は複数にならない。
②	there being little furniture	📝 being は動名詞で正解。
③	<u>there was</u> little furniture	📝 前置詞の後ろに S V はこない。
④	<u>there were</u> few furnitures	📝 前置詞の後ろに S V はこない。

being は動名詞で，その前に there という「動名詞の意味上の主語」がきてる……って説明ができますが，これは下のイメージでとらえたほうがわかりやすいと思います。

イメージ → there was が there being になっている

She complained that <u>there was</u> little furniture in ～ .
　　　　　　　　　　　↓ was が being に
　　　　　　　　about <u>there being</u> little furniture in ～ .

次に furniture ですが，複数形になることはありません。
「furniture は数えない」という意味不明な説明をされたことがあると思いますが，furniture というのは，けっして「家具」という意味ではなく，「家具ひとまとめ／家具一式」って意味なんです。もともと「ひとまとめ」って意味が含まれてるんで，複数形にする必要がないんです。よって，可算名詞に使う few ではなく little が適切です。

⊙「ひとまとめ名詞」

❶	**money**	「お金ひとまとめ」
❷	**baggage** / **luggage**	「荷物ひとまとめ」
❸	**furniture**	「家具ひとまとめ」
❹	**mail**	「郵便物ひとまとめ」
❺	**equipment**	「設備ひとまとめ」

たとえば baggage = bags なんです。
特に，❷ **baggage / luggage** と，❸ **furniture** が入試頻出です。慶應の受験生であれば，❹ **mail**（早稲田・学習院で出題済み），❺ **equipment**（TOEIC®テストで頻出）までチェックしておいてください。

さらに，complain の語法はよく狙われるので，次のようにまとめてチェックしておきましょう！

⊙ think 型の語法　➡ 基本形：think that ～ / think of［about］～

❶ think that ～　　　　/ think of［about］～
　　　　　　　　　　　　　　　　　「～を考える」
❷ dream that ～　　　　/ dream of［about］～
　　　　　　　　　　　　　　　　　「～を夢に思う」
❸ complain that ～ / complain of［about］～
　　　　　　　　　　　　　　　　「～について不満に思う」

　think / dream / complain は後ろに **that / of / about** をとるんです。think（考える）と dream（夢見る）は意味が似ています。どちらも「頭の中で思いめぐらす」ってことですよね。

　complain は「（頭の中で<u>考えた</u>不満を）口に出す」ってことなんです。だから「不満を<u>考える</u>」➡「不満を<u>言う</u>」になったわけです。

　　▶日本人の感覚では「思っても，口に出さなきゃ OK」みたいなところがありますが，英語の世界では「思った瞬間，神様には通じちゃう」わけです。ですから，日本人ほど「思う／言う」を区別して考えないのだと思います。語法はまったく同じですよね。

訳｜「彼女は部屋に家具がほとんどないと不満をこぼした」

(8)　**答**　④

解説　空所直前 mentioned に注目。**mention** は**他動詞**ですので，直後に名詞がきます。③ its economic use と，④ its economical use が残りますね。

⊙ economic vs. economical

● **economic**　　　「経済の／経済学の」
● **economical**　　「経済的な／お得な／安い」

　economical は，「経済的な」よりも「お得な／安い」って覚えたほうがラクです（➡134ページ）。

　「use of fuel（燃料費）が<u>安い</u>」わけですから，④ its <u>economical</u> use が正解です。

訳┃「その新しく出た車の際立った特徴について聞かれると，まず最初にディーラーは車の燃費が経済的だということに触れた」

(9)　**答**　①

解説　prevent 型の語法をチェックしてみましょう。

⟩prevent 型の語法　➡ 基本形：prevent 人 from -ing

❶ prevent [keep/stop] 人 from -ing
　　　　　　　　　「人 が～するのを妨げる」
❷ hinder 人 from -ing　　「人 が～するのを妨げる」
❸ ban 人 from -ing　　　「人 が～するのを禁じる」
❹ discourage 人 from -ing
　　　　　「人 が～するのをやめさせる・思いとどまらせる」

　from は「～から（離れて）」➡「分離」を表します。
　〈人 from -ing〉の部分は「人 が -ing から分離した」➡「-ing できない」って意味になるんです。
　この prevent 型の形になっている① keep the fire from spreading が正解です。
　ちなみに② limit the fire inside に関しては，limit という動詞に特別な語法はありませんので無視してかまいません（「部屋の内側で，火を制限する」では意味不明ですしね）。

訳┃「地震に続いて火事が起こったときは，火が広がるのを防ぐためにドアと窓を閉めたままにしたほうがいい」

(10)　**答**　We talked him into going to a dance.

解説　talked に注目です。**talk** は，「話す」という意味のときは自動詞（たとえば talk to 人）です。
　でも，「説得する」の意味では，**talk** 人 **into -ing**「人 を説得して～させる」の形になります。
　talk 人 into -ing ＝ **persuade** 人 into -ing と考えてください。

(1) I try to ( ) the message.

① make him to understand, but he never gets

② make him understand, but he never gets

③ make him understood, but he never receives

④ making him understand, but he never catches

（慶應・経済）

(2) I know it was your fault. How can you ( ) it on her?
She has nothing to do with it.

① suggest ② accuse ③ prove ④ blame

（慶應・商）

(3) A : I suppose nothing ever stays the same.
B : We're [expect / foolish / to / if / it / we].

（慶應・商）

(4) 次の日本文を，10語の英文に訳しなさい。その際，[　　]内
の3語をそのままの形で必ず使用すること。
その事故のあとで，彼は運転免許証を取り上げられた。
[accident / deprived / He（He は文頭に用いる）]

（慶應・理工）

(5) 日本文に合うように適切な1語を入れよ。
彼が電話をしてきたので，電子メールを書かずに済んだ。
His call ( ) me the trouble of e-mailing him.

（慶應・理工）

(6) 次の英文の下線部の中で誤っているものを 1 つ選びなさい。

The dogs (a)made straight for me and their master tried to stop them by shouting and whistling. They (b)obeyed to the master just at the point when I thought I would have to (c)go up a tree. He called out, "sorry about that." I lifted my arm in what I hope he (d)took for a friendly gesture.

（慶應・商）

(7) 次の英文の下線部の中で誤っているものを 1 つ選びなさい。

(a)It was she who increased the newspaper's circulation (b)almost single-handedly (c)with her daily column. No other columnist (d)could deserve with so great a reward.

（慶應・商）

(8) 次の英文の下線部の中で誤っているものを 1 つ選びなさい。

(a)Her business is (b)seeing that all claims (c)from clients (d)are attended immediately.

（慶應・理工）

(9) 次の英文の下線部の中で誤っているものを 1 つ選びなさい。

It (a)seemed (b)clearly to me that the man (c)with a gun was (d)guilty of murder.

（慶應・理工）

(10) 次の英文の誤っている箇所を直しなさい。

Unfortunately, I didn't have enough money to buy an expensive present. So I decided to lend money from my friend.

（慶應・経済　改）

解答・解説

(1) **答** ②

解説 各選択肢の前半に注目します。

①	make him <u>to</u> understand, but 〜	☞	使役動詞は to をとらない。
②	make him understand, but 〜	☞	正解！
③	make him understood, but 〜	☞	意味が変。
④	mak<u>ing</u> him understand, but 〜	☞	try to の後ろには原形がくる。

よく〈make oneself understood〉「自分の言ってることが，(周りから)理解される」➡「自分の言うことが通じる」が出されます。「なんだよ，慶應簡単だなぁ」とか言って，これと似た形の③ make him understood 〜 に飛びつかないようにしてください。

③を選んでしまった場合 ➡意味が変！

I try to (make him understood, but 〜) the message.
      O   C
    「彼の言うことが，理解される」

これだと，全体が「彼の言っていることが，(周りから)理解されるように，私はトライしています。でも，彼はメッセージを受け取らない」って意味になっちゃいます。これでは意味不明ですよね。

訳「彼に自分の言うことを理解させようとするのだが，彼はけっしてわかってくれない」

(2) **答** ④

解説 空所直後の it on her に注目します。正解は④ blame です。

⟩blame の語法

blame 人 for 〜 「〜を理由に 人 を責める」 ☞「理由」の for。
= **blame 〜 on 人** 「〜を 人 のせいにする」

☞「上に押しつける」の **on**。

ふつう，blame の語法といえば，blame ☐人 for 〜 が圧倒的に出ます（33ページもその形でしたよね）。

でも，慶應はさらに難しい **blame 〜 on ☐人** まで出してきます。「〜（の責任）を，☐人 の上に（on）なすりつける」って意味です。

▶これは特別マニアックな問題ではありません（過去に日本女子大でも出ています）ので，しっかりマスターしておいてください

訳｜「それは君の過ちなんだ。どうして彼女のせいにできるんだ？　彼女はそのことには関係ないよ」

(3)　**答**　**We're** [foolish if we expect it to].

典型的なミス：We're [foolish if we expect to it].

解説 expect に注目します。

▷ **expect の語法**

● **expect to 〜**　「〜するつもりである」
● **expect O to 〜**「O が〜することを期待する」
　☞ "〜" は動詞の原形。

これ，✕ We're [foolish if we expect to it]. って書く人がとても多いんです。やっちゃいませんでしたか？　この英文，どこが間違ってるかわかりますか？

あくまで〈expect to 原形 〉なんです。expect to *it* はマズいんです。ここでミスに気づけば，あともうひと息です。

次は expect O to 〜 にトライします。

expect it to で文が終わっていますが，あわてない。「**代不定詞**」の知識があれば，慶應で得点ゲットです！

　〜 if we expect it to {stay the same}.

じつは，to の後ろに stay the same が省略されているんです。このように**省略が起きて，to だけで代用するものを代不定詞**といいます。

▶ 〈I'd love to.〉「喜んで」も代不定詞の例です。見たことありますよね。

ですから，we expect it to って，to で文が終わること自体はまったく問題ないんです。

✕ expect to *it* はダメだけど，◎ expect it to なら OK って確信が持てれば慶應合格に近づくんです！

訳 A：「いつまでも同じままでいるものなんて，何もないと思う」
B：「ずっと同じでいることを期待するとしたら，バカだよね」

(4) **答** He was deprived of his driver's［driving］license after the ［that］accident.

解説 語群の deprived に注目。deprive は rob 型で，〈**deprive 人 of 物**〉の形をとります。しかし，ここでは He を文頭に持ってこないといけないので，受け身（人 **is deprived of** 物）にすれば OK です。

▶ ちなみに，「運転免許証」はうまく英語にできなくても仕方ないでしょう。みんな書けませんから，気にしなくて問題ありません。

⊘ rob 型の語法 ➡ 基本形：rob 人 of 物

rob 型の動詞➡「人 から 物 を奪う」がベースの意味
❶ **rob 人 of 物**　　　「人 から 物 を奪う」
❷ **deprive 人 of 物**　「人 から 物 を奪う」
❸ **cure 人 of 病気**　　「人 から 病気 を奪う」➡「**治す**」
❹ **clear 人 of 物**　　　「人 から 物 を奪う」
　　　　　　　　　　　　➡「**片づける**」
❺ **relieve 人 of 不安**　「人 から 不安 を奪う」
　　　　　　　　　　　　　　➡「**安心させる**」
❻ **rid 人 of 物**　　　　「人 から 物 を奪う」

全部「人 から 物 を奪う」って意味がベースになっていますね。

ちなみに，❻〈**rid** 人 **of** 物〉が受け身になったのが **be rid of** 〜 です。「〜を奪われている」➡「〜がない」って意味です。問題集などでは熟語と書いてありますが，もともと rid は rob 型なんです。

(5) 答 **saved**〔**spared**〕

解説 空所直後の me the trouble に注目します。2つの目的語がきてるので，SVOOをとる動詞が入りますね。

「書かずに済んだ」➡「書く trouble を奪った」と考えて，**saved** もしくは **spared** が入ります（復習は31ページを参照してください）。

(6) 答 (b) ✕）**obey to** ➡ ◎）**obey**

解説 後半の5問は，正誤問題形式で語法を確認してみます。

(b) obey（〜に従う）に注目してください。**obey** は他動詞です。ですから，to は不要です。重要な他動詞は，「**注意すべき他動詞**」として48ページに一覧でまとめました。

訳 「犬が私を目がけて突進してきた。飼い主は大声で叫んだり口笛を吹いて犬を止めようとした。もう木に登って逃げるしかないと思ったまさにその瞬間，犬は飼い主の命令に従った。飼い主の男性は大声で『申し訳ない』と謝った。私は愛想よく思われるように片手を上げて応えた」

(7) 答 (d) ✕）**could deserve with** ➡ ◎）**could deserve**

解説 (d) deserve に注目。**deserve** は他動詞ですので，with は不要です。

訳 「新聞の発行部数が増加したのは，ひとえに，毎日のコラムをほとんどひとりでやった彼女のおかげだった。他のどのコラムニストであっても，こんなにすばらしい評価に値する人はいなかった」

(8) 答 (d) ✕）**are attended** ➡ ◎）**are attended to**

解説 attend には2つの語法があります。

⟩attend の語法 → 他動詞と自動詞を分けて整理する!

- ●他動詞　　**attend** ～　　「～に出席する」
- ●自動詞　┌　**attend to** ～　「～に注意する・～の世話をする」
　　　　　│　= **pay attention to** ～
　　　　　│　**attend on** ～　「～に仕える」
　　　　　└　= **wait on** ～

まず **attend** は他動詞で「出席する」って意味があります。

次に自動詞(後ろに前置詞がくる)の用法もあります。

attend to ～「～に注意する」= **pay attention to** ～ は下線部が似ているので,カンタンですよね。

また,**attend on** ～「～に仕える」は,「フライトアテンダント(attendant)が「客に仕える人」って意味なので,そこからの発想で覚えやすいと思います。

さて,問題に戻りましょう。

all claims from clients are attended
(能動態に戻すと)➡ attend 〈all claims from clients〉
　　　　　　　　　　V　　　　　　　O

能動態に戻すと,他動詞の attend(出席する)になっちゃいますね。もともとは attend to all claims from clients だったと考えて,(d) are attended は are attended to に直します。

訳|「彼女の仕事というのは,クライアントから寄せられたすべての要求にすぐに対応するようにすることです」

(9) **答** (b) ✕ **clearly** ➡ ◎ **clear**

解説 (a) seemed に注目します。

⊘ seem の語法

- **seem** 形容詞 「 形容詞 のようだ」 ☞ S V C の文型になる。
- **seem to ～** 「～のようだ」 ☞ seem to を助動詞のように考えても OK。

　seem の後ろには，形容詞か to 不定詞しかこないのです。ですから，(b) clearly が間違いだってわかりますよね。形容詞の clear に直せば OK です。

訳┃「銃を持っていた男が殺人を犯したというのは明らかだと思う」

(10)　**答** ×) lend ➡ ◎) borrow

解説 lend に注目。**lend** は「貸す」という意味なので，その後の from my friend とあいませんね。lend を **borrow**「借りる」に変えれば OK です。
　この問題を通して，次の表を一気に確認してください。

⊘「貸す」「借りる」の区別

	英単語	特　徴
「貸す」	**lend**	〈lend 人 物 〉の形
「借りる」	**owe**	〈owe 人 物 〉の形（詳しくは31ページ）
	borrow	『無料』／持っていっちゃうとき（本など）
	hire	『有料』／人・車・衣装などを「**借りる**」
	use	その場で使う（電話・トイレ）
「貸す」 **「借りる」**	**rent**	**rent** 人 物「 人 に 物 を (有料で)貸す」 **rent** 物 from 人「(有料で) 借りる」

▶ rent 物 from 人 も形は OK ですが，こちらは「物」を有料で借りるときに使い，今回のように「お金」そのものを借りるときには使えません。

訳┃「ついていないことに，私は高価なプレゼントが買えるほどのお金を持ち合わせていなかった。そこで，私は友人からお金を借りることに決めた」

文

経

済

法

商

医

理

工

総合政策

環境情報

看護医療

薬

➕ 補講　注意すべき他動詞

★★は最頻出／★は頻出／■は慶應が出しそうな動詞

頻　　度	他 動 詞	意　　味
★★	resemble	〜に似ている
★	answer	〜に答える
★★	strike	（考えが）浮かぶ／印象を与える
■	address	〜に話しかける
★	telephone	〜に電話する
★	obey	〜に従う
★	oppose	〜に反対する
★	attend	〜に出席する
■	deserve	〜に値する
	greet	〜にあいさつする
	touch	〜に触れる
★★	reach	〜に着く
★★	enter	〜に入る
★★	approach	〜に近づく
★★	visit	〜を訪問する
■	divorce	〜と離婚する
★★	leave	〜を出発する
★★	marry	〜と結婚する
★	contact	〜と連絡をとる
■	consult	（辞書）を調べる
■	follow	〜についていく
■	accompany	〜についていく
	confront	〜に直面する
★★	join	〜に参加する
■	inhabit	〜に住む

★★	discuss	～について議論する
★★	mention	～について言及する
	explain	～を説明する
	suggest	～を提案する
★	consider	～について考える
	regret	～を後悔する
★	survive	～より長生きする
■	excel	～よりすぐれている
■	exceed	～よりすぐれている
	await	～を待つ
	target	～を対象にする
	respect	～を尊敬する
	cancel	～を取り消す
■	disclose	～を公開する

左ページの inhabit はこの本の原本で「出そう」と書いて、その発売3カ月後の慶應入試本番（商学部）で的中したよ！

文
経済
法
商
医
理工 総合政策 環境情報 看護医療 薬

LESSON 2 | 文法対策(2)
～語法と英作文的発想の問題を中心に～

could と was able to の違いを知っていますか？
もし第一志望が国公立大学で英作文に力を入れている受験生なら答えられるかもしれません。

実は慶應では「英作文の重要事項」が４択問題で出たりするんです。

LESSON1 に続いて，すごく役立つ「語法のまとめ」も満載です！

⟩ この LESSON のポイント

❶ ４択問題で英作文の知識が問われる

❷ 英作文でミスしやすい「単語の使い分け」「語法」が出る

STEP 1 慶應ネラい撃ちポイント

　英作文の出ない学部でも，「**英作文の練習をしていないと解けない問題**」が出ます。どのように出題されるのか徹底的に分析してみます。

> **例題**
>
> Barbara started to run faster and （　　） up with him a few minutes later.
>
> ①　can catch　　　②　can have caught
>
> ③　could catch　　　④　was able to catch
>
> （慶應・理工）

「数分後に追いつくことが<u>できた</u>」という文脈なので，③ could catch，④ was able to catch までは絞れますね。

　今までは could = was able to って習ったわけですから，もうこれ以上は解けませんよね……。

　実は国公立大の英作文ではこの「**could と was able to の使い分け**」は超頻出なんです。

could と was able to の違い

❶ 「（やろうと思えば）できた」➡ **could**

例 He could run fast when he was a child.

訳「子どものころ，速く走ることができた」

　　「速く走ろうと思ったときはいつでも走れた」ってことですね。

❷ 「（ある場面で一度だけ）できた」➡ **was able to**

例 Fortunately, I was able to meet him.

訳「ラッキーなことに，彼に会うことができた」

　例題は「（その場面で一度だけ）追いつくことが<u>できた</u>」ってことですよね。ですから④ **was able to catch** が正解です。

　このように英作文の重要事項が出されます。この LESSON では，英作文頻出の「単語の使い分け（**hear** と **listen to** の区別など）」や「語法」をマスターしていきます！

例題 **答**　④

訳「バーバラはもっと速く走り出し，数分後には彼に追いつくことができた」

参考 ② **can** *have* **caught** が不正解の理由

×）〈can *have* p.p.〉 ➡ この形は英語には存在しません。

〈助動詞 + have p.p.〉で「推量」を表すのは，以下の3つです。

◎）〈**can't [couldn't]have** p.p.〉 「～したはずがない」

◎）〈**must have** p.p.〉 「～したはずだ」

◎）〈**may[might] have** p.p.〉 「～したかもしれない」

STEP 2 基本例題

⏱2分30秒　　合格点8／8問中

　次の文(イ)～(チ)を完成させるために最も適切なものを選択肢①～⑧
の中から選びなさい。ただし，同じものを2度以上使わないこと。

(イ)　I [　　] Sumo on TV whenever I can.

(ロ)　Would you be willing to take a [　　] my paper?

(ハ)　I went to [　　] a lawyer about my will.

(ニ)　When I drive to the airport, I always [　　] the radio.

(ホ)　Sometimes the patient could [　　] the voice of his deceased wife.

(ヘ)　You're always free to [　　] "NO!"

(ト)　I intend to [　　] him the whole truth.

(チ)　I try to [　　] politely to my teachers.

①	hear	②	listen to	③	look at	④	say
⑤	see	⑥	speak	⑦	tell	⑧	watch

（慶應・理工）

解答・解説

◉ 頻出ポイント（その１）：「見る」の区別

❶ **look at** 「視線を向ける」 ☞「振り返って見る」

❷ **see** 「見える」 ☞「視界に入る（＝見えちゃう）」
例 I looked back but saw nothing.
訳 「後ろを振り返ったけど，何も見えなかった」

❸ **watch** 「じっと見る」 ☞「バードウォッチング」のイメージ
例 Watch me. I'll show you.
訳 「よく見ててよ。やってみせるからね」

◉「テレビ」vs.「映画」

「テレビを見る」 ➡ watch TV
テレビは（今でこそ大画面もありますが）昔はとても小さいもの
で，**画面を「じっと見る」必要がありました**。ですから watch
を使うわけです。

「映画を見る」 ➡ see a movie
映画館の場合，スクリーンはとても大きく周りが暗いので**イヤ
でも画面が「目に入る」**わけです。ですから see なんです。

▶余談ですが「テレビで映画を見る」は **watch a movie** (on TV) です。

(イ)　答　⑧

I [watch] Sumo **on TV** whenever I can.

on TV がありますね。「テレビを見る」ので⑧ **watch** が正解ですね。

訳｜「私は可能な限りいつでもテレビで相撲を見る」

(ロ)　答　③

解説

Would you be willing to **take a** [look at] my paper?

〈**take a look at ～**〉 = 〈**look at ～**〉「～に目を向ける」です（正解の③ **look at** は名詞句です）。「論文に目を向ける」 ➡ 「目を通す」って意味になります。

訳｜「私の論文に目を通して頂けますでしょうか？」

(ハ)　答　⑤

解説

I went to [see] **a lawyer** about my will.

see は「見える／会う」って意味がありますね。
「会う」からさらに意味が発展します。

◉「会う」 ➡ 「診てもらう／相談する／面会する」

- **see a doctor**「医者に会う」　➡　「**医者に診てもらう**」
- **see a lawyer**「弁護士に会う」　➡　「**弁護士に相談する**」

see a doctor は他の大学でも出ます。慶應は「see a doctor は常識。だったら see a lawyer の形も類推できるよね」って受験生を試してるんでしょう。英作文で「医者に診てもらう」「弁護士に相談する」が出たときに，see が使えるって知識は今後役立つはずです。

訳┃「遺書のことで弁護士に相談しに行った」

⊙ 頻出ポイント（その2）：「聞く」の区別

❶ **listen to** 「聴く」 ☞「耳を傾ける」ってイメージ

❷ **hear** 「聞く」 ☞「耳に入る」ってイメージ

例 I listened, but heard nothing.
訳┃「耳をすましたけど，何も聞こえなかった」

(二) 答 ②

解説

When I drive to the airport, I always [listen to] **the radio.**

ラジオは「耳を傾けて聴く」わけです。② **listen to** が正解です。
「ラジオの聴取者」って言葉もあります（言いにくいから実際は「リスナー」
って言葉が使われています）。

訳┃「車で空港へ行くときは，いつもラジオを聴きます」

(ホ) 答 ①

解説

Sometimes the patient could [hear] **the voice** of his deceased
wife.

「声を聞く」になるわけです。listen to the voice「声に耳を傾ける」も可能
ですが，(二)で② listen to を使ったので，消去法で① **hear** が正解になります。
hear は「声が聞こえる」です。

訳┃「その患者は，亡くなった奥さんの声が聞こえることがたまにある」

⊙ 頻出ポイント（その3）：「言う（tell／say／talk／speak）」の区別

　tell などの区別です。よく「speak は発言に重点があって……」とかいった説明がされますが，**ぜんぶ忘れてください。形だけですべて解けます！**
　動詞がとる形に注目して解いていってください。

⊙ tell／say／talk／speak の区別

動詞＼語法	基本語法	特別な語法
tell	☞ 直後に 人 tell 人 of ～ tell 人 that S V tell 人 to V tell 人 物	☞ 「区別する」という意味では以下の形になる。 tell *A* from *B* 「A と B を区別する」
say	☞ 直後に to 人 say to 人 that S V	☞ 直後に発言（" ～ "），yes／no／something などの単語は OK。
talk	☞ 直後に前置詞 talk to[with] 人 talk about[over] ～	☞ 「説得する」の意味では他動詞で直後に 人 がくる。 talk 人 into -ing 「人 を説得して～させる」
speak	☞ 直後に前置詞 speak to[with] 人 speak about［of／on］～	☞ 直後に「言語」は OK。 speak **English** 「英語を話す」

　tell の語法がメンドーですが，58ページでスッキリ整理します。
　talk と speak は原則「自動詞」です。speak は中学校で speak English から習いますが，これは**きわめて特殊な用法**だと思ってください。speak は基本的に**直後に前置詞がくるんです!!**　それが慶應で出てるんです。
　では，問題の解説にいきましょう。

(ヘ) 答 ④

[解説]

You're always free to [say] "NO!"

　目的語に yes や no がくるのは，④ **say** ですね。この問題文の直訳は「君はいつでも自由に『ノー』と言える状態だ」になります。

訳|「『ノー』と言うのは君次第だよ」

(ト) 答 ⑦

[解説]

I intend to [tell] **him the whole truth**.

　空所直後 him the whole truth に注目です。
〈V 人 物〉の形ですね。この形を取れるのは⑦ **tell** だけです。

訳|「彼に本当のことを全部話そうと思います」

(チ) 答 ⑥

[解説]

I try to [speak] politely **to my teachers**.

　空所の後ろ to my teachers に注目です（politely は副詞ですから無視してOKです）。〈V to + 人 〉の形は **say / speak / talk** です。今回の問題では⑥ **speak** しかありませんよね。**speak** は原則「自動詞」なんです！

訳|「先生たちと話をするときは丁寧に話すことを心がけています」

文 経 済 法 商 医 理 工 総合政策 環境情報 看護医療 薬

➕ 補講　tell の語法を一網打尽！！

「tell の基本語法が多くて……」と思うかもしれません。
　ボクは普段の授業では，次のように整理してます。

⑴　**tell 型**

❶	**tell** 人 of 物
❷	**tell** 人 that S V
❸	**tell** 人 to 原形

⑵　**give 型**（**give** と同じ形になる）

❹	**tell** 人 物

　tell には全部で 4 つの語法がありますが，大きく分けると tell 型と give 型
の 2 つになるんです。なぜこんな分け方をするかというと……
　tell 型の語法は一網打尽で整理できるからです！
　実は tell 型をとる動詞は，やたら入試に出るんです。

tell（知らせる）／ remind（思い出させる）／
convince（納得させる）／ persuade（説得する）／
warn（警告する）／ notify（知らせる）

　これ一発で 3 × 6 ＝18通りの語法を一気にマスターできます。
　表にするとカンタンです。赤い部分だけを覚えれば OK です。
　これ，破壊力バツグンですよ。

動詞　　型	**V** 人 **of ～**	**V** 人 **that ～**	**V** 人 **to ～**
tell	**tell** 人 of ～	**tell** 人 that ～	**tell** 人 to ～
remind	**remind** 人 of ～	**remind** 人 that ～	**remind** 人 to ～
convince	**convince** 人 of ～	**convince** 人 that ～	**convince** 人 to ～
persuade	**persuade** 人 of ～	**persuade** 人 that ～	**persuade** 人 to ～
warn	**warn** 人 of ～	**warn** 人 that ～	**warn** 人 to ～
notify	**notify** 人 of ～	**notify** 人 that ～	**notify** 人 to ～

STEP 3 実戦問題

⏱ 6分 　合格点7／10問中

　和文の内容とほぼ同じ意味になるように，指定された文字から始まる適切な1語を空所①～⑩に入れて，英文を完成させなさい。解答は，下記の例に従って，記入しなさい。判読が困難な場合は採点されません。

（問題）　You are taking an (e　　　) examination at Keio University.
（解答）　[entrance]

　In a few short months, food has ①(r　　　) oil as the Next Big Threat to the long-running global expansion. Rice futures have ②(m　　　) ③(t　　　) ④(d　　　) since last August. In the recent global boom —— five years of synchronous growth that lifted hundreds of millions out of ⑤(p　　　) —— the availability of plentiful, cheap food was generally ⑥(t　　　) for granted. But now much of the recent progress is ⑦(b　　　) ⑧(t　　　) by expensive food. As with oil, the ⑨(r　　　) prices are fueled in part by speculators. And like oil, expensive staples are swiftly upsetting business plans, sparking inflation, ⑩(c　　　) political instability and inflicting widespread economic pain.

「わずか数カ月の間に原油に代わって食糧が，長らく続いてきた世界経済の拡大に対する次の大きな脅威となった。コメの先物価格は昨年8月から倍以上に上がっている。近年の世界的な好景気のなか，安く大量の食糧がすぐ手に入ることは概して当然のことと見なされていた。この5年間で（世界経済が）同時成長したおかげで，数多くの人々が貧困から脱した。しかし今，食糧価格の高騰によって近年の進歩がかなり脅かされている。投機家が価格上昇に一部拍車をかけているのは原油と同じ。また原油と同様に，食糧の高騰も（企業の）事業計画を急速に揺るがし，インフレを引き起こし，政治不安を招き，経済的な痛みを広げている」

(*Newsweek*, May 5, 2008および『ニューズウィーク日本版』2008年6月4日号に基づく)

(慶應・理工)

⊙ 空所補充の解法（日本文を見ながら, 英文を完成させるパターン）

❶ まず最初に日本文を読む ➡ 英文を見て対応箇所を探す

❷ 空所の文法的役割を考えて品詞を決める

❸ 仕上げ：過去形 / p.p. / -ing などに注意

このパターンの問題は, 先に日本文を読んだほうが, 時間短縮になります。
また, 対応箇所を探すときは両手をフル活用してください。**右手で英文を
なぞりながら, 左手で対応する日本文をなぞっていきます。**これで, どこと
どこが対応するか混乱することがなくなり, 解答時間が早くなります。

▶予備校の授業でやったとき, これをやってる生徒は10人に1人もいませんでした。
　ぜひ使ってください。

また, 最後の仕上げを忘れずに。せっかく単語がわかったのに, 過去形に
しなかったり, -ing にしなかったりするだけでバツになります。もったいな
いですよね。この辺は, 英作文を書くときの注意とまったく一緒です。

① **答** replaced

解説

food has ①(replaced) oil as the Next Big Threat to ～
「原油に**代わって**食糧が, ～に対する次の大きな脅威となった」

「原油に代わって食糧が」＝「食糧が原油に代わる」ということですね。
「～の代わりになる」は replace を使います。
　そもそも replace は「取って代わる」と習ったと思いますが, オススメし
ません。思い切って **replace ≒ lose**「なくす」と覚えてください。
　replace の直後にくる単語が「なくなるもの」なんです !!

▶もちろん「取って代わる」は間違いではないのですが, 「S が O に取って代わる」
　では, 結局「S と O, どっちが残ってるのか？」が一瞬でわからないかもしれない
　からです。

⟩ replace の語法

❶ S replace O as ～　　　「～として，S が O の代わりに
　　　　　　　　　　　　　 なる」

❷ S replace A with B　　　「S は，A を B に代える」

　　💬 with は「手に持つ」って意味ですね。「A をなくして，最終的に B が
　　手元に残る」って考えればバッチリです

　むやみに上の日本語を暗記しないでください。ここで replace ≒ lose って
イメージが生きてくるんです！ さあ，問題文に戻りましょう。
　「原油に代わって食糧が」➡「食糧が原油に代わる」ですね。ですから，
" 食糧 replace 原油 " になるはずです。

　空所の後ろには as がありますから，今回は① 〈S replace O as ～〉「～と
して，S が O の代わりになる」のパターンです。
　直訳は「次の大きな脅威として，食糧が原油の代わりになった」，問題文は
「原油に代わって食糧が，～ 次の大きな脅威となった」になっています。
　最後に，空所直前が現在完了 has なので，**replaced** にすることを忘れずに。

② 答 **more**　／　③ 答 **than**　／　④ 答 **doubled**

解説

　Rice futures have ②(more) ③(than) ④(doubled) since last
August.
　「コメの先物価格は昨年 8 月から**倍以上に上がっている**」

⟩「～以上に」

❶ over ～　　❷ more than ～

　②と③には **more than** が入ります。
　④には，空所の前に「現在完了 have」があるので，動詞（の p.p. 形）が入
ることになります。「倍になる」という意味で，"d" で始まる動詞です。
　　▶このように考えていけば，少しずつ答えが見えてきますよね。

double です。p.p. 形の **doubled** にします。**double** の動詞「2倍になる」を知らない受験生が多いと思いますが，ぜひ覚えてください。

⑤ 答 poverty

解説

~ lifted hundreds of millions out of ⑤(poverty) ~
「数多くの人々が**貧困**から脱した」

空所には名詞が入ります（前置詞 out of の後ろなので）。"p" で始まる「貧困」という**名詞**です。名詞なので poor ではありません（このミス，すごく多いです）。空所補充は「まず形から」考えてください（LESSON4参照）。

ちなみに，lift はもともと「持ち上げる」という意味です。ここでは「貧困（poverty）から外へ（out of）持ち上げる（lift）」 ➡ 「貧困から救い出す」って意味になります。

⑥ 答 taken

解説

~ was generally ⑥(taken) for granted.
「~は概して**当然のことと見なされていた**」

「~を当然とみなす」は **take ~ for granted** で，これを受動態にすればOK です。答えは，p.p. 形の **taken** ですね。take ~ for granted の for は「交換」を表し，直訳は「認められたもの（granted）と交換に（for）~を取り入れる（take）」 ➡ 「~を当然とみなす」になります。

⑦ 答 being ／ ⑧ 答 threatened

解説

But **now** much of the recent progress **is** ⑦(being) ⑧ (threatened) by expensive food.
「しかし**今**，食糧価格の高騰によって近年の進歩がかなり**脅かされている**」

「今，~ 脅かされている」を英語にすればいいので，〈現在進行形＋受動態

〈be being p.p.〉〉を使えば OK です。このように，**まずは品詞を絞るクセ**をつければ，最初の空所に being が入ることがカンタンにわかりますよ。

次に「脅かされている」を "t" で始めれば OK です。**threatened** が入ります。

> ▶ threat（脅威）+ en（動詞を作る語尾）= threaten（脅かす）です（1文目に the Next Big Treat と使われています）。他にも strengthen などは，strength（力）+ en = strengthen（強くする）と考えれば OK です。

⑨　**答**　rising

解説

the ⑨(rising) prices ～
「価格上昇」

「価格上昇」➡「上昇している価格」と考えて，**rise** を使います。直後の prices を修飾する -ing にすれば OK です。ちなみに **rise**「上がる」は**自動詞**，**raise**「上げる」は**他動詞**でしたね（34ページ参照）。

⑩　**答**　causing

解説

⑩(causing) political instability ～
「政治不安を**招き**」

「政治不安を招き」➡「政治不安を引き起こす」と考えて cause を使います。ただし，動詞を書くときは注意が必要です。

まず，この英文の構造をキッチリ把握してください。and に注目してください。

expensive staples are swiftly {
 upsetting business plans,
 sparking inflation,
 ⑩(c) political instability
 and
 inflicting widespread ～ .

-ing（現在進行形）が並列されてますので，正解は **causing** になります。

　ちなみに cause のような「**因果表現**」は超重要ですので，次ページのまとめをチェックしてください。すべて重要ですよ！

　これでこの LESSON は終わりです。

「replace や cause などの語法」と「英作文でミスするような問題」が狙われます。

　今回は replaced にしたり，causing にしたり「動詞の変化形」ばかりでしたが，**今後は動詞の他にも「名詞の複数形」「形容詞・副詞の比較級」なども出題されるはず**です。要は「英作文でついやっちゃうミス」に注意すればいいのです。答案を書く前に，スペルだけでなく，変化形にも注意してください。こういう地味なところを確実に押さえるのが慶應合格につながるんです！

慶應がいかに「英作文の視点」で出題しているかがわかったよね。こういう分析力はこの本の特長の1つだから，ぜひ何度も復習して合格に近づこう！

補講　**因果表現（超重要！！）**

(1)　原因 V 結果 の形をとるもの ➡「 原因 のせいで 結果 になる」

- 原因 **cause** 結果
- 原因 **bring about** 結果
- 原因 **lead to** 結果
- 原因 **contribute to** 結果
- 原因 **result in** 結果
- 原因 **give rise to** 結果
- 原因 **is responsible for** 結果
- 原因 **trigger** 結果　　trigger とはもともと「（拳銃の）引き金」

(2)　結果 V 原因 の形をとるもの ➡「 結果 は 原因 のせいだ」

- 結果 **result from** 原因
- 結果 **come from** 原因
- 結果 **arise from** 原因
- 結果 **stem from** 原因
- 結果 **is due to** 原因
- 結果 **is attributable to** 原因

(3)　V 結果 to 原因 の形をとるもの ➡「 結果 を 原因 のせいにする」

- **owe** 結果 **to** 原因
- **attribute** 結果 **to** 原因
- **ascribe** 結果 **to** 原因
- **credit** 結果 **to** 原因

文

経

済

法

商

医

理

工

総合政策

環境情報

看護医療

薬

LESSON 3 | 構文力(1)
～「速読を支える構文力」とは？～

> 慶應の問題を見てまず最初に思うのは「英文，長っ」ですよね。そこで速読だの，段落の頭をつなげて読むだのに走ってはいけません。
> 長かろうがなんだろうが1文ずつをきちんと読む構文の力がなくては慶應の長文は攻略できません。
> 実際，構文の力を試す問題も頻出です。
> 素直に・地道に・確実に英語を読む力をこのLESSONで養成しましょう！

⊙ このLESSONのポイント

❶ 速読を支えるのは「構文のチカラ」!!

❷ 熟語・語法の知識は構文の土台になる!!

❸ 得体の知れない問題が出たときこそ，キッチリ構文をとる!!

 STEP 1 慶應ネラい撃ちポイント

⊙ 傾向分析

　慶應があれだけ大量の英文を出すのは「受験生の構文力」を試したいからだと思います。これを一般の受験生はとり違えて，慶應の問題に対処できなくなるんです。

「慶應では大量の英文が出る」

⬇

「速読力が必要……」

⬇

「ムリに速く読もうとする・段落の最初だけつないで読む」

⬇

「かえって内容がつかめなくなる……」

┌─ 慶應入試問題の意図 ────────────────────

「構文きっちり取れる？」

⬇

「だったら英文を正しく・スムーズに読めるよね？」

⬇

「大量の英文出しても処理できるよね？」

以上の流れで，あれだけ大量の英文が出題されるのです。

▷対　策

▊ 普段からの取り組み

　文法問題であれ，長文であれ，普段からキッチリ構文を取るように勉強することが大切です。特に次のことに注意。

❶　SVを把握しながら英文を読む
❷　品詞（名詞・形容詞・副詞）の違いを意識する
❸　熟語・動詞の語法をマスター ➡ 後ろにくる前置詞を予想

　特に❸の熟語・語法は集中的に取り組めば，すぐに効果が出るので，早いうちに取り組むことをオススメします。

② 商学部の特殊問題対策

どの学部であれ，構文力は絶対に必要ですが，特に**構文力を求めているのは商学部**です。今回は商学部の真骨頂とも言える問題を **STEP3** に採用しました。「**ピリオドを打て**」なんていうド肝を抜かれる問題です。新傾向や特殊に見える問題ほど，実は地力が問われるんです。

英文を読むときの基本は「まずきちんと構文をとること」です。一瞬アセるような問題が出たときほど「SVはどれか？」「これは形容詞だから名詞を修飾して……」と地道に考えていってください。

ぜひ「慶應の求める構文力」を直に体感してください！

STEP 2　基本例題

（最後の和訳問題を除く）

🕐 5分　　合格点2／2問中

(1)　Mary suddenly burst out crying and explained the details of the accident. Only then （　　） I understand what she had been through.
　① but　　② that　　③ if　　④ did　　（慶應・商）

(2)　This weekend Michael will plant carrots in the garden, mow the lawn, and （　　）.
　① paints the house　　② he plans to paint the house
　③ paint the house　　④ would be painting the house
　　　　　　　　　　　　　　　　　　　　　　　　（慶應・理工）

(3)　以下の英文の下線部を和訳しなさい。
　Since the invention of the TV remote control, broadcasters are worried that you're going to flip channels the instant a sponsor's message pops up, and never return. To combat this, they've come up with several highly annoying ways of editing their programs around commercial breaks.
　［出典］*Scott T. Hards in Shukan ST*, April 29, 2005.　（慶應・医）

解答・解説

(1) **答** ④

解説

Only then （　） **I understand** ～ .
否定語　　M　　　　倒置になるはず!!

文頭の Only に注目。

only は否定語です（「～しかない」って否定の意味なんです）。

『文頭に否定語がきたら，**倒置が起きる**』ってルールがあります（**倒置とは疑問文の語順にすることです**）。

　慶應の受験生ならこのルールは基本でしょうが，意外な落とし穴があります。次のチェックポイントを確認してください。

◇「文頭の否定語 ➡ 倒置」のチェックポイント

❶ 否定語をチェック **Not / Never / Little / Hardly / Scarcely / Rarely / Only**

❷ 頻出パターン 　　　 否定語 M V S.

❸ 訳し方 　　　　　　 元の文に戻して訳せば OK

　この「文頭の否定語 ➡ 倒置」の説明を受けたとき，ほとんどの人が次のような例文で説明をされたと思います。

例 Never had he heard such a beautiful voice in his life until then!

訳 「そのときまで彼は人生でそんな美しい声を聞いたことがなかった！」

　もちろん良い例文ではあるんですが，実際の試験では❷の頻出パターンのほうがよく出るんです。

文頭の否定語の直後には，副詞（M）がきて，少し後ろで倒置（VS）が起きるんです。ボクは授業でこれを「**文頭の否定語 ➡ Mがジャマして ➡ 倒置**」って説明しています。否定語の直後で倒置が起きるのではなく，Mの後で（少し離れて）倒置が起きるんです！！
『星の王子さま』の文で確認してみてください。

　Grown-ups like numbers. When you tell them about a new friend, they never ask questions about what really matters.　（中略）
　They ask : "How much money does his father make?"　（中略）
　Only then do they think they know him.

「大人は数字が大好きです。新しくできた友達の話をしても，ホントに大切なことは聞いてくれません。（中略）大人が聞くのは「お父さんはどれくらい稼ぐのかしら？」ってことばかりです。（中略）そういったことを聞いて初めてその子をわかった気になるんです」　　　　　　　　　　　　　『星の王子さま』

［出典］*The Little Prince : A Harvest Book Antoine de Saint-Exupéry*

最後の文に注目です。

Only then **do they think** they know him.
否定語　　M　　　　　　倒置

　今回の商学部の問題も『星の王子さま』とまったく同じパターンです。

　　▶ちなみに商学部はこの「文頭の否定語 ➡ Mがジャマして ➡ 倒置」ルールが大好きで，同じ年に2問出題されたこともあるんです。

訳｜「メアリーは突然泣き出して，事故の詳細を説明した。そのときになってはじめて，彼女が経験したことが私には理解できた」

✒ ココが慶應らしい

以下は首都圏の有名大学の問題の選択肢です。
　① 　did I　　　　② 　have I　　　　③ 　I did　　　　④ 　I have

　選択肢を見るだけで問題のポイントが「倒置と時制」ってわかっちゃいますよね。ところが，今回の商学部の選択肢だけを見てください。

① but ② that ③ if ④ did

なんの問題なのかサッパリわかりませんよね。

つまり慶應の意図は「選択肢見て，なんとなく問題のポイントを考えるような受験生は要りません。普段から英文の構造をつかんで，積極的に問題を解く受験生に入学してほしい」なんです。

今回は文頭の **Only** で「あ，倒置かも」と思える受験生が欲しいというメッセージなんです！

(2) **答** ③

解説

Michael will plant carrots ～ , mow the lawn, and ( ).
  └➊動詞！   └➋また動詞！   └➌ and が何を結ぶ？

➊ will plant carrots に注目（will の後は動詞の原形がくるはずだから，この plant は動詞ってわかりますね）。

➋ 次に mow the lawn で，また mow という動詞の原形がきています（mow を知らなくても，直後に the lawn って名詞があるので「動詞だろうな」って予想できますね）。

▶ちなみに mow「(草など) を刈る」，lawn「芝生」です。

➌ and に注目です。「**and が何と何を結ぶのか？**」を考えれば OK です。〈V₁, V₂ and V₃〉の形にすればいいので，動詞の原形で始まる③ **paint the house** が正解です。

(This weekend) Michael will { plant carrots in the garden,
                              mow the lawn,
                              and
                              paint the house.

訳 「今週末，マイケルは庭にニンジンを植え，芝生を刈り，家にペンキを塗る予定だ」

(3) 答 テレビのリモコンが発明されて以来，放送局は，コマーシャルが出てきた瞬間に視聴者がチャンネルを変えてしまって，結局元のチャンネルに戻さないのではないかと心配している。

〈Since the invention of the TV remote control〉, 〈broadcasters〉 <u>are worried</u> 〈that you're going to flip channels (the instant a sponsor's message pops up), and never return〉.

前半の構文は単純ですよね。問題は that 以下です。慶應で合格点を取るポイントは 2 つ。

❶	the instant をどう考えるか？
❷	and が何と何を結ぶか？

❶ the instant をどう考えるか？

ズバリ **the instant** は接続詞です。正確に言うと従属接続詞（when や if と同じ働き）です。次の形を作ります。

▶ 接続詞 the instant が作る形

(**The instant** s v), S V. 「sv した瞬間に SV だ」
= S V (**the instant** s v). 　（　）は副詞節を表す。

したがって **the instant** を見た瞬間に「**副詞節ができる**」って考えれば **OK** です。今回の英文は S V（the instant s v）. の形ですね。

❷ and が何と何を結ぶか？

and の後ろは never return です。return という動詞の原形がきてるんです。ということは〈**原形** + **and**（never）**return**〉になるはずです。

【よくある間違い】

you're going to flip channels
　(the instant a sponsor's message { <u>pops up</u>,
　　　　　　　　　　　　　　　　　　 and
　　　　　　　　　　　　　　　　　　 never <u>return</u>)

▶これでは pops（3単現の -s）と return（原形）が結ばれちゃうので変ですよ
ね。たしかに and never return の一番近くにある動詞は pops ですが，これ
がおかしい以上，さらに前へ戻って「原形」を探してみましょう。

すると flip が見つかりますね。

> you're going to { flip channels (the instant ~),
> and
> never return.

だったわけです。和訳は「(~した瞬間に) flip channels して，そして
never return だ」にすればいいわけです。

the instant が従属接続詞，**and** が等位接続詞です。今回の慶應医学部の
テーマは接続詞だったんですね。

語句

- **be worried that** ~　「~を心配する」
- **flip**　「(テレビ番組を) パッパッ切り換える」
  - クイズ番組で「答えはフリップにお書きください」って言いますよね。「パッ
    パッ切り換える紙」をフリップと言ってますね。今回の flip は動詞ですから「フ
    リップみたいにパッパッ切り換える」って考えれば OK です。
- **pop**　「(急に) 現れる」
  - 「ポンッと現れる」という擬音語です（pop も "p" ですね）。また，インター
    ネットのサイトで，ポンッと現れる広告を「ポップアップ広告」と言います。

⊙ 採点ポイント

❶ **the instant が従属接続詞だと明示できているか？**
　➡ ◎「表示がポンッと出た瞬間に，チャンネルを変える」
　　✕「チャンネルを変える瞬間に，表示がポンッと出る」
❷ **flip and return を明示できているか？**
　➡ ◎「(~した瞬間) チャンネルを切り換え，そして戻らな
　　い」

文
経
済
法
商
医
理
工
総合政策
環境情報
看護医療
薬

> ✕「(表示がポンッと出て，戻らない瞬間に) チャンネル
> を切り換える」

下線部以外の部分の解説

> (To combat this), they've come up with 〈several highly annoying
> ways [of editing their programs]〉 (around commercial breaks).
> 「この問題を克服するために，コマーシャルによる中断の前後で，視聴者にと
> ってはきわめて目ざわりな番組の編集方法が考え出された」

語句

> • **combat** 「~に立ち向かう」
> • **come up with ~** 「~を思いつく」

訳 テレビのリモコンが発明されて以来，放送局は，コマーシャルが出てきた瞬間に視聴者がチャンネルを変えてしまって，結局元のチャンネルに戻さないのではないかと心配している。この問題を克服するために，コマーシャルによる中断の前後で，視聴者にとってはきわめて目ざわりな番組の編集方法が考え出された。

STEP 3 実戦問題

⏱ 5分 　合格点10／13問中

次の英文中の39箇所のうち13箇所に終止符（ピリオド）を入れ，全体として意味の通る14の文を作りなさい。解答には，終止符を入れる箇所の番号を記入しなさい。

Japanese society is very group-conscious. There are thousands of groups ₁₁ formal and casual ₁₂ each person is conscious of which group or groups he or she belongs ₁₃ to ₁₄ each person is either an insider or an outsider ₁₅ of a given group ₁₆ those inside a group [17] feel a strong tie with one another or try to believe that there is [18] one [19] a 'we-feeling' [20] may be an illusion [21] but it is an illusion [22] capable of profoundly affecting the human mind [23] it gives one [24] a sense of security [25] and it does not matter [26] if such a sense is false [27] what matters [28] is that one feels it [29] the sense of security [30] provided by the group [31] is better than the horror of being left alone [32] in the cold universe [33] each person becomes acutely concerned [34] with his group's welfare [35] he may not get along [36] with some other members of the same group [37] but he does his best [38] not to disturb its unity [39] the ideal in Japan [40] is that members can identify themselves with their groups so thoroughly [41] that they and the group are merged into oneness [42] all petty differences [43] among individual members [44] are washed away [45] each member is rid of his ego and dedicates his total self [46] to his group [47] as a result [48] the group triumphs [49] and so do all its members.

（慶應・商）

解答・解説

答 **12 / 14 / 16 / 19 / 23 / 27 / 29 / 33 / 35 / 39 / 42 / 45 / 47**
（いったん保留するが，結局解答にはならないもの：**21 / 25 / 37 / 49**）

解説

基本方針：「ピリオドを打て」なんて問題，今まで一度もやったことありませんよね。ここで「意味を考えながら，意味の切れ目でピリオドを……」なんてやったら，絶対に時間内に終わりません。出題者の思うツボです。

「英文を読むときはまず形（構文）から」です。できるだけ形で考えて，それ以上判断できないときにはじめて意味を考えるようにするのが一番効率的です！

● 形容詞は前からでも後ろからでも修飾できる（11〜12）

~ groups ₁₁ | formal and casual | ₁₂ each person is ~

後置修飾かも？　　　each を飛び越えて修飾はムリ

formal and casual は形容詞。

　形容詞は〈形容詞＋名詞〉の語順だけじゃなく，〈名詞＋形容詞〉の後置修飾だってあります。ここですぐ「文脈で判断」って考えないこと。

12直後の each に注目です。

　形容詞が each を飛び越えて修飾はできません。

　つまり，✕ "形容詞 each 名詞" の語順はダメです。"each 形容詞 名詞"
なら OK です。

　したがって，12でピリオドを打ちます。

● 前置詞の後ろは名詞がくる（13〜14）

₁₂ Each person is conscious of 〈which group or groups he or she
belongs ₁₃ to〉₁₄ each person is ~

belong to ~「~に属する」という熟語なので，13はムシします。

belong to の後ろに each person is という S V が続くわけないので，14で
ピリオドを打ちます（前置詞の後ろには名詞がきますよね）。

　belong to で文が終わって気持ち悪いという人もいるかもしれませんが，
which group or groups が to の目的語で節の先頭に出ているんです。

例	Which group does he belong to?
訳	「彼はどっちのグループに属しているの？」
	🔘 belong to の目的語は Which group です

● 形で判断できないときだけ，意味判断（15〜17）

$$\sim \text{an insider or an outsider}_{15} \boxed{\text{of a given group}}_{16} \text{those} \sim$$

前も後ろも両方修飾できる ➡ 意味判断

▶16でピリオドを打った場合

of は〈A of B〉「B の A」になることが多いですから，まずは16でピリオドを打ったと仮定してみましょう。

$_{14}$ Each person is either an insider or an outsider $_{15}$ [of a given group] $_{16}$

「ある特定のグループの中にいる人，もしくは外にいる人のどちらか」

特に問題なさそうですね。**given** は「**ある特定の**」って意味です。
念のため15でピリオドを打った場合も考えてみましょう。

▶15でピリオドを打った場合

Of a given group $_{16}$ those inside a group $_{17}$ feel $\sim$

意味がカブる

「ある特定のグループの中で，あるグループにいる人は〜」？？？？

この場合，Of a given group は後ろの文にかかります（この文では Of 〜は「副詞句」になります）。構文は変ではないのですが，意味がおかしい（重複する）ので，やはり16でピリオドを打てば OK ということになります。

● "There is 〜" の後ろには名詞がくる（17〜20）

$\sim$ or try to believe that there is $_{18}$ one $_{19}$ a 'we-feeling' $_{20}$ may

there is の後には名詞 1 つがくるはず

believe that there is 〜 と〈There is 構文〉が続いてます。18でピリオドを打っちゃったら〈There is 構文〉になりませんよね。なので19でピリオドを打てば OK です。

▶「19でピリオドを打たない」と考えた方へ。たしかに one の後で関係代名詞の省略

右側の縦書き見出し：

文　経済　法　商　医　理工　総合政策　環境情報　看護医療　薬

もありえます。でも関係代名詞の後ろは「不完全な文」がくるはずです。19以降は "a 'we-feeling' 20 may be an illusion" という「完全文（SVC）」がきています。よって関係代名詞の省略はありえないわけです。

● 形容詞は代名詞を修飾できない（19〜23）

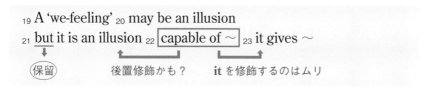

21の直後に but SV と続いてますので，21でピリオドを打つことは可能です。でも問題文に「13箇所に終止符」と数が限定されているので，最後まで解いてみないとこの時点ではわかりませんね（最終的には数の関係上，21ではピリオドを打ちません）。

"capable of 〜" という形容詞句は，直前の illusion を後ろから説明（後置修飾）しています。23でピリオドを打ちます。
　なお，後ろの it を修飾することはできません。
　　　▶代名詞は修飾できません。たとえば「かわいい彼女」を，×）pretty she とは言えませんね。

● it does not matter を見たら「仮 S」って考える（23〜27）

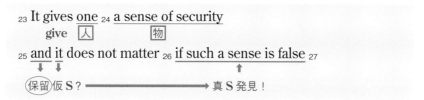

25の直後は and がありますので，さっきの21と同様，いったん保留です。
　その後ろの it does not matter を見た瞬間に「it は仮 S」って気づいてほしいところです。下の早稲田の問題でもわかるとおり，よく使われる構文だからです。

勝敗は問うところではない。（9 語）

[matter / you win]

（早稲田・法）

答 It does not matter whether you win or not[lose].

matter は**動詞**で「重要である」って意味です。

ほとんどの場合，It ～ whether ... という形で，真 S は whether を使いますが，今回は "if ～" が真 S になります。

▶ 「名詞節を作る if」は使い方に細かい制限があるので，英作文では whether を使ったほうが断然ラクです。

it と if は密接に関係がありますので，26でピリオドを打つことはありません。27で打てば OK ですね。

● **what は名詞節を作る** （27～29）

₂₇〈What matters〉₂₈ is〈that one feels it〉₂₉ the sense of ～

名詞節で S になる ➡ V　　(s)　(v) (o) で文は完成

what は名詞節を作って S になります。

当然 is が V になるので，28はスルー。

C になる that 節の中を見てください。"one feels it" という「完全な文（S V O）」がきていますね。29の後ろには the sense って名詞がきていますが，これ以上名詞は要りませんね。29でピリオドを打ちます。

● **副詞は意味で判断する** （29～33）

₂₉ The sense of security ₃₀ | provided by the group | ₃₁ is better ～

後置修飾　　　　　　　　　　　　　　V 発見！

"provided by ～" は直後に by があるので，p.p. 形です（もし動詞なら，provide の直後に目的語が必要）。

~ being left alone $_{32}$ 「in the cold universe」$_{33}$ each person ~

前を修飾する？　　　　後ろを修飾する？

　"in the cold universe" という副詞句は，前後どちらも修飾できるので意味で判断するしかありません。でもこれはカンタンです。"in the cold universe"「冷たい世界で」と，その直前の the horror of being left alone「ひとりぼっちにされる恐怖」が関連を持つことはすぐに気づくと思います。33 でピリオドを打ちます。

● be〔become〕concerned with ~ は熟語（33〜35）

$_{33}$ Each person becomes acutely concerned $_{34}$ with his ~ welfare $_{35}$
be〔become〕concerned with ~ という熟語

　be〔become〕concerned with ~「~に関心を持つ」っていう熟語です。35でピリオドですね。

● not to ~「~しないように」という意味（35〜39）

$_{35}$ He may not get along $_{36}$ with some other ~ $_{37}$ but he does ~
get along with ~で熟語　　　　　　　　　保留

　37は，また保留ですね。

$_{37}$ but he does his best $_{38}$ not to disturb its unity $_{39}$
↑ここで切ると前半が意味不明になる

　38でピリオドを打ったら he does his best「彼はベストを尽くす」で終わって意味不明です。38はスルーして，直後の not to disturb its unity「その調和を乱さないために」と続けてあげれば OK です。
　disturb は他動詞ですから目的語に名詞を１つだけとります（ＳＶＯＯをとりません）。disturb の目的語（its unity）がきた時点（39）でピリオドを打ちます。

● so を見たらペアを探す (39〜42)

~ with their groups <u>so</u> thoroughly ₄₁ <u>that</u> they ~

so ──────────→ that 発見

41の前にある so に注目してください。

これから英文を読むときは「**so を見たらペアを探す**」って姿勢を持ってください。〈**so 〜 that** 構文〉などに気づく確率が劇的に上がります。

◆ so を見たらペアを探す ➡ that / as などとペアになりやすい

❶ **so 〜 that ... = so 〜 as to ...**
　　結果「とても〜なので…」／ 程度「…なくらい〜だ」

❷ **not so 〜 as ...**「…ほど〜ではない」

that の中を見てみましょう。

₄₁ that they and the group are merged <u>into</u> oneness ₄₂ all 〜

前置詞 ➡ 名詞は 1 つで **OK**

into という前置詞の後ろには名詞が 1 つくれば OK なので，into oneness でピリオドを打ちます。

● S V をキッチリとる (42〜45)

₄₂ <u>All petty differences</u> 〜₄₄ <u>are washed away</u> ₄₅ each member is 〜
　　　　S　　　　　　　　　　　　　V

All petty differences が S，are washed away が V です。

受動態（are washed away）の後に each member is という S V が続くわけないので，45でピリオドです。

● 〈dedicate *A* to *B*〉「A を B に捧げる」(45〜49)

₄₅ Each member is 〜 and <u>dedicates</u> his total self ₄₆ <u>to</u> his 〜
　　　　　　　　　　　　dedicate　　　*A*　　　　to　　*B*

〈**dedicate** *A* **to** *B*〉「A を B に捧げる」という熟語です。

$$\sim \text{ and dedicates } \sim \text{ }_{47} \boxed{\text{as a result}} \text{ }_{48} \text{ the group triumphs } \sim$$

前を修飾する？　　　後ろを修飾する？

"as a result" は副詞句なので，前でも後ろでも修飾できます。

しかし "as a result" は慣用的に文頭に置くのが決まりで，多くの辞書にも書いてあります。といってもそんなこと受験生が知ってるわけありませんよね。しかもこの問題は文脈判断をしようにもかなり難しく，ここだけは落としても仕方ないでしょう。参考までに意味の違いを書いておきます。

参考

- 47でピリオドを打った場合（後ろを修飾）
❶ Each member is ～ and dedicates his total self to his group ₄₇
❷ $\boxed{\text{As a result}}$ the group triumphs ～
「❶グループに身を捧げる。❷$\boxed{\text{その結果}}$，グループは勝利し，～」
　　　　　　　　　　↑ここで「つなぎ言葉」があると自然

- 48でピリオドを打った場合（前を修飾）
❶ All petty differences among individual members are washed away.
❷ Each member is rid of his ego and dedicates his total self to his group as a result.
❸ ₄₈ The group triumphs ～
「❶ささいな違いは流される。❷その結果，メンバーはエゴをなくし，グループに身を捧げる。❸グループは勝利し，～」
　　　　　　　　↑ここに「つなぎ言葉」がないのが不自然

また，49は保留になります。結局ピリオドを打たなきゃいけないところだけで13個になるので，保留した 4 箇所（**21・25・37・49**）は，すべてスルーしてピリオドは打たないってことになります。

Japanese society is very group-conscious. There are thousands of groups formal and casual. Each person is conscious of which group or groups he or she belongs to. Each person is either an insider or an outsider of a given group. Those inside a group feel a strong tie with one another or try to believe that there is one. A 'we-feeling' may be an illusion but it is an illusion capable of profoundly affecting the human mind. It gives one a sense of security and it does not matter if such a sense is false. What matters is that one feels it. The sense of security provided by the group is better than the horror of being left alone in the cold universe. Each person becomes acutely concerned with his group's welfare. He may not get along with some other members of the same group but he does his best not to disturb its unity. The ideal in Japan is that members can identify themselves with their groups so thoroughly that they and the group are merged into oneness. All petty differences among individual members are washed away. Each member is rid of his ego and dedicates his total self to his group. As a result the group triumphs and so do all its members.

文
経
済
法
商
医
理
工
総合政策
環境情報
看護医療
薬

訳 　日本社会は集団意識がとても強い。公式なものから非公式なものまで，何千もの集団がある。それぞれの人は自分がどの集団に属しているかを意識している。みんな，ある集団の中にいるか外にいるかのどちらかである。一つの集団の中にいる人は互いに強い連帯意識を感じているか，それがあると信じようとする。「仲間意識」は幻想かもしれないが，人間の心に無意識のうちに深い影響を与えることができる幻想でもある。それによって人は安心感を得て，そういった感覚が偽りのものであるかどうかはどうでもいいのである。重要なのは，人が仲間意識を持つことである。集団から得られる安心感は，冷たい世界に1人取り残される恐怖よりはましなのである。だれもが，自分が属するグループの幸せに強い関心を持つようになる。同じ集団のメンバーとはうまくやっていけないことがあるかもしれないが，その和を乱さないよう最善を尽くす。日本

における理想とは，自分を集団と完全に同一視する結果，自分と集団が区別なく混ざりあうということなのである。個人間のささいな違いはすべて流し去られる。メンバーはエゴをなくし，自分のすべてを属する集団に捧げる。その結果，集団はうまくいくし，集団のメンバー全員もうまくいくことになるのである。

語句

• -conscious	「～を強く意識した」	• given	「ある特定の」
• affect	「影響を与える」	• acutely	「鋭く；強く」
• welfare	「幸せ」	• disturb	「乱す」
• identify	「確認する；同一視する」	• thoroughly	「徹底的に」
• merge	「まとめる；合併させる」	• oneness	「一体感」
• petty	「ささいな」	• wash away	「洗い流す」
• ego	「自己；うぬぼれ」	• triumph	「勝利する」

「ピリオドを打つ」なんていう一見奇抜な慶應の問題も，実は「構文力」から攻めることができるんだ。次のLESSONからも，「プロの視点と分析力」や「使えるワザ」をすべて示していくよ！

慶應は個性の極端な人が多い

　世間のイメージでは「スマート」「要領がいい」と言われる慶應ですが，ボクの感想は一芸に秀でた人も多いということです。

　なぜかと言うと，早稲田より慶應の入試のほうが，形式が偏っているからなんです。**早稲田の入試にはバランスが求められます。**どの科目も配点は大きく変わらないので，決定的に苦手科目があると苦戦します。偏らない勉強が早稲田には必要です。

　一方，慶應の入試には国語がありません。小論文はありますが，古文・漢文を完全に捨てて「英・社（＋ちょっと小論）しかやらん！」っていう**スナイパーのような人が受験**してきます。総合政策学部・環境情報学部にいたっては，完全に2科目だけです（もちろん，レベルはかなり高いですが）。
　全員が科目を絞ってるわけじゃありませんから，学生全体としてはスマートな人が多いんですが，ところどころ「あ，こいつスナイパー系」って人を見かけます。

　偏ってるんです。何もかも。

　ですから，あれもダメ，これもダメといいながら，ある分野には異常なまでの情熱と知識があったりします。
　いろいろな人種が多いと，視野も広がりますし，たくさんの刺激を受けると思います。

　実際に慶應のキャンパスを歩くと，世間のイメージどおりの人の中に，イメージとは正反対の人もたくさんいて面白いですよ。

文　経済　法　商　医　理工　総合政策　環境情報　看護医療　薬

ネライ撃ち学部 全学部

LESSON 4 構文力(2)
～正誤問題で構文力をチェック～

> 正誤問題は出たり消えたりですが，苦手な人が多いのです。文法の最終チェックとして有効なので，しっかりやっておいてください。しかも正誤問題のパターンはビックリするくらい少ないんです。どの大学も同じ問題の焼き直しです。慶應も例外ではありません。このLESSON で知る問題パターンで得点力は劇的に上がるはずです！！

▶ この LESSON のポイント

❶ まずは構文，次に語句をチェック！！

❷ 正誤は文法の最終確認ができる！！

正誤が出ない学部の受験生もぜひトライしてみてください。

商学部でも出なくなったと思ったら，すぐに復活したりします（他の学部でもよくあります）。

 STEP 1 慶應ネライ撃ちポイント

▶ 正誤問題の心構え

1　6割できれば合格ライン。でも8割狙っちゃおう！

正誤問題のことを「間違い探し」なんて発想は捨ててください。

「どのようにして解答を見つけるか？」という「頭の中のプロセス」を解説

します。

　それによって正誤問題でありがちな「当たった・当たらなかった」という正答率の波を，常に高い位置でキープできるようになります。

　正誤問題は難しいですから6割取れれば合格ラインに乗るはずですが，ここで正誤のパターンをしっかりマスターすれば8割以上狙えます！

❷　あやふやな下線部は無視する

　受験生が絶対に判断できないような，難しい表現に下線が引かれることがあります（どの大学でもやってくるひっかけですが，特に慶應に多いです）。「これあやしいなぁ……」なんて弱気な態度ではなく，アセらず必ず最後の下線まで目を通してください。「なんか間違ってそうなところ」ではなく「絶対これでしょ！」ってところを探す努力をしてください。一見して答えがわからないときほど，単純なことを見落としていたりするものです。

⊙ 傾向分析
❶　正誤問題は3タイプに分かれる

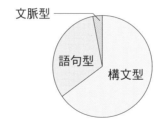

文脈型
語句型
構文型

⊙ 正誤問題の3つのタイプ

- ●構　文　型　➡　構文を正確にとることで正解がわかる
- ●語　句　型　➡　単数・複数，熟語などの知識面から正解がわかる
- ●文　脈　型　➡　英文の意味から正解がわかる

　今までの正誤問題の解説は「答えから逆算した解説」でした。たとえば答えが不定詞に関することなら「不定詞」という項目に分類されてしまいまし

た。でもそれは解答を知っているからであって，結局受験生が自分の腕一本で解く力にはなりません。思いきって「**まずは構文！**」という姿勢のほうが**絶対に正答率は上がります**。

2 なぜ正誤問題が出るのか？

入試で正誤問題が出る本当の理由は「（マークシートを使って）構文をとる力を試したい」からなんです。構文の力には和訳問題が一番ですが，採点に膨大な労力がかかります。そこで正誤問題の登場ってわけです。

つまり裏を返せば，正誤問題は構文を狙ってくる！　**構文を意識しておけば驚くほど正答率は上がる**んです！！

正誤問題をやると，構文だけじゃなく，文法の力も磨かれますよ。

◯ 解法

1 まずは「構文型」と仮定する

(1) **訳は完全無視！　構文に集中する！**

絶対に文の意味を考えようとしないでください。正解がわからなくなるだけじゃなく，大幅に時間をロスすることになります。

(2) **下線部分は「正しいという前提で」読み進める**

キチっと構文をとりながら読んでいくわけですが，下線でいちいち立ち止まって「これ怪しくない？」とか言っていたら正解は見つかりません。

すべての下線を正しいという前提で構文をとっていけば，
必ずおかしい部分が見つかるようになっている。

これが，正誤問題の暗黙の了解事項なんです！
ましてや，下線部だけを見たりしないように。

(3) **構文型・超頻出パターンを把握する**

よく出る2大事項を次ページの❶と❷でチェックしておきましょう。

❶ ＳとＶを確認 ➡ Ｖをチェック!!

- ➡ 3単現の -s が必要かどうか？
- ➡ Ｖの語法は正しいか？
- ➡ 時制・仮定法・受動態をチェック

　Ｖ関係の問題はビックリするくらい出ます。驚くほど出ます。特に「**時制をチェック**」というのは弱点です。これはかなり意識的に探さないと答えに気づきません。逆に言えば，このポイントを知っていれば他の受験生に大きく差をつけることができます。

❷ 接続詞をチェック!!

- ➡ 等位接続詞（**and** など）を見たら，正しく並列されているか？
- ➡ 従属接続詞（**if** など）を見たら，**If s v, S V.** の形になっているか？
- ➡ 呼応表現を見たらペアを探す（**例** **so** ➡ **that**）

② 次に「語句型」へシフトする

(1)　語句型では，まず「単数・複数」をチェック
　構文がおかしくないときは「語句型」へシフトしてください。ここではじめて下線だけを1つ1つ見ていくわけです。
　語句型で一番狙われるのは「**単数・複数**」の**概念**です。

「単数・複数」のチェック事項

- ➡ 複数形の -s がつくんじゃないのか？
- ➡ 複数形の -s はいらないのではないのか？
- ➡ 不可算名詞ではないのか？
- ➡ **many** と **much** を混同していないか？
- ➡ **it** / **they** に下線 ➡ 何を指すのか？

it や **they** に下線が引かれていたら，**何を指すのか**を吟味してください。

たとえば it に下線があるのに，it が指すものが複数形だったりするんです。

(2) **超頻出！ -ing と -ed の混同**

▶ -ing や -ed に下線が引かれていたら……

➡ **-ing に下線** ➡ **-ed になるんじゃないか？**
➡ **-ed に下線** ➡ **-ing になるんじゃないか？**

こう疑ってください。
これは完全にテクニックになりますが，メチャクチャ使えるはずです。

(3) **前置詞に下線 ➡ 「熟語」をチェック**
前置詞に下線部があったら，その前後（特に動詞）をチェックして「熟語じゃないかな？」ってチェックしてみてください。

❸ 「文脈型」の問題は捨てる

文の意味を考えなきゃ解けない問題は，ほとんど出ません。ほとんど出ない問題のために和訳に意識を向けると，肝心の「構文型」の問題が崩れ始め，結果ボロボロ＆膨大な時間のロスになります。
「文脈問題は捨てる」つもりで取り組んだほうが絶対に合格に近づきます。
もし心配なら，「構文に集中」 ➡ 「語句型」へシフトした後に1度だけ和訳をして文脈型の問題かどうか確認してみてください。

STEP 2 基本例題

🕐 7分　合格点7／9問中

次の各文の下線部には誤りが1つある。①〜④の中からその番号を選びなさい。

(1) Bush ①thought foreign policy as ②his ticket to the White House and ③the true measure of ④presidential achievement.

(2) " (1)The single most important job of the President," Bush (2)reminded of audiences (3)time and again, "is (4)the national security of the United States."

(3) (1)What if one of your customers (2)are drinking something very hot and (3)all of a sudden the cup (4)slips from the customer's hand?

(4) (1)The jump in gas prices (2)has forced many American people (3)change their own (4)travel plans.

(5) Susan (1)burst into tears tonight. She had been trying to get Amanda (2)fall asleep for hours. (3)Each time she put her in her crib, Amanda started wailing (4)a few minutes later.

(6) Traveling has always been a (1)welcome escape; (2)no matter how is going on at home or at the office, I can pack a bag and pick up a plane ticket and, (3)in three or four hours, (4)be on another side of the country.

(7) I've been trying to (1)get you (2)for ten minutes, but your line's (3)being busy. (4)Who were you talking to?

(8) A: Don't say anything to your husband until he (1)will be (2)in a better mood.
   B: What (3)makes you think he's in (4)a bad one?

(9) A: Why didn't you call me (1)up last night?
   B: Well, it (2)has been pretty late (3)by the time I had a chance (4)to.

（慶應・商）

解答・解説

(1) **答** ① ✗）thought ➡ ◎）thought of

解説

Bush **thought** <u>foreign policy as</u> his ticket to ～

  ➡ think の語法を考える ➡ 直後には of か that がくるはず

⊘ think の語法

> ❶ **think of** ～   「～について考える」
>
> ❷ **think that** S V 「SV だと考える」 ⌨ that は省略可能

 think の後ろには "**of**" か〈**that** SV〉がくるはずなのに，問題文では foreign policy as ～がきています（38ページ）。明らかに think の使い方がおかしいわけです。今回は〈**think of** A **as** B〉「A を B とみなす」になります。

訳｜「対外政策はホワイトハウスへの切符であると同時に，大統領としてやり遂げるべきことの真の評価になるとブッシュは考えていた」

(2) **答** ② ✗）reminded of ➡ ◎）reminded

解説

Bush **reminded** <u>of</u> audiences ～

  ➡ remind の語法を考える ➡ 直後には 人 がくるはず

⊘ remind の語法

> ❶ **remind** 人 **of** ～   「人 に～を思い出させる」
>
> ❷ **remind** 人 **that** S V 「人 に SV だと思い出させる」
>
> ❸ **remind** 人 **to** ～   「人 に（これから）～するように思い出させる」

remind の 3 つの語法に共通することは，全部 remind の直後に "人" がくるんです。これさえ押さえておけばカンタンに解けますね。〈remind 人 〉の形にすれば OK ですね。

> ▶今回は "remind 人 {that S V }" の that 以下が "〜" のセリフになっています。

ちなみに，③ time and again は「何度も」という熟語。特に覚える必要はありません。こういう**あやふやなところでは勝負しない**という正誤の鉄則を思い出してください。

訳 「『大統領として，唯一にして最重要な任務は，アメリカ合衆国内の安全だ』とブッシュは繰り返し聴衆に伝えた」

(3) **答** ② ✕）are drinking ➡ ◎）is drinking

解説

What (if 〈one of your customers〉 <u>are drinking</u> 〜)

　　　➡ S は one（単数形）➡ V は……

〈**What if** s v?〉は「s v したらどうなるだろうか？」という意味です。
まずはこの if 節の中の S V を確認していきましょう。
主語は "**one** of your customers" なので単数扱いですね。それを受ける動詞は……
②の are ってことになっちゃいます。わざとらしく②の直前に customers なんて複数形があります。
この **S V の一致問題**は，どの大学でも頻出します。絶対にマスターしてください！

訳 「お客様が熱い飲み物を飲んでいて，突然手がすべってコップが落ちてしまったらどうなるの？」

(4) **答** ③ ✕）change ➡ ◎）to change

解説

The jump 〜 has **forced** many American people <u>change</u> 〜

　　　➡ **force** の語法を考える ➡ 直後は〈人 + to 原形〉

　　　　　　　　　　　　　　　　　　　がくるはず

⟩ force の語法

> force 人 to 〜 「人 に無理矢理〜させる」

〈force 人 to 〜〉の語法で楽勝ですね。

訳｜「石油価格が高騰したため，多くのアメリカ人は旅行計画を変更するはめになった」

(5) **答** ② ✕）fall ➡ ◎）to fall

解説

She had been trying to **get** Amanda <u>fall</u> asleep for hours.
     ➡ **get** の語法 ➡ **fall** という原形??

⟩ get の語法

> ❶ get 人 to 〜 「人 に〜させる」   人 と〜が「能動」の関係になる
>
> ❷ get 人 p.p. 「人 が〜される」   人 と p.p. が「受動」の関係になる

大事なことは「**get は使役動詞ではない**」ってことです。
「させる」という意味から使役だと思い込んでいる受験生は結構多いです。使役動詞ではない以上，後ろに動詞の原形がくることは絶対にないです。
 したがって②の fall という原形がおかしいですね。

> ▶今回これだけ語法の問題ばかり続くと，さすがに本番では不安になってくるかもしれません。でも，実際にこれが出題されたわけです。語法はよく出ますので，本番でも自信を持って取り組んでくださいね。

訳｜「今夜，スーザンは突然泣き出した。彼女はアマンダを寝つかせようと何時間もがんばっていた。ベビーベッドに寝かせると必ずその数分後に，アマンダが泣きさけぶからだ」

(6) 答 ② ✕）no matter how ➡ ◎）no matter what

解説

no matter how is going on at home or at the office, ～

➡ no matter how の直後には 形容詞 or 副詞 がくるはず

⊙ no matter how の使い方

No matter how 形・副 s v, S V.

= **However** 形・副 s v, S V.

「たとえどんなに 形・副 であっても S V だ」

> 例　However hard it may be, it is worth trying.
>
> 訳　「どれだけ大変だったとしても，試してみる価値はある」（津田塾）

no matter how の直後には 形容詞 or 副詞 が必要です。

問題文では直後に is があるので一発で解けます。

> ▶この no matter how の使い方は中堅大学の 4 択問題でホントによく出ます。慶應ともなるとあまり出ないと思いきや……こうやって正誤で出るんですね。

ちなみに④ be にひっかかる受験生が多いのですが，and に注目という鉄則（89ページ）を使えば大丈夫なはずです。以下の構文解析を参考にしてください。〈V_1 **and** V_2 **and** V_3〉という形です。

I can

> pack a bag
>
> and
>
> pick up a plane ticket
>
> and,（in three or four hours），
>
> be on another side of the country.

訳｜「旅行は常にありがたい逃避の手段だ。家や会社で何があろうと，荷造りをして，飛行機のチケットを買ったら，3・4時間もすれば，別のところにいられるからだ」

(7)　**答**　③　×）being → ◎）been

解説

I've been trying to 〜 , but your line's being busy.

　　　　　　　　　　➡ 時制に注目

　まず全体の構文をチェックしてみますが，特におかしいところはありません。

　次に「V（時制など）をチェック」でしたよね（89ページ）。最初が I've been trying to 〜「ずっと今まで〜し続けていた」ですので，電話が話し中（busy）なのも「今までずっと話し中」（your line **has been** busy）と考えれば OK です。「時制」はよく出るうえにふつうの受験生は気づかないので，ぜひ得点源にしてください。

　ちなみに，④Who を直すと考えた人もいると思いますが，whom は堅いので，実際の場面では who が使われることがほとんどです。Who のままで OK です。

訳｜「10分間ずっと連絡をとり続けてたんだよ。でも，ずっと話し中だったんだ。だれと話していたんだい？」

(8)　**答**　①　×）will be → ◎）is

解説

Don't say anything to your husband **until** he will be in 〜 .

　　　　　　　　　　➡ **until** 節中に未来表現はこない

　until を見た瞬間に "〈S V until s v〉" の形を予想します。

　until は副詞節を作ります。「時・条件を表す副詞節の中では未来のことでも現在形」ってルールがありますね。間違っても until の後ろに未来を表す will なんてきませんよね。これ，慶應の商学部ではすさまじくよく出題されています（103ページ）。

訳｜A：「旦那さんには機嫌が直るまで何も言わないでおいて」
　　｜B：「あなたはどうして彼がご機嫌斜めだと思ってるの？」

(9) **答** ② ✕) has been ➡ ◎) was

解説

A：Why **didn't** you call me up **last night**?

B：Well, it <u>has been</u> pretty late by the time I **had** a chance to.

構文におかしいところはないです。①は〈call 人 up〉で「 人 に電話する」ですし，④は「to で終わって気持ち悪い」という受験生も多いのですが，「代不定詞」（44ページ）ですから，この to が最後に残っているおかげで "call you up" が省略されていることがわかるんです。

さて，構文はおかしくないので，V チェックですね。時制をチェックすると，赤字部分はすべて「過去」のことなのに，②の has been だけ「現在完了」になっていておかしいですね。

訳 A：「昨晩，なんで電話してくれなかったの？」
B：「電話できるようになったときには，だいぶ遅い時間になっていたんだ」

🕐 5分 　合格点4／6問中

次の(1)～(6)の英文には下線部①～④のいずれかに誤りがある。誤りを含む部分を，下線部①～④から選び，その数字と訂正後の正しい語句を記入しなさい。

例 Yesterday, the move ①was approving by an advisory panel ②comprised of representatives ③from the business, academic and government ④sectors.

	番　号	訂正後の語句
例	①	was approved by

(1) Advertising targets children ①as never before. These days $3 billion is ②spent annually on advertising ③that is directed at kids —— more than 20 ④time the amount a decade ago.

(2) Technology also contributes ①to the erosion of parental authority. Video games are about letting kids ②manipulating reality, which means that when they ③get up at last from the console, the loss of power is hard ④to handle.

(3) A full ①analysis of the situation will ②be postponed to the end of this chapter, but it seems worth ③to note that the evidence actually suggests ④the opposite.

(4) No sooner ①had she crossed a small bridge near the farm ②then the storm ③resumed with even ④greater intensity.

(5) It is a natural instinct ①to want to make your children happy and protect them ②of harm or pain. But that instinct, if not ③tempered, also comes ④at a cost.

(6)　According ₁to the Smythe Research Center, ₂which studies consumer trends, ₃two-third of parents say their kids ₄define their self-worth in terms of possessions.

（慶應・商）

解答・解説

今回は**語句型**が多いです。構文型より気づきにくいので，難しいです。

(1)　答　④　✕）time　➡　◎）times

解説

—— **more than 20** <u>time</u> **the amount a decade ago.**
　　　➡　20の後ろは複数形のはず

　構文は問題なし。V（時制など）もおかしくなさそうです。となると「語句型」と考えて，下線の１つ１つをチェックしていきます。特に注意するのは「単数・複数」でしたよね（89ページ）。

訳｜「広告がこれほどまでに子どもをターゲットにしたことはなかった。今日では，子どもを狙った広告に年間30億ドルが投じられている。これは10年前の20倍以上である」

(2)　答　②　✕）manipulating　➡　◎）manipulate

解説

Video games are about letting kids <u>manipulating</u> **reality, 〜 .**
　　　　　➡　let の語法　➡　後ろには " 人 原形 " がくるはず

letting に注目。let は使役動詞で〈**let** 人 原形 〉の形になりますね。

訳｜「科学技術もまた，親の権威が下がる原因である。テレビゲームはおおよそ子どもたちに現実を操作させるようなもので，それはすなわち，子どもがようやくゲーム機から離れたと思ったら，無力感はどうにも手に負えなくなるのだ」

(3) 答 ③ ✕）to note ➡ ◎）noting

解説

but it seems **worth** to note that ～
　　　➡ **worth** の後ろには **-ing** がくるはず

　worth に注目。**worth の品詞**は「前置詞」です（重要な知識です）。前置詞の後ろに to 不定詞はきませんよね。動名詞の **noting** にすれば OK です。

訳｜「状況を完全に分析するのは，この章の終わりまで持ち越したいと思う。しかし，証拠があるおかげで正反対のことが示唆されていることに注目する価値はあるようだ」

(4) 答 ② ✕）then ➡ ◎）than

解説

No sooner had she crossed ～ then the storm resumed
　　➡ **No sooner** ～ **than** の形になるはず

　〈**No sooner** ～ **than**...〉「～するとすぐに…」の構文はすぐに予想がつくでしょう。then を than に変えます。

　　▶「なんだこの問題!?　くだらね～」って感じる人もいるでしょう。大学受験ではまだ少ないのですが，資格試験のひっかけパターンなので，今後も出るはずです。

　ちなみに①の had は OK ですね。「文頭に否定語（今回は "No"）がきたら，倒置が起きる」ってルールです（69ページ）。

訳｜「彼女が農場の近くの小さな橋を渡るとすぐに，さらに激しく再び暴風が吹いた」

(5) 答 ② ✕）of ➡ ◎）from

解説

～ to want to { make your children happy
　　　　　　　 and
　　　　　　　 protect them of harm or pain.
　　　　➡ **protect** の語法 ➡ 後ろには **from** がくるはず

⊘ protect の語法

> **protect 人 from ～**　「人を～から守る」
>
> 🔍 from は「分離」を表す。

訳｜「子どもを幸せにし，危害や苦難から守りたいと思うのは，ごく当たり前の本能である。しかし，この本能はある程度抑えないと，犠牲を伴うのである」

(6)　**答**　③　✕）two-third　➡　◎）two-thirds

解説

(According to ～), **two-third** of parents　say　～
　　　　M　　　　　　　　　　S　　　　V

構文も V も，ともに問題なさそうですので，「語句型」と考え，下線部をひとつひとつチェックします。特に注意するのは何でしたか？　「単数・複数」ですよね。③の two-third に注目してください。分数表現がおかしいですね。

⊘ 分数の表し方

> "分子 − 分母" の順
> ┗序数（順序を示す "first / secone / third ……" って言い方）
> ┗基数（ふつうの "one / two / three ……" って言い方）
> **例**　one-third　「3分の1」
> 　　　　two-thirds　「3分の2」

分子が「2以上」のときは "複数の -s" をつけます。「3分の1 + 3分の1（3分の1が複数ある）」って考え方をするからです。したがって two-thirds にすれば OK です。

訳｜「消費者動向を調査するスマイズ研究センターによれば，子どもは自分が何を持っているかでみずからの価値を決める，と3分の2の親は言うそうだ」

過去問研究の重要性

　ボクは普段の授業でも，徹底的に過去問にこだわっています。それは過去問を研究することで，**その大学の意図・出題パターンといった「入試問題の空気感」を直に感じる**ことができるからです。

　悲しいことに，「過去問なんて，もう二度と出ない問題の寄せ集め」と考えている人は少なくありません（受験生が言うならまだしも，指導者でもそんなことを言う人が多いんです……）。

　この乱暴な発言を鵜呑みにすると損することが３つもあります。

　まず１つ目。

　入試問題は，その大学の「顔」なんです。大学がどういう学生を欲しいか，入試問題を使って表現するんです。いくら立派なパンフレットを作っても，入試問題ほどその大学を語り尽くしてくれるものはありません。

　たとえば，慶應商学部は膨大な分量，そして毎年のようにめまぐるしく変わる出題形式。つまり，「世の中のスピードについてこられますか？　日々変わる世界で生きていけますか？　入試問題がコロコロ変わるくらいでビビッてたら，世の中のスピードについていけませんよね」っていうメッセージを入試問題に込めているんです。

　２つ目。

　問題の形式が変わっても，出題意図は変わりません。そして「どういう選択肢が正解になるのか？」も，過去問を見ればわかります。

　過去問をじっくり研究することで，多少の偏差値の差は埋められますし，他の受験生に圧倒的な差をつけられるのです。

　３つ目。

　ズバリ「**まったく同じ問題**」が出ます！

　次ページの問題は，慶應商学部の正誤問題です。

　下線部に１箇所間違いがあります。それを指摘してください。

(1) **慶應商学部** （2000年出題）

Only when we (a)<u>will reach</u> a unanimous agreement, (b)<u>can we</u> possibly be regarded by everyone (c)<u>as being</u> united as if we all (d)<u>were</u> brothers by birth.

(2) **慶應商学部** （2001年出題）

When you (a)<u>will be</u> as old as I am, young man, you'll know that (b)<u>where</u> human nature (c)<u>is</u> concerned, (d)<u>very little</u> changes.

どうでしょうか？　どっちも「時・条件を表す副詞節の中では未来のことでも現在形」というルールですね。しかも2年連続で。

誤解してほしくないのは，あくまで過去問をやり込む理由は，けっして「同じ問題が出るといいなぁ」と期待することにあるのではなく，**その大学のポリシーを，問題を通じて理解する・考える・感じることにあるのです。**

> **解説** when は従属接続詞です。**従属接続詞は「副詞節」を作ります。「時・条件を表す副詞節の中では，未来のこと⇒現在形で表す」**というルールです。

解答と和訳

(1) **答** ✕ **will reach** ➡ ◎ **reach**
訳「完全に一致した意見が得られたときになってはじめて，私たちはまるで生まれたときから兄弟であるかのように密接につながっていると，だれもが考える」

(2) **答** ✕ **will be** ➡ ◎ **are**
訳「若者よ，君も私と同じ年齢になったら，人間の本質に関しては，ほとんど何も変わらないんだってことがきっとわかるはずだよ」

ぜひこの本で，問題の解説を通して，慶應の入試問題のかすかな呼吸まで聞こえてくるほどの「**入試問題を解く感性**」を磨いていってください。

文　経済　法　商　医　理工　総合政策　環境情報　看護医療　薬

LESSON 5 | 語彙力(1)
～共通語補充は多義語がポイント～

「多義語」を苦手とする慶應受験生はとても多いです。
この LESSON では丸暗記を排除して
多義語をきちんと「解説」していきます！

⊙ この LESSON のポイント

❶ 多義語対策なしはボロボロ，対策して得点源に！！

❷ 多義語は原義から覚えれば効率的！！

STEP 1 慶應ネらい撃ちポイント

■ 共通語補充の解法

多義語の力を確認するには共通語補充問題の練習が効果的です。実際の問題を解くときは，次の3ステップを踏んでください。

⊙ 共通語補充の解法

❶ 品詞を判断する

❷ 空所の前後から熟語を疑う

❸ 重要多義語をインプットしておく

❶ 品詞

中堅大学なら❶の品詞である程度解けてしまう反面，慶應の問題はこれで解けるような問題は多くありません。でも「**まず品詞を絞る**」のは英語の基本ですから必ずチェックしてください。以下の「**例題**」でこのタイプの問題を確認してみてください。

❷ 熟語

慶應はこのタイプの問題が多いです。

空所の前後を眺めて「あ，あの熟語だ！」って気づく必要があります。

難しい熟語はほとんど出ません。どれも標準レベルです。でも選択肢がないだけに，熟語帳を完璧にやりこんでないと気づかないんです。

普段は熟語帳を何度も読み返し，問題を解くときは，英文を何度も読み返す習慣をつけてください。1，2回サッと読んで「解けません」なんて言わずに，根気よく・しつこく問題文を読む姿勢が必要です！

❸ 多義語は原義から

ただやみくもにたくさんの意味を暗記するのではなく，**原義から理解する**とものすごくスッと頭に入ってきます。「**丸暗記不要**」という方針で解説しましたので，ぜひこの機会に多義語をマスターしてください。

「品詞型」の例題

空所に共通して補うべき最も適切な1語を記入しなさい。

(ア) The air turned cold, (   ) the sun had set.

(イ) At his daughter's wedding, the father was at (   ) happy and sad.

(慶應・商)

解答・解説

例題 答 once

解説

⊘ once の意味 ➡ 核心イメージ：「1回」

❶「一度」　❷「かつて」　❸（接続詞）「いったん〜すると」

(ア)

> The air turned cold, （　　） the sun had set.
> 　S　　V　　　　　　 接続詞　　 s　　　 v

S V（　　）s v. の形になっているので，空所には接続詞が入るってわかります。ということは，極端なことを言えば，答えは if / when / because …… ある程度答えは絞られてくるわけです。たしかに接続詞だけでもたくさんありますが，見当違いのわけのわからない答えを書くことはなくなります。ここまで絞るのだって実力ですよね。では，次に(イ)を見てみましょう。

(イ)

> At his daughter's wedding, the father was at（　　）happy and sad.

at once *A* and *B* は大事な熟語ですが，ほとんどの受験生は知りません。まず at once から考えていきましょう。at once の直訳は「一度に」という意味です。「一度にやる」➡「すぐにやる」っていう意味になりました。

---
at once *A* and *B*　「A と B 両方とも」

たとえば「ご飯とおかずを**一度に**食べる」➡「**両方同時に**食べる」ってことですね。**at once *A* and *B*** = **both *A* and *B***　「A と B 両方とも」って意味です。意外と難しく思えるかもしれませんが，接続詞の **once** も at once *A* and *B* という熟語も，他の大学でもよく出ます。慶應受験生なら確実に得点したい問題です。

訳 (ア)（接続詞：**once**　「いったん〜すると」）
　　「いったん太陽が沈むと，空気が冷たくなった」
　 (イ)（熟語：**at once *A* and *B***　「A と B 両方とも」）
　　「娘の結婚式では，父は幸せでもあり，同時に悲しくもあった」

次の各群(A)〜(E)の3箇所の括弧には同じ語が入る。その語を書きなさい。

(A)

(1) As is often the (　　) in medical research, some of Dr. Brand's most important discoveries about Hansen's disease came about not as the result of systematic pursuit but through accident.

(2) Religious persecution is at the root of people fleeing their country. A (　　) in point is colonial India.

(3) No (　　) of rabies* has been reported in our country since 1960.　　[注] rabies「狂犬病」

(B)

(1) He left a note to the (　　) that he would not be coming back.

(2) Parents worry about the (　　) of websites on their adolescent's behavior.

(3) She lay quietly waiting for the sleeping pills to take (　　).

(C)

(1) Critics (　　) out that the prince, on his income, should be paying tax.

(2) The supports beneath the iron bridge have decayed to the (　　) where they are hazardous.

(3) Let's stick to discussing whether the road should be built at all. The exact cost is beside the (　　).

(D)

(1) Some people are enthusiastic about raising a fund in support of a good (   ), such as a charity.

(2) Eating much fat is considered to (   ) heart disease.

(3) There is still wide disagreement among doctors as to the (   ) of the disease.

(E)

(1) It took them some time to (   ) out the answer to an algebra question.

(2) A six-(   ) number is between 100,000 and 999,999.

(3) See the (   ) given below, which shows changes in the population of Town A between 1910 and 1912.

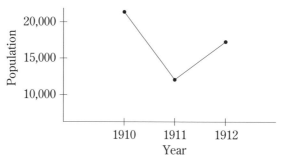

(慶應・医)

解答・解説

(A) **答** case

解説

◎ case ➡ 核心イメージ：「当てはまるもの」

❶ 「場合」　❷ 「実例」　❸ 「事実/真実」

「当てはまるもの」➡ ❶ 「場合」➡ ❷ 「今回の例に当てはまる場合＝実例」➡ ❸ 「実例は紛れもない事実＝真実」

case に関しては，特に❸ 「事実/真実」が狙われます。
たとえば That is not the **case**.「それは真実ではない」って意味です。

(1) 「事実/真実」/熟語：**as is often the case**「よくあることだが」

As is often the (　　) in medical research, ～ .

as is often the case「しばしば真実なのですが」➡ 「よくあることだが」になります。これが一番易しいので，この(1)一発で解きたいところです。

訳「医療研究ではよくあることだが，ハンセン病に関するブランド博士の研究の非常に重要な発見の中には体系的な研究の結果ではなく偶然生まれたものもあった」

(2) 「実例/典型例」

A (　　) in point is colonial India.

訳「宗教迫害は，国外逃亡の原因となる。典型的な例は，植民地化されたインドである」

(3) 「症例」

No (　　) of rabies has been reported ～ .

「実例」＝「症例」と考えれば十分ですが，2020年に新型コロナウイルスが大流行した影響で，海外ニュースでは毎日のようにこの case を聞くよう

になりました。

訳「1960年以降，わが国では狂犬病の症例は報告されていない」

(B) 答 effect

解説

⟩ effect ➡ 核心イメージ：「外へ出てきたもの」

❶ 「結果」
❷ 「効果／影響」

effect と affect ってものすごく紛らわしいですよね。これ，受験生はもちろんのこと，ネイティブもよく間違えます。
　でも安心してください。ちょっとしたコツであっさり覚えられます！

　effect の "ef" はもともと "ex"「外に」なんです。
➡ "f" の発音って下唇をかみますよね。"ex + f" が言いにくいから，音とスペルが同化しちゃって，"ex + f" ➡ "effect" になったんです。

　ですから effect は「外に出てきたもの」➡「結果／効果／影響」です。
　affect の "af" はもともと前置詞 "at"「1点をめがけて」です。たとえば look at ～「～という1点めがけて視線を投げかける」➡「～に目をむける」です。この at が，直後の "f" の発音に影響受けて，affect ってスペルになったんです。
　affect は「～をめがけて力を加える」➡「影響を与える」になります。

(1) 「結果」／熟語：to the effect that ～「～という趣旨の」

He left a note to the（　　　）that he would not be coming back.

　to the effect that ～「～という結果（effect），にいきつく（to）ような」
➡「～という趣旨の」って熟語です。
　たとえば「1日12時間勉強するという結果にいきつくような説教をした」
＝「1日12時間勉強しなさいという趣旨の説教」ですよね。

▶ to the effect that ～ は入試でよく出ますが，受験生は苦手です。ボク自身も受験生のときは丸暗記しては忘れ……を繰り返した熟語の1つです。でも，理屈から考えればカンタンですね。

　(1)でこの熟語に気づけば一発で解けますし，慶應受験生なら，それぐらいこの熟語を完璧にマスターしてほしいところです。気づかなかった場合は(2)で勝負することになります。

訳|「もう戻らないという趣旨のメモを彼は残した」

(2)　「影響」

　　Parents worry about the (　　) of websites on their adolescent's behavior.

effect on ～「～に対する影響」です。今回は effect と on の間に of ...（主格の of）が入って effect of ... on ～「…が（of），～に対して（on）与える影響」になっています。

　この on に注目すれば，答えは effect / impact / influence に絞られます（意味は全部「影響」です）。(3)を見て答えを決めることになります。

訳|「ウェブサイトが子どもの行動に与える影響について，親たちは心配している」

(3)　「効果」／熟語：**take effect**「効果を発揮する」

She lay quietly waiting for <u>the sleeping pills</u> to take (　　).
　　　　　　　　　　　wait　　for　　　O　　　to ～「O が～するのを待つ」

take effect は「効果をとる」➡「効果を発揮する」って熟語です。
ここでは「（薬が）効く」って考えれば OK です。
　これは医学部の問題ですから，医・看護医療・薬学部を受ける人なら知っておいてほしい熟語です。他学部の人は(1)と(2)で答えを出すことになります。

訳|「彼女は静かに横になって，睡眠薬が効き始めるのを待った」

(C) 答 point

解説

▷ point ➡ 「先端」

❶ 「点」　　❷ 「要点」　　❸ 「段階」　　❹ 「指差す」

point は，もともとは「とがった先端」って意味なんです。パソコンでマウスが「指し示す」矢印の先端のようなマークを「ポインタ」っていいますね。

▷ point の意味派生

```
                   ➡ ❶「点」➡ ❷「要点」
「先端」                      ↘「ある一地点」＝ ❸「段階」
                   ↘ ❹「一点を指差す」
```

(1)　動詞：「指差す」／熟語：**point out**「指摘する」

Critics（　　）out that ～ .

point out「指摘する」って熟語です。

訳┃「国王の息子も収入に基づいて税金を納めるべきだと，批評家は指摘する」

(2)　名詞：「段階」

～ have decayed to the（　　）where they are hazardous.

空所には名詞が入ることがわかりますよね。その直後に where があるので，空所には「関係副詞 where の先行詞になるもの」が入るわけです。where の先行詞は「場所」を表す名詞ですよね。さらに慶應受験生であれば，関係副詞 where の特殊な先行詞が頭に入っていてほしいんです。

⊗ 関係副詞 where の注意すべき先行詞

point「段階」／ **case**「場合」／ **instance**「例」／
situation「状況」

point はもともと「一地点」という**場所を表す名詞**です。したがって，where
の先行詞になれるわけです。この囲みの中から答えを絞っていくわけです。

▶でも実際，この(2)は難しいです。(1)か(3)一発で答えを出す受験生がほとんどでしょう。

訳「鉄橋の支えが危険な状態まで腐敗している」

(3) 名詞：「要点」／熟語：**beside the point**「的はずれ」

The exact cost is beside the (　　).

beside the point「要点の横にある」 ➡ 「的はずれ」って熟語です。
beside を含む熟語はものすごく少ないので，beside を見て「熟語じゃな
いかなぁ」って考えればできるはずです。

⊗ beside の熟語

- **beside the point**「的はずれ」
- **beside oneself**　「我を忘れて」
  - **例** beside oneself with joy　「有頂天になって」
  　　beside oneself with fear　「怖くて気が動転して」

訳「そもそも道路を作るべきかどうかという話に集中しよう。実際にいくらかか
るのかということは話の要点ではない」

(D) **答** cause

解説

⊗ cause ➡ 「原因」

❶ 「原因／引き起こす」　❷ 「目標／大義名分」

cause「原因」⮕「行動の原因」＝「**目標・大義名分**」になります。

(1)　名詞：「目標／大義名分」

> ～ in support of a good（　　）, such as a charity.

〈*A* **such as** *B*〉「Bのような A ／ A, たとえば B」ですので，空所の具体例が charity ということになります。慶應に受かるためには受験生は，こういうところをしっかり考える必要があります。
　……でも今回はここまで。これ以上はわかりませんよね。(2)で勝負です。

訳|「慈善事業のような良い行動を支援するための資金を集めることに夢中になる人もいる」

(2)　動詞：「引き起こす」

> | Eating much fat | is considered to（　　）| heart disease |.
> 原因（脂肪大量摂取）　　⮕　　　　　結果（心臓病）

「脂肪分の大量摂取が，心臓病を引き起こす」って文脈が予想できれば cause が書けると思います。
　因果表現は超重要ですから，しっかり頭に入れておけば，今後このような問題はできるようになります（65ページのまとめを完璧にしてください）。

訳|「大量の脂肪分を摂取すると，心臓病になると考えられている」

(3)　名詞：「原因」

> ～ as to the（　　）of the disease.
> 　= about

as to = **about** も大事な熟語です。

⟩about「～について」と同じ意味の要注意単語

> concerning ～ ＝ regarding ～ ＝ as to ～

▶ concerning / regarding は -ing で終わっています。実はこれ，もともとは分詞構文だったんですが，もはや現代では「前置詞」として認識されています。辞書にも「前置詞」で載っています。両方ともビジネスでよく使われますので，今後入試で激増するはずです。

訳|「その病気の原因に関しては，いまだに医者の間でも大きく意見が割れている」

(E) **答** figure

解説

▷ figure ➡「ハッキリした人影」

❶「姿」 ❷「人物」 ❸「数字」 ❹「図」 ❺「理解する」

▷ figure の意味派生

figure   ➙ ❶「姿」➡ ❷「人物」
「ハッキリした人影」 ➡ ❸,❹「ハッキリしたもの＝数字／図」
            ➙ ❺「ハッキリ心に描く＝理解する」

(1) 動詞／熟語：**figure out**「理解する」

$\sim$ to (　　) out the answer $\sim$.

後ろに out をとる熟語はたくさんありますから，(1)で答えは出ません（**work out**「解決する」が浮かんだ受験生はなかなかのセンスです）。

最終的な解答は figure ですが，**figure out**「理解する」という熟語はすさまじくよく出題されます。慶應レベルにもなると易しすぎて4択ではあまり見かけませんが，こうやって多義語問題で出るんですね。

この問題では figure out the answer「答えがわかる／答えを出す」というふうに，少し意訳する必要があります。

訳|「彼らが代数学の問題の答えを出すのに少し時間がかかった」

(2) 名詞「桁（けた）」

A six-( ) number is between 100,000 and 999,999.

「6桁」という意味です。figure「数字」➡「桁」と考えますが，「桁」の意味ではあまり見かけませんので，ムリして覚える必要はありません。

▶「数字」の意味ではメチャクチャ出ます！

訳|「6桁の数字とは100,000から999,999の間にある数のことだ」

(3) 名詞「図」

See the ( ) given below, ～ .

問題を読めば「図／グラフ」という単語が浮かびますよね。この(3)で一発で解かなくちゃいけません。

figure は超重要多義語ですから確実にマスターしてください！

訳|「下の図を見てください。その図は1910年から1912年の間のA町の人口推移を示しています」

STEP 3 実戦問題　⏱5分　合格点4／6問中

次の(a)～(f)には異なる内容の英文(ア)，(イ)が与えられており，それぞれに空所がある。(ア)，(イ)の空所に共通して補うべき最も適切な一語を解答欄に記入しなさい。

(a)
(ア) I met Professor Smith downtown ( ) chance last weekend.
(イ) The average crime rate has decreased ( ) 15% since last year.

(b)

 (ア) I asked my friend to ( ) her last e-mail to my new e-mail address.

 (イ) We should not move ( ) unless we are sure of our next step.

(c)

 (ア) His irresponsible behavior necessarily forced us to ( ) doubt on his way of thinking.

 (イ) The musical *The Lion King* will be performed in Tokyo by the original Broadway ( ).

(d)

 (ア) Tom's ( ) in college was economics, which he continued to study in graduate school.

 (イ) The growing number of dropouts is a serious —— perhaps the ( ) —— problem in contemporary Japanese society.

(e)

 (ア) After the failure of his firm, he got into ( ) with the law.

 (イ) I am sorry to ( ) you, but would you mind moving your car?

(f)

 (ア) Shaking one's ( ) can be interpreted as "yes" or "no" depending on the culture.

 (イ) On hot summer days, people often ( ) for the seaside to cool off.

（慶應・商）

(a) 答 **by**

▶ by の重要な意味

❶ 【近接】「〜の近くに」　　❷ 【経由】「〜を通って」

❸ 【手段・行為者】「〜によって」　❹ 【単位】「〜単位で」

❺ 【差】「〜の分だけ」　　　❻ 【期限】「〜までには」

(ア) 前置詞：〔経由〕「〜を通って」／熟語：**by chance**「偶然に」

I met Professor Smith downtown（　　）chance last weekend.

by chance「偶然を経由して」➡「偶然に」という熟語です。
これは一発で解けるはずです。

訳|「先週末，繁華街で偶然，スミス教授に会った」

(イ) 前置詞：〔差〕「〜の分だけ」

The average crime rate has decreased（　　）15% 〜 .

decrease **by 15%**「15%分だけ減る」という意味です。
　この「**差を表す by**」は超重要です（35ページでも説明しましたね）。こう
いったグラフ表現は重要なので，332〜334ページにまとめておきます。

訳|「去年から，犯罪率は平均15%減少した」

(b) 答 **forward**

解説

⊘ forward

> ❶ 「前方の／前へ」　❷ 「転送する」

❶ サッカーやラグビーの「フォワード」は「前にいる人」って意味なんです。

❷ メールや郵便物を「次の人へどんどんまわしていく（作業を前へ進めていく）」➡「転送する」って意味になりました。普段メールで転送するとFw. って出るのですが，これは forward のことなんです。

㋐ 動詞：「転送する」

~ to（　　）her last e-mail to my new e-mail address.
「彼女の最後のメールを，私の新しいアドレスに（　　）する」

forward は，まだ他の問題集，単語帳でも重要視されていないと思いますが，もはや超重要単語です（たとえば青山学院では，もうとっくに出題されてます）。

訳｜「彼女の最後のメールを，私の新しいアドレスに転送するように友達に頼んだ」

参考問題

空所に入る共通の単語を選びなさい。

Please （　　）my mail to this new address.
The new drug is a big step（　　）in the fight against AIDS.

(a) break　(b) cover　(c) forward　(d) go
(e) head　(f) make　(g) picture　(h) put
(i) run　(j) want

（青山学院）

訳｜「この新しい住所に私への郵便物を転送してください。
その新薬はエイズと戦う上で前へ進む大きな一歩です。」

答 (c)

(イ) **副詞**：「前へ」

We should not move（　　）unless 〜 .

この(イ)だけでは答えは出ませんよね。やはり(ア)で勝負です。

訳｜「次の一歩が確実に決まるまで，前へ進むべきじゃない」

(c) 答　**cast**

解説

⊙ cast ➡「投げる」

❶「投げる」　❷「役を割り当てる／配役」

❶「投げる」➡ ❷「脚本家が俳優に役を投げかける＝役を割り当てる／配役」
cast「投げる」からいろんな単語が生まれました。
「ニュースを世間に投げかける人」で newscaster「ニュースキャスター」，
「天気を事前に（fore），投げかける」で weather forecast「天気予報」，「電波を広く投げかける」で broadcast「放送する」などがあります。

(ア) **動詞**：「投げる」

〜 to（　　）doubt on his way of thinking.

cast doubt on 〜「〜に疑問を投げかける」です。

訳｜「彼の無責任な行動から，私たちは彼の考え方にどうしても疑問を投げかけざるを得なかった」

(イ) **名詞**：「配役」

〜 will be performed in Tokyo by the original Broadway（　　　）.

配役を「キャスト」というのは日本語にもなっています。良くない配役なら「ミスキャスト」って言いますよね。

訳「ミュージカル『ライオンキング』がオリジナルの配役で東京にて公演されます」

(d) **答** major

解説

⟩ major ➡ 「主要な」

❶ 「主要な」　❷ 「専攻／専攻する」

❶ 「主要な」 ➡ ❷ 「大学で主要に勉強する科目＝専攻」

▶ちなみに，動詞で「専攻する」は **major in** ～ / **specialize in** ～ になります。**in** が狙われることもあります。「範囲の in」で「～において」という意味です。major in ～「～においてメジャーに勉強する」と考えれば OK です

(ア) 名詞：「専攻」

Tom's （　　） in college was economics, ～ .

economics「経済学」から，「トムの専攻科目」って意味は予想できます。

訳「トムの大学での専攻科目は経済学で，大学院でも引き続き専攻した」

(イ) 形容詞：「主要な」

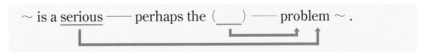

～ is a serious —— perhaps the （＿＿） —— problem ～ .

serious と major が両方，problem を修飾しています。
この(イ)で答えを出すのはムリです。(ア)を復習しておきましょう。

訳「現代の日本社会において，中退者の数がますます増えていることは深刻で，おそらく主要な問題だ」

文
経
済
法
商
医
理
工
総合政策
環境情報
看護医療
薬

(e) 答 trouble

解説

⊘ trouble

❶ 「苦労／面倒／面倒をかける」　　❷ 「もめごと／トラブル」

(ア)　名詞：「もめごと／トラブル」

he got into（　　）with the law.

get into trouble with ～「～とトラブルを起こす」，the law「警察」ですが，受験生にこんな知識は不要です。ですから(イ)で勝負です。

訳|「会社が倒産した後に，彼は警察とトラブルを起こした」

(イ)　動詞：「面倒をかける」

I am sorry to（　　）you, but ～ .

この形を見た瞬間に浮かんでほしいのは，次の2つです。

⊘ 「ご迷惑かけてすみませんが」

● I am sorry to trouble you, but ～ .
● I am sorry to bother you, but ～ .
　　🖉 bother「面倒をかける」

例　I'm sorry to trouble you, but can you tell me the way to the station?
訳|「すみませんが，駅への道を教えてもらえませんか？」

　動詞の trouble は意外と盲点です。**trouble you**「あなたに迷惑をかける」はよく使います。この問題は trouble か bother が答えになります。
　今回 bother というミスだけは仕方ないでしょう。
　▶実際ボクの授業で，早慶に受かりまくった優秀な生徒も，ここに bother を入れてしまいました。

訳 「ご迷惑おかけして申し訳ありませんが，お車を移動して頂いてもよろしいでしょうか？」

(f) 答 **head**

解説

▷ **head**

❶ 「頭」　❷ 「進む」

❶ 「頭」 ➡ ❷ 「（先頭に立って）進む」になりました。

(ア)　名詞：「頭」

Shaking one's (　　) can be interpreted as "yes" or "no" depending on the culture.

文の内容から，空所には「体の部分」が入ることが予想できると思います。あとは，(イ)に動詞が入りますので，**head に動詞の用法がある**ことを知っておく必要があります。

訳 「頭を横に振ることは，文化によって「はい」にも「いいえ」にも解釈できる」

(イ)　動詞：「進む」／熟語：**head for** 〜「〜へ向かって進む」

On hot summer days, people often (　　) for the seaside to cool off.

head for 〜「〜へ向かって進む」です。for は「方向性」を表します。

訳 「夏の暑い日には，人々は涼みに海辺へ行くことが多い」

LESSON 6 | 語彙力(2)
～慶應で大活躍「発音・アクセントのルール」～

今まで，発音・アクセントの解説といえば，ただ発音記号をのせておしまいでした。そこに法則も理論もありませんでした。

でもでも！　慶應は明らかに「理論を知ってる受験生」を求めています。
その理由と今まで聞いたことない，でも精巧ともいえる発音理論についてお話します。問題が解けることはもちろん，英語の奥深い世界を堪能してください！

⟩ この LESSON のポイント

❶ 過去問を完璧に！　同じ単語も出る !!

❷ 発音はルールを覚えると効率的に解ける !!

❸ アクセント公式 2 つを完璧に !!

STEP 1 慶應ネラい撃ちポイント

1 過去問を完璧に！　同じ単語も出る !!

(1) 長文で出るような難単語が出題される

　法学部の発音・アクセント問題は毎年少しずつ形式が変わり，発音が出たりアクセントが出たりします。明らかにレベルは高いのですが，難しすぎて

差がつかないって問題ではありません。また，理工学部でも発音やアクセントの問題が出ることはよくありますし（2020年度は4問），経済学部でもたくさん出ています（LESSON9）。慶應の語彙問題はあくまで市販の単語帳レベルから出題されます。ただし，そのレベルの単語帳をかなり綿密にやりこむ必要があります。**他の大学であれば意味だけ知っていれば十分と言える単語の発音・アクセントを聞いてくるからです。**

たとえば utterly（完全に）という単語。慶應レベルの受験生なら意味は知ってなければいけませんが，法学部ではこの utterly のアクセントまで聞いてきました（ちなみに先頭にアクセントがきます。【ʌ́tərli】）。

慶應の問題を見ると，どうしても長文のレベルに圧倒されて，意味を覚えることだけに集中してしまいます。でも慶應合格には，意味を覚えるついでに発音・アクセントまで確認する習慣が必要です。こういう地道な行為がジワリと効いてきます。

長文で知らない単語があっても失点にはなりません。ところが発音・アクセントで知らない単語は，即失点になるわけです。**発音・アクセント問題で出る単語は直に得点につながる**んです。ちょっとの手間をかけた人が慶應に受かるわけです。

⑵　**同じ単語も出る**

過去問を完璧にやりこみましょう。似た単語・派生語が出るのはもちろんのこと，同じ単語が出ることだってあるからです（たとえば compromise【ká:prəmàɪz】は2003年・2009年に出ています）。

▋2▋ 【発音対策】パッと見，難単語……でもルールが大活躍！！

選択肢に並ぶ単語はかなりのレベルです。mourn（悲しむ）や countenance（顔つき）なんて単語が平気で出題されます。

ただし！　英語の発音には驚くほど精巧なルールが存在します。この LESSON では，その中でも特に役立つ発音のルールを8つ紹介します。最初は「8つも!?」と思うでしょうが，実際に使ってみればその破壊力にビックリすると思います。そして過去問をやっていく中で「慶應は発音のルールを知ってる受験生が欲しいんだ」とわかるはずです。もちろん，他大学の入試でも効果バツグンです！

文

経

済

法

商

医

理

工

総合政策

環境情報

看護医療

薬

3 【アクセント対策】使えるアクセント公式×2

　アクセントの公式は20個以上存在しますが，これは例外もかなり多く，苦労して覚えたわりには点数に直結しにくいと思います。

　この LESSON では「**とにかく使える公式を2つだけ**」紹介します。

　ふだんのボクの予備校の授業でも，この2つ以外は教えていません。すぐに覚えられて，慶應でもよく出ていますのでぜひマスターしてください。

　まずは慶應以外の大学で出た良問からチェックしていきましょう。

まずは慶應以外の問題だけど，
どれも超難問。ルールを学び
ながら解説を読んでいこう！

STEP 2 基本例題

1 発音問題対策

⏱1分　　合格点4/5問中

下線部の発音が他の3つと異なるものはどれか。

(1) ① h<u>ea</u>rt　② h<u>ea</u>rd　③ h<u>a</u>rd　④ M<u>a</u>rch
（愛知）

(2) ① f<u>a</u>rm　② h<u>a</u>rmful　③ m<u>a</u>rch　④ w<u>a</u>rning
（学習院・法）

(3) ① abr<u>oa</u>d　② appr<u>oa</u>ch　③ c<u>oa</u>st　④ thr<u>oa</u>t
（センター本試）

(4) ① <u>ai</u>d　② p<u>ai</u>n　③ s<u>ai</u>d　④ v<u>ai</u>n
（学習院・法）

(5) ① b<u>ou</u>gh　② <u>ou</u>nce　③ p<u>ou</u>nd　④ p<u>ou</u>r
（学習院・法）

今回の問題は，慶應でも出そうな単語のオンパレードです。
完璧にチェックしていきましょう。

(1) **答** ②

解説

①	heart	[háːrt]	ルール①の「例外」で [aːr] 「心」
②	heard	[háːrd]	ルール①より [əːr] hear の過去・過去分詞形
③	hard	[háːrd]	ルール②より [aːr] 「一生懸命に」
④	March	[máːrtʃ]	ルール②より [aːr] 「3月」

⟩ 重要発音ルール①　"ir" "er" "ur" "ear" のスペル ➡ [əːr]

- **girl** [gáːrl] 「女の子」／ **term** [táːrm] 「用語」
- **hurt** [háːrt] 「痛む」　／ **early** [áːrli] 「早く」

例外その1　**heart** [háːrt] 「心臓／心」／ **hearth** [háːrθ] 「暖炉」
例外その2　**bury** [béri] 「埋める」

⟩ 重要発音ルール②　"ar" のスペル ➡ [aːr]／ "or" のスペル ➡ [ɔːr]

- "ar" ➡ **hard** [háːrd] 「一生懸命に」
- "or" ➡ **horse** [hɔːrs] 「馬」

上の2つのルールはメチャクチャ使えます！　発音問題は例外も狙われるのでしっかりチェックしておいてください。(1)はこのルールであっさり解けますね。

(2) **答** ④

解説

① f<u>ar</u>m　[fáːrm]　🔊 ルール②より [aːr]　「農場」
② h<u>ar</u>mful　[háːrmfl]　🔊 ルール②より [aːr]　「有害な」
③ m<u>ar</u>ch　[máːrtʃ]　🔊 ルール②より [aːr]　「行進する」
④ w<u>ar</u>ning　[wɔ́ːrniŋ]　🔊 ルール③より [ɔːr]　「警告」

　選択肢はぜんぶ "<u>ar</u>" に下線がありますね。**ルール②より** "ar" は [aːr] ですよね。でもひとつだけ注意があります。"w" がついたときです。"w" のときだけ発音が変わるんです。

⊗ 重要発音ルール③　　"w<u>ar</u>" ➡ [ɔːr]／"w<u>or</u>" ➡ [əːr]

- "<u>ar</u>" ➡ [aːr] ／ "<u>or</u>" ➡ [ɔːr] だが, "w" がつくと……
- "w<u>ar</u>" ➡ [ɔːr] ／ "w<u>or</u>" ➡ [əːr] になる

　ルール③を覚えちゃっても OK なのですが, この本は「反・暗記英語」ですので, なぜ**ルール③**が生まれるのか説明いたします。メンドくさくなったら, ここの解説だけは流しちゃっても OK です。

　まずは発音の理論を 2 つ。

- 理 論 (1)　"w" の発音 ➡ 思いっきり口を突き出して「ウ」
- 理 論 (2)　口の大きさは [a] ➡ [ɔ] ➡ [ə] の順で小さくなる

　まず "w<u>ar</u>" の場合から。
　"w" で思いっきり口を突き出した結果, その後の発音は口を「開けにくくなる」んです。実際に口を突き出してみてください。一度突き出してから大きく開けるのはメンドーですよね。

　"<u>ar</u>" のスペルは, 本当なら大きな口の [aːr] なんですが, 開けにくい状態から, 大きな口の [aːr] は言いにくいわけです！
　でも言いたい。けど言いにくい……。
　だから, 少し妥協して [aːr] ➡ [ɔːr] って, 口が 1 段階小さくなるんで

す!!

"wor" も理屈は同じです。

"or" のスペルは，本当なら [ɔːr] って発音ですが，"w" で口を突き出しています。[ɔːr] と言いたいけど，言いにくいので妥協します。

[ɔːr] の口を1段階小さくして，[ɔːr] ➡ [əːr] になるんです。

　これが「"w" で発音が変わる」というルール③のタネ明かしです。

(3) 答 ①

①	abroad	[əbrɔ́ːd]	🎤	ルール⑤より	[ɔː]	「外国へ」
②	approach	[əpróutʃ]	🎤	ルール④より	[ou]	「近づく」
③	coast	[kóust]	🎤	ルール④より	[ou]	「海岸」
④	throat	[θróut]	🎤	ルール④より	[ou]	「のど」

◆ 重要発音ルール④　　"母音＋母音"（母音が2つ並んだ場合の読み方）

　"母音＋母音" ➡ 前の母音で「歌」，後ろの母音は「無視」
　　　　↑　　　　↑
　　「歌」　無視
　例　**rain** [réin] 「雨」　／ **boat** [bóut] 「ボート」
　例　**coat** [kóut] 「コート」／ **lie** [lái] 「ある／いる」

「メンドくせ～」なんて読み飛ばさないでくださいね。この法則，慶應法学部は大好きなんです！

　まず「歌」について説明します。そもそも母音には2つの読み方がありますよね。たとえば "a" なら「エイ」と「ア」の2つ。

　アルファベットの歌を歌うときはどっちの読み方をしますか？

「A・B・C・D～♪」
「エイ」って読みますよね。これが「歌」ってことです。

参考	母音の2通りの読み方

つづり字	- a -	- i -	- u -	- e -	- o -
「歌うたう」	[ei]	[ai]	[ju:] [u:]	[i:]	[ou]
「そのまま」	[æ]	[i]	[u] [ʌ]	[e]	[ɔ] [ɑ]

　だから rain の下線部 "a" は「エイ」と読むし，後ろの "i" は無視するんです。boat は "o" を「オウ」と読むってわかりますね。「ボートって伸ばすな」と暗記させられたと思いますが，このルールを使えば暗記は不要なんです。

　ここでもう1つ大切なことがあります。やっかいないことに発音問題には例外がつきもの……。そしてホントによく出題されます。

⊙ 重要発音ルール⑤（ルール④の例外その1）

　(a)　**broad 系**
　　例　**abroad** [əbrɔ́:d]　「外国へ」／ **broad** [brɔ́:d]　「広い」
　　　　broadcast [brɔ́:dkæst]　「放送する」
　(b)　**say 系**（動詞 say の変化形）
　　例　**says** [séz] ／ **said** [séd]
　(c)　その他
　　例　**aisle** [áɪl]　「通路」／ **foreign** [fɔ́:rən]　「外国の」
　　　　neighbor [néɪbər]　「近所の人」

　一瞬，たくさんあるように思えますが，整理していけば楽勝です。まず大きく3つのグループに分かれます。
　超重要なのは (a) **broad 系**の3つです。早稲田でも出ています。
　たとえば abroad の "oa" はけっして [ou] ではなく，例外的に伸ばして [ɔ:] になります。

　　　　▶覚えるコツはオーバーに発音することです。記憶っていうのはインパクトが大事ですから，「アブロ ──── ド」って息が切れるまでさけんでください。ボクの授業では実際に声に出して覚えさせてます。意外と効果あるんですよ。

　(b)の **say 系**や (c)の単語も（aisle 以外は）中学レベルですから覚えるのは

苦労しないと思います。

　また，一部の "母音＋母音" は最初から読み方が決まっています。これも
ルールを覚えたほうが，１つ１つ発音を覚えるよりずっとラクです。

◇ 重要発音ルール⑥（ルール④の例外その２）
"ou / ow" のスペル ➡ 大半が ［au］，たまに ［ou］

> (a) ［au］と読むもの
> 　例　**out**［áut］「外へ」／ **now**［náu］「いま」
> 　　　**brow**［bráu］「まゆ毛」／ **howl**［hául］「わめく」
> (b) ［ou］と読むもの
> 　例　**soul**［sóul］「魂」／ **snow**［snóu］「雪」

　例外　**pour**［pɔ́ːr］「注ぐ」／ **rough**［rʌ́f］「荒々しい」の２つに注意。他
にもたくさんありますが，enough［ɪnʌ́f］「十分な」などの基本単語ばかり
ですので問題ナシです。

　"ou / ow" はみんな［ou］って読みたがりますが，基本は［au］なんです。
特に発音問題で出るような難しい単語はことごとく［au］です（brow や
howl など）。
　　▶ ［ou］は日本人にとって易しいのでムリに覚える必要はありません。

(4)　**答**　③

解説

①	aid	［éɪd］	🎤 ルール④より ［ei］	「助け」	
②	pain	［péɪn］	🎤 ルール④より ［ei］	「痛み」	
③	said	［séd］	🎤 ルール⑤より ［e］	say の過去形・過去分詞形	
④	vain	［véɪn］	🎤 ルール④より ［ei］	「無駄な」	

　慶應が好きな**ルール④**を使う問題です。
　すべて "ai" で，最初の "a" を「エイ」と読めばいいわけですが……。
　③ **said** が例外ですよね。これだけ「エ」と読みます。

(5) **答** ④

解説

①	b<u>ou</u>gh	[báu]	ルール⑥より [au]	「大きな枝」
②	<u>ou</u>nce	[áuns]	ルール⑥より [au]	「オンス（単位）」
③	p<u>ou</u>nd	[páund]	ルール⑥より [au]	「ポンド（単位）」
④	p<u>ou</u>r	[pɔ́:r]	ルール⑥の例外で [ɔ:r]	「注ぐ」

❷ アクセント問題対策

⏱ 2分　　**合格点4／5問中**

In each of the following groups (1)-(5), the position of the strongest stressed syllable in one word is different from the other three. Choose that word and mark the appropriate number (①-④) on your answer sheet. Count the syllables from the beginning of the word.

(1)　① carrier　② canvas
　　③ career　④ capable

(2)　① economical　② economically
　　③ economic　④ economist

(3)　① compromise　② duplicate
　　③ monologue　④ progressive

(4)　① aesthetic　② redundant
　　③ instructive　④ primitive

(5)　① particularly　② democracy
　　③ manipulation　④ communicate

（慶應・法）

設問文の訳

> 次の(1)～(5)において，最も強く読む音節の位置が，他の３つと異なるものが１つあります。その単語を選び，数字（①～④）をマークしなさい。音節は単語の最初から数えること。

(1) **答** ③

解説

①	carrier	[kǽriər]	「運ぶ人」
②	canvas	[kǽnvəs]	「キャンバス地」
③	career	[kəríər]	「経歴／職業」
④	capable	[kéɪpəbl]	「能力がある」

carrier と career の区別が勝負どころですよね。
アクセント超頻出の **career** は絶対にマスターしてください。

⊗ 頻出アクセント：career

career [kəríər] 「経歴／職業」
　　Korea [kəríər]（朝鮮）と同じ発音・アクセント！

　① carrier は，carry [kǽri] からできた単語ですね。アクセントも carry と同じなので，セットで覚えれば OK です。

(2) **答** ④

解説

①	economical	[èkəná:mɪkl]	公式 ①より	「お得な」
②	economically	[èkənámɪkəli]	公式 ①より	「お得に」
③	economic	[èkəná:mik]	公式 ①より	「経済の」
④	economist	[ɪká:nəmɪst]		「経済学者」

⊘ 公式 ①

-ic / -ical / -ics は直前にアクセント

例	characteristic	[kèrəktərístik]	「特徴／特有の」
	economical	[èkəná:mikl]	「お得な」
	linguistics	[liŋgwístiks]	「言語学」

例外 （ほとんど出ませんが，念のため）

politic 「分別のある」[pá:lətik] ／ **pol**itics [pá:lətiks] 「政治」

アクセントは母音にしかきませんから，細かく言うと「-ic / -ical / -ics は直前の母音にアクセント」ってことになります。

② economically は，① economical と同じと考えてください。

①～③まで公式どおりですね。公式を知っていると解くスピードが上がり，本番でも自信を持って解答していけますよ。

　　▶ちなみに，意味の覚え方ですが，① economical は「お得な」って覚えましょう。世間では「経済的」と教えられると思いますが，economic「経済の」とゴッチャになる受験生が多いので，economical は「お得な」をオススメします（38ページ）。

(3)　**答**　④

①	compromise	[ká:mprəmàiz]	☞	「妥協」
②	duplicate	[d(j)ú:plikèit]	☞	公式②より　「複製する」
③	monologue	[má:nəlɔ̀(:)g]	☞	「独白」
④	progressive	[prəgrésiv]	☞	「進歩的な」

⊘ 公式 ②

-ate は 2 つ前にアクセント

例	accurate	[ǽkjərət]	「正確な」
	discriminate	[diskrímənèit]	「区別する」
	chocolate	[tʃá:klət]	「チョコレート」
	adequate	[ǽdikwət]	「十分な」

> 🎧 adequate の下線部 "qu" の部分には，母音がない（スペルでは "u"
> がありますが，発音記号上では母音がない）ので，カウントしません。

(4) 答 ④

①	aesthetic	[esθétɪk]	🎧	公式①より「美的な」
②	redundant	[rɪdʌ́ndənt]	🎧	「冗長な」
③	instructive	[ɪnstrʌ́ktɪv]	🎧	「教育的な」
④	primitive	[prímətiv]	🎧	「原始的な」

　① aesthetic は，長文問題で意味が大事なうえに，発音・アクセントでも
出る単語です。aesthetic が長くて覚えにくいのは，実はもともとギリシア語
だからなんです。ちなみにギリシア語で "th" のスペルは「タ行」になりま
す（ギリシアの首都「アテネ」は Athens）ので，aesthetic をギリシア語読
みすると……「エステティック」になります。「エステティックサロン」の「エ
ステ」だから「美的な」って意味なんです。

(5) 答 ③

解説

①	particularly	[pərtíkjələrlɪ]	🎧	「特に」
②	democracy	[dɪmá:krəsi]	🎧	「民主主義」
③	manipulation	[mənìpjəléɪʃən]	🎧	「操作」
④	communicate	[kəmjú:nəkèɪt]	🎧	「伝える」

⊙ 頻出アクセント：democracy

> ● **democracy** [dɪmá:krəsi] 「民主主義」
> ● **democratic** [dèməkrǽtɪk] 「民主主義の」　🎧 公式① (-ic)

　democracy はよく出ます。また，democratic は公式①が使えますので，
ムリに暗記する必要はありませんね。

STEP 3 実戦問題

1 発音問題対策

⏱ 2分 合格点4／5問中

In each of the following groups (1)-(5), part of the first word is underlined. In each case, choose from the following four words the word whose stressed syllable contains the sound most like that of this underlined part, and mark the appropriate number (①-④) on your answer sheet.

(1) heart :
　① earthquake　② arbitrary　③ urgent　④ merchant

(2) warm :
　① confirm　　② germ　　③ inform　　④ worm

(3) burn :
　① bury　　② mourn　　③ overturn ④ pattern

(4) crawl :
　① countenance ② vowel　　③ abroad　　④ coastline

(5) calm :
　① howl　　② overwhelm ③ psalm　　④ term

（慶應・法）

文　経済　法　商　医　理工　総合政策　環境情報　看護医療　薬

設問文の訳

　次の(1)〜(5)において，最初の単語の一部に下線が引かれています。それぞれ，続く4つの単語の中から，最も強く読む音節の発音が，下線の発音に一番近い単語を選び，数字（①〜④）をマークしなさい。

✏ ココが慶應らしい

設問文をよく読む！

　設問文をよく読むと，「アクセントがある場所の発音」を聞いてますね。たとえ下線部と同じ発音であっても，その部分にアクセントがなければ答えにはなりません。ですから，まずは選択肢の単語のアクセントを考えて，そこに線を引いて，その下線部の発音だけを考えるようにしましょう。じゃないと，ついついミスをしちゃいます。

(1)　**答**　②

解説

　heart〔háːrt〕「心」
　　➡ ルール①の「例外」で〔aːr〕。"ear"でもheartは例外ですね。

① earthquake〔ə́ːrθkwèik〕「地震」
　➡ ルール①より〔əːr〕 ⬅ "ear"のスペルは〔əːr〕
② arbitrary〔áːrbətrèri〕「気まぐれな」
　➡ ルール②より〔aːr〕 ⬅ "ar"のスペルは〔aːr〕
③ urgent〔ə́ːrdʒənt〕「緊急の」
　➡ ルール①より〔əːr〕 ⬅ "ur"のスペルは〔əːr〕
④ merchant〔mə́ːrtʃənt〕「商人」
　➡ ルール①より〔əːr〕 ⬅ "er"のスペルは〔əːr〕

　多くの受験生が「やっぱ慶應，難しいいい」とか思ってしまうんですが，ルールを使えば慶應の問題は解けるんです。裏を返せば慶應のメッセージは**「発音のルール，基本だけでもいいから知っといてね」**ってことなんです！

(2) **答** ③

解説

warm〔wɔ́:rm〕「暖かい」

➡ ルール③より〔ɔ:r〕。"ar"のスペルですが、"w"があります！

---

① confirm〔kənfə́:rm〕「確認する」

➡ ルール①より〔ə:r〕 ← "ir"のスペルは〔ə:r〕

② germ〔dʒə́:rm〕「細菌」

➡ ルール①より〔ə:r〕 ← "er"のスペルは〔ə:r〕

③ inform〔ɪnfɔ́:rm〕「知らせる」

➡ ルール②より〔ɔ:r〕 ← "or"のスペルは〔ɔ:r〕

④ worm〔wə́:rm〕「虫」

➡ ルール③より〔ə:r〕 ← "or"のスペルですが、"w"があります

慶應は明らかに、"w"の知識（**ルール③**）を知ってるかどうかを聞いてますね。

(3) **答** ③

解説

burn〔bə́:rn〕「燃える」

➡ ルール①より〔ə:r〕。"ur"のスペルは〔ə:r〕ですね。

---

① bury〔béri〕「埋める／埋葬する」

➡ ルール①の「例外」で〔e〕

② mourn〔mɔ́:rn〕「悲しむ」

➡ our?? ← こんなルール知りませんよね。とりあえず保留です

③ overturn〔òuvərtə́:rn〕「ひっくり返す」

➡ ルール①より〔ə:r〕 ← アクセントは"ur"のところにあります

④ pattern〔pǽtərn〕「パターン」

➡ ルール⑦より〔æ〕 ← アクセントは"a"にあります

⊙ 重要発音ルール⑦　スペルが"a"、読みが「ア」➡〔æ〕

例 apple〔ǽpl〕「リンゴ」／ cat〔kǽt〕「ネコ」

④ pattern は「パターン」って読めますよね。問題は「"a" が［æ］［ɑ］［ə］［ʌ］のうち，いったいどれなのか？」ってことです。

そこでこのルール⑦が活躍します。"a" というスペルで，**日本語の「ア」って読み方のときは，［æ］という発音記号になる**んです!!

この問題は他の選択肢がダミーになって難しく見えますが，結局ルール①を活用すれば OK なわけです。② mourn は "our" のルールまで覚えたらキリがないので，こういうときは無視してください。③ overturn はアクセントに注意すれば "ur" のスペルなのですぐに正解だって気づきます（128ページ）。

(4) 答 ③

解説

　crawl ［krɔ́ːl］「はう／腹ばいで進む」「クロールする」
　➡ ルール⑧より［ɔː］。"aw" のスペルは［ɔː］です。

---

① countenance ［káuntənəns］「顔つき」
　➡ ルール⑥より［au］ ⬅ "ou" のスペルは原則［au］
② vowel ［váuəl］「母音」
　➡ ルール⑥より［au］ ⬅ "ow" のスペルは原則［au］
③ abroad ［əbrɔ́ːd］「外国へ」
　➡ ルール⑤より［ɔː］ ⬅ 出ましたね，abroad！　ホントによく出ます
④ coastline ［kóustlàin］「海岸線」
　➡ ルール④より［ou］ ⬅ "母音＋母音" は前の母音が「歌」です

▶ 重要発音ルール⑧　"al" "au" "aw" のスペル ➡ ［ɔː］

　例　**small**［smɔ́ːl］「小さい」／ **audience**［ɔ́ːdiəns］「聴衆」
　　　law［lɔ́ː］「法律」

　例外　calm　［káːm］「冷静な」／ psalm［sáːm］「賛美歌」
　　　　laugh［lǽf］　「笑う」

　ちなみに見出しの crawl ですが，もともと「両手を使って動く」➡「はう」「クロールする」って意味になりました。水泳のクロールは「水面をはう（よ

うに見える)」って考えると覚えやすいですよ。

(5) **答** ③

解説

calm〔ká:m〕「冷静な」

　➡ ルール⑧の「例外」で〔ɑ:〕 "al" は〔ɔ:〕ですが，calm は例外。

---

① howl〔hául〕「叫ぶ」

　➡ "ou・ow" は原則的に〔au〕ですね。

② overwhelm〔òuvərwélm〕「圧倒する」

　➡ アクセントは後ろにあります。

③ psalm〔sá:m〕「賛美歌」

　➡ ルール⑧の「例外」で〔ɑ:〕 ← 忘れてても消去法で解けます

④ term〔tə́:rm〕「期間／条件／用語」

　➡ ルール①より〔ə:r〕 ← "er" のスペルは〔ə:r〕

---

calm は基本単語ですから絶対に覚えてください。それに対して psalm を知らなくても，ルールを使えば慶應の問題は解ける，まさに「練りに練られた問題」なんです。

② アクセント問題対策

⏱ **2分** ｜ **合格点3／5問中**

In each of the following groups (1)-(5), the position of the strongest stressed syllable in one word is different from the other three. Choose that word and mark the appropriate number (①-④) on your answer sheet. Count the syllables from the beginning of the word.

(1)　① ignorant　　② perspective

　　③ ultimate　　④ prominent

(2)　① energetic　　② fundamental

　　③ locality　　④ memorandum

(3) ① ministerial   ② perpetually
    ③ inappropriate   ④ equilibrium

(4) ① Israel   ② Korea
    ③ Canada   ④ Vatican

(5) ① hamburger   ② oppression
    ③ delicate   ④ maintenance

（慶應・法）

解 答・解 説

設問文の訳

　次の(1)〜(5)において，最も強く読む音節の位置が，他の３つと異なるものが１つあります。その単語を選び，数字（①〜④）をマークしなさい。音節は単語の最初から数えること。

(1) **答** ②

解説

①	ignorant	〔íɡnərənt〕	訳	「無知の」
②	perspective	〔pərspéktɪv〕	訳	「観点・展望」
③	ultimate	〔ʌ́ltəmət〕	訳	公式②より 「最終の」
④	prominent	〔prɑ́:mənənt〕	訳	「目立った」

　どれも長文問題でよく出る単語です。意味も完璧にチェックしましょう。

(2) 答 ③

解説

①	energetic	[ènərdʒétɪk]	公式①より 「エネルギッシュな」
②	fundamental	[fÀndəméntl]	「重要な」
③	locality	[loukǽləti]	「場所」
④	memorandum	[mèmərǽndəm]	「メモ」

　fundamental は世間では「根本的」と説明されますが「**重要な**」って覚えたほうが長文では役に立ちますよ。

(3) 答 ②

解説

①	ministerial	[mìnəstíəriəl]	「大臣の」
②	perpetually	[pərpétʃuəli]	「永久に」
③	inappropriate	[ìnəpróupriət]	公式②より 「不適切な」
④	equilibrium	[ì:kwəlíbriəm]	「つり合い」

equi- は「イコール」という意味。「力がイコール」➡「つり合い」になるわけです。

(4) 答 ②

解説

①	Israel	[ízriəl]	「イスラエル」
②	Korea	[kəríər]	「朝鮮」
③	Canada	[kǽnədə]	「カナダ」
④	Vatican	[vǽtɪkən]	「バチカン宮殿」

　固有名詞のアクセントを聞くなんて，他大学では考えられないような出題ですね。やれる範囲で選択肢を絞っていきましょう。

　まず② Korea「朝鮮」は career と発音が一緒でしたよね（134ページ）。③ Canada は聞き覚えがあるでしょう。Korea と Canada のアクセントが違うので，どっちかが答えです。あと 1 つわかれば……もうギブアップですね。① Israel や④ Vatican のアクセントなんて受験生が知ってるわけがありませ

文
経済
法
商
医
理
工
総合政策
環境情報
看護医療
薬

ん。この本ではこういう問題をムリに覚えさせるつもりはありません。

　実際に慶應に受かってる受験生は 2 択まで絞っているだけなんです。

　ただし **Korea** と **Canada** は絶対チェックしておいてくださいね。

(5)　答　②

解説

①	hamburger	〔hǽmbə̀ːrgər〕	発	「ハンバーガー」
②	oppression	〔əpréʃən〕	発	「抑圧」
③	delicate	〔délɪkət〕	発	公式②より　「繊細な」
④	maintenance	〔méɪntənəns〕	発	「維持」

　③ delicate は日本語「デリケート」のアクセントにつられないように注意してください。-ate の公式を使えば大丈夫ですよね。

多くの受験生が苦手な「発音・アクセント」も『重要ルール』をマスターすれば慶應の問題だってスラスラ解けちゃうよね！

CHAPTER **3**

慶應・学部別対策編

学部別の難問をネライ撃ち

各学部特有の問題を「プロの視点と分析力」
で解説していきます。
「ふつうの問題集には載ってない」
「過去問だけじゃ対策しきれない」という
"慶應の問題"をズバリ斬っていきます!!

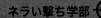

LESSON 7 | 法学部の会話対策
~法学部志望者を最後まで悩ませる会話問題の対策~

> 慶應に限らず超難関大学の対策といえば,
> 文法や長文に終始してしまい,
> 会話まで対策しきれないものですよね。
> 慶應対策の授業をすると, 必ず授業後に,
> 「私, 法学部志望なんですけど, 会話問題はどうすれ
> ば……」という相談がきます。
> そこでこの LESSON で
> しっかりと対策をしていきたいと思います。

⊘ この LESSON のポイント

❶ 3つの力 (熟語・会話の慣用表現・流れをつかむ読解
　力) が必要
❷ 絶対に解けない問題も出るから, それは潔く捨てる
❸ 基本動詞を使った熟語と食べ物・体関係の熟語は意識
　して覚える

STEP 1 慶應ネラい撃ちポイント

1 概論

会話が長く続く「会話長文」問題のポイントは, 以下の3つです。

会話長文で問われる力

① 熟語（特に基本動詞）の知識
② 会話の慣用表現
③ 会話の流れをつかむ読解力

経済

慶應の法学部は相当レベルが高く，受験生を苦しめています。法学部の問題を分析すると，5〜8割程度が知識問題（熟語・会話の知識）で，残りは文脈から考える問題です。

法

知識問題の中に，猛烈に難しい（受験生が知っているはずがない）ものが数問含まれます。消去法的に絞れることもありますが，だいたいが捨て問です。

捨て問に対して不安になる受験生も多いのですが，心配な人こそ，まずは市販の熟語帳に載っている程度のものは完璧にしておいてください。そこに載っていないものは，「大半の人が知らない」と判断できるようになるからです。

商

② 対策

そうは言っても，私大 No. 1 の慶應法学部ですから，ふつうの早慶受験生よりも，少し難しめの熟語・会話表現も貪欲に覚えていく意識は持っておいてください。

理工

職場や学校で，知人に会ったところから会話が始まり，「挨拶 ➡ 問題提示 ➡ 深掘り ➡ 解決案 ➡ 別れ」という流れが多いのですが，特に挨拶などはどの会話対策本にも載っているので，必ず意識してチェックをしておきましょう（たとえば，How are you? と似た働きの What's up? など）。

ちなみに，ずっと基本動詞（come や get など）を使った熟語が問われてきましたが，2020年入試では少し変わって，食べ物に関する慣用表現（It's no use crying over spilt milk.「覆水盆に返らず」など）が中心となりました。

しかし結論から言うと，あまり適切な問題だったとは思えません。その理由として……

● 簡単な問題と受験生には絶対に解けない問題との差が大きすぎた
● 会話文の中に無理やり熟語を詰め込んでしまっていて，会話自体が不自然

以上の理由から，この傾向は長くは続かないとボクは予想します。出題側もすぐにネタ切れになって元のパターンに戻るでしょう。とは言えあと 1，

2回は出ることもあり得るので，次の2点に注意しておきましょう。

①　今後の勉強の中で，食べ物を使った熟語が出てきたら必ず覚えておく
②　食べ物以外の熟語も出る可能性があるので，たとえば「体」を使った
　　熟語は意識しておく

　上記②の熟語対策として，とりあえず今は以下のものをチェックしておき
ましょう（実は過去に慶應理工学部に出たものなので，学部を変えて再登場
ということが十分に考えられます）。

□ **pull one's leg**「だます・からかう」
　　🔖 日本語の「あいつが足を引っ張った」のように「邪魔する」ではないので注意。
□ **have a big mouth**「おしゃべりだ・口が軽い」
　　🔖 日本語の「ビッグマウス（大口をたたく）」に引きずられないでください。受
　　験の問題集では見かけませんが，日常会話ではよく使われます。
□ **have a sweet tooth**「甘党である」
□ **a long face**「不機嫌な顔」
□ **be[fall] head over heels in love**「深く愛し合って［恋に落ちて］」
　　🔖 head over heels だけなら「真っ逆さまに」。

STEP 2 基本例題　　⏱12分　合格点18／24問中

　In the dialogue that follows, some words or sentences have
been removed at the places marked (1) — (20). From the lists [a]
and [b] below, choose the most appropriate word or sentence to
fill in each of the numbered spaces and boxes. In both lists, **all
choices must be used**; and the choices should be made to
produce **the most natural conversation overall**.

Amy　: Hey, what's new?
Carol : Not much. How about you?
Amy　:（　(1)　）

Carol : You are always full of energy, aren't you? I guess you are ready for the new academic year. Which courses are you taking this semester?

Amy : ((2)) I'm still undecided. What about you?

Carol : ((3)) I'll probably take Professor Chang's course called "Introduction to Southeast Asian Studies," though.

Amy : I've heard great things about her. They say she is both brilliant and funny!

Carol : That's exactly why I'm fired 〔 (11) 〕 about taking it. A friend told me her lectures last year made the students laugh so hard that they could barely take notes! I wonder where she got her unique sense of humor.

Amy : She is a sociologist_(21) 〔 (12) 〕 training, isn't she? Perhaps she could have been a successful comedian if she hadn't become an academic.

Carol : ((4)) Joking 〔 (13) 〕 , they say she is a leading scholar in her field. She really knows her subject inside 〔 (14) 〕 .

Amy : I wish there were more teachers like her.

Carol : Entertaining and insightful! ((5)) But, seriously, we'd better start making up our minds! There is little time before the registration period ends.

Amy : Well, there are just so many courses to choose from. I don't even know where to begin. Any other suggestions?

Carol : Well, 〔 (15) 〕 the top of my head, Professor Hayashi's "Gender in Modern Japanese Culture" sounds fascinating.

Amy : Did I tell you that I practically grew up 〔 (16) 〕 Japanese *anime* and *manga*?

Carol : ((6)) Your room is full of things Japanese!

Amy : I'm not going to lie. I'm still in love with Japanese pop culture 〔 (17) 〕 this day.

Carol : Is that why you've decided to study in Japan next

summer?

Amy : Yes. I've studied Japanese for 7 years, and now I want to see how good I am! ⬛(18)⬛ , I can't get enough of anime and manga!

Carol : You are always combining pleasure and learning! ((7))

Amy : Thanks! Oh, wait, I just remembered! There *is* a class I really want to take.

Carol : ((8))

Amy : It's called "The Deterioration~(22)~ of Democracy in the Digital World."

Carol : ((9)) Who's teaching it?

Amy : Professor Johnson. He joined this university last year, and he is awesome! I ran ⬛(19)⬛ his "Social Media and the Future of Digital Democracy" last semester. ((10))

Carol : Well, that's a start!

Amy : Yep. I just need to think of at least three more. In the meantime, I also have to clean up my room!

Carol : It's about time. To tell you the truth, your room is full of cute stuff, but it's magnificently~(23)~ disorganized. Really, your untidiness is ⬛(20)⬛ belief!

Amy : If you feel that way, your help would be phenomenally~(24)~ appreciated!

[A]

[a] To fill in each of the **spaces** (1)−(10), choose a **sentence** from the list below:

0. Go on, I'm all ears.
1. I couldn't be better.
2. I wouldn't be surprised!
3. Well, I guessed as much.
4. Well, you know me.
5. It's mostly up in the air.
6. It was a total eye-opener!
7. That's a rare combination.
8. That sounds rather depressing.
9. That's what I admire about you.

[b]　To fill in each of the **boxes** (11) – (20), choose a **word** from the list below, **ignoring capitalization**:

0. across　　1. aside　　2. besides　　3. beyond　　4. by
5. off　　　6. on　　　7. out　　　8. to　　　9. up

[B]　For each of the underlined words (21) – (24), mark the number of the syllable pronounced **most strongly** on your answer sheet.

(21)　$\underline{so_1\text{-}ci_2\text{-}ol_3\text{-}o_4\text{-}gist_5}$　　(22)　$\underline{de_1\text{-}te_2\text{-}ri_3\text{-}o_4\text{-}ra_5\text{-}tion_6}$

(23)　$\underline{mag_1\text{-}nif_2\text{-}i_3\text{-}cent_4\text{-}ly_5}$　　(24)　$\underline{phe_1\text{-}nom_2\text{-}e_3\text{-}nal_4\text{-}ly_5}$

（慶應・法）

解答・解説

[A]
[**a**]
(1)　答　**1**

解説

1文目 Hey, what's new?　➡　2文目 Not much. というやりとりです。What's new? は How are you? のバリエーションです。what の形で挨拶された場合，Not や Nothing を使って返すことが多いです。

次に How about you? と言っているので，やはり What's new? や How are you? と聞かれたと考えれば，**1. I couldn't be better.**「絶好調だよ」が選べます。この表現は本来 I couldn't be <u>better than this.</u>「今のこの状態より<u>も</u>良いことなんて仮の世界でもありえない」　➡　「絶好調！」です（could は仮定法で「仮の世界でも」というニュアンス）。

(2)　答　**4**

解説

4. Well, you know me. は，直訳「私のこと知ってるでしょ」➡「私のことだから決まってないことくらい想像つくでしょ」くらいの意味になりま

す。

　5. It's mostly up in the air. と迷う人も多いでしょうが，この 5 の mostly
と，次の文 I'm still undecided. が合いませんし，次の(3)に絶対 5 が入ること
からも消去法的に解きたいところです。難しいですけどね。

(3)　**答**　**5**

解説

　up in the air は「空気中に浮いている」➡「**未決定**」という熟語です。
次の文の probably と though から「まだ未決定だ」とわかるので，これが自
然です。

(4)　**答**　**2**

解説

　直前の Perhaps she could have been a successful comedian if she hadn't
become an academic.「ひょっとすると，研究者になっていなかったらお笑
い芸人として人気になっていたかもね」に対して，「あるある！」という感じ
で，**2. I wouldn't be surprised!**「そうでも驚かないね！」を選ぶと自然
になります。

(5)　**答**　**7**

解説

　空所直前 Entertaining and insightful!「面白くて洞察力もある！」から，**7.
That's a rare combination.**「両方を備えているなんて，めったにないこと
だよ」が入ります。Entertaining と insightful が珍しい組み合わせだと言っ
ているんですね。

(6)　**答**　**3**

解説

　本来，**I guessed as much as this.** で「これと同じくらいのことは推測
できた」➡「だろうなと思った」となります。
　このように比較対象が省略されるのは(1)でも出てきた発想ですが，会話に
限らず長文でもよく起こります。

(7) **答　9**

解説

　空所の次に，相手は Thanks! と言っています。英会話では「褒められたらありがとうと返す」のが基本です。

　7 を入れてしまった人が多いようですが，当然 7 はもっとふさわしい場所がありますし，この褒められたときのリアクションは会話問題で重要なのでしっかり反応できるようにしておきましょう（2020年の法学部のインタビュー問題も，褒める ➡ Thanks. の発想であっさり 1 問解ける問題が出ています）。

(8) **答　0**

解説

　前の文では情報をまだ出しきっておらず，相手の反応としては What is it? あたりが続きそうですが，それは選択肢にないので，これに近い働きの，**0. Go on, I'm all ears.**「どうぞ続けて，聞いてるよ」を選びます。go on「続ける」で，**I'm all ears.**「私は全部耳」➡「めちゃくちゃ聞きたい」という熟語です。

(9) **答　8**

解説

　授業のテーマを聞いて，ふつうの大学の問題なら「面白そう」とかが答えになりがちです。その意味の選択肢はないので，他を検討して正解を選びます。deterioration は「悪化」ですから，たしかに depressing な授業名ですよね。

(10) **答　6**

解説

　前の学期の話なので，6 の It was ～も自然につながりますね。total eye-opener「良い意味でびっくり」と，空所の少し前にある awesome「（恐ろしいほど）すごい」もヒントになります。

[**b**]

⑾　**答**　**9**

解説

　fire up で「燃えさせる・煽り立てる」という熟語です。今回は受動態「煽られている・燃えさせられている」 ➡ 「燃えている」です。日本語の「燃えてきた！」と同じ感覚です。いきなり難問なので消去法で考えるのがベストです。

⑿　**答**　**4**

解説

　"職業 by training" で「専門教育を受けた職業の人」という意味になります。この by は「経由」を表し、「トレーニング・訓練を経由して（by training)、その職業になった人」ということです。

　大学受験の問題集には載っていない（少なくとも大事だと強調しない）熟語ですが、知っておいてください。慶應の薬学部でも出ています。

　A regrettable Ohio inventor named Thomas Midgley, Jr. was <u>an engineer by training</u>.　　　　　　　　　　　　　（慶應・薬）

　「Thomas Midgley, Jr. という残念なオハイオ州の発明家は、<u>専門教育を受けたエンジニア</u>であった」

⒀　**答**　**1**

解説

　Joking aside で「冗談はさておき」という意味になります。aside は「横に」 ➡ 「〜は横に置いといて」ということです。これも問題集には載ってないですが、会話でよく使われます。

⒁　**答**　**7**

解説

　空所直前 inside から「out かな？」と考えれば当たってしまう問題です。inside out は「（服が）裏返しに」という意味は基本ですが、今回は「inside も out も隅から隅まで・完全に」という意味です。

(15) 答 **5**

解説

off the top of my head で「私の頭の頂上から離れて」 ➡「(あまり深く考えずに) 思いつきで」という熟語です。「深く心まで浸透する前に頭のトップから考えが離れてしまった」イメージです。

(16) 答 **6**

解説

grow up on ～ で「～に慣れ親しんで育つ」という意味になります。このonは「土台」を表し (be based on ～ などで使われる),「～を土台にして育つ」 ➡「～に慣れ親しんで育つ」ということです。

(17) 答 **8**

解説

to this day で「今日まで」となります。このtoは到達点を表し,「～まで」ということです。

(18) 答 **2**

解説

空所直後は, SV (I can't get) が続いているので, 空所には「副詞」が入るはずです。しかも直後にコンマがあるので, その副詞1語で独立して使えるものですから, besidesを一瞬で選びたいところです。besidesは前置詞「～に加えて」の他に, 副詞「さらに」の2つの用法が大事です。

(19) 答 **0**

解説

run across「～に出くわす」という熟語にすればOKです。この熟語は「人」だけではなく, 今回のように「物」にもよく使われます。

(20) 答 **3**

経

済

法

商

理

工

解説

  beyond belief「信じられない」という熟語です。直訳は「信じること（belief）の範囲を超えて（beyond）」です。

[B]
(21) **答** 3

解説

  so_1-ci_2-ol_3-o_4-$gist_5$　〔sòusìúlədʒist〕「社会学者」
  sociology「社会学」に"-ist"「～する人」がついた単語が sociologist「社会学者」です。この"-ist"は元の単語に影響を与えない接尾辞なので，"-ist"は無視して，sociology のアクセントを考えれば OK です。

  LESSON6 では，①「-ic / -ical / -ics は直前にアクセント」〈公式①〉（135ページ），②「-ate は2つ前にアクセント」〈公式②〉（135ページ）という2つの公式を説明しました。余裕がある人のために，さらに「2つ前にアクセントがくる単語」の公式をさらに紹介しておきます。

⊘ 2つ前の母音にアクセントがくる単語

"-gy / -my / -fy / -phy"
  tech-<u>nol</u>-o-gy「科学技術」   e-<u>con</u>-o-my「経済」
  <u>sat</u>-is-fy「満足させる」   phi-<u>los</u>-o-phy「哲学」

  sociology は語尾の"-gy"に注目して，その2つ前の母音にアクセントがくると判断できます。つまり，so-ci-<u>ol</u>-o-gy も so-ci-<u>ol</u>-o-gist も同じ3音節目にアクセントがくるわけです。

(22) **答** 5

解説

  de_1-te_2-ri_3-o_4-ra_5-$tion_6$　〔ditìərìəréiʃən〕「悪化」
  ここでも，余裕がある方向けに「直前にアクセントがくる単語」の公式を紹介しておきます。

⊘ 直前の母音にアクセントがくる単語

❶ "-ion / -ian"

　in-for-<u>ma</u>-tion「情報」　　　　　　pol-i-<u>ti</u>-cian「政治家」

例外 tel-e-vi-sion「テレビ」

❷ "-ity / -ety"

　a-<u>bil</u>-i-ty「能力」　　　　　　　anx-i-<u>e</u>-ty「心配」

❸ "-sive"

　ex-<u>pen</u>-sive「高価な」

　deterioration は語尾の "-ion" に注目して，その直前にアクセントがくる
と考えれば OK です。ちなみに，deteriorate「悪化する」，deterioration「悪
化」は少し難しい単語ですが，慶應受験生は必ず押さえておきましょう。de
は「下に」や「悪化」を表し，depress「気持ちを下へ（de）押す（press）」
➡「落胆させる」などで使われています。

(23) 答 **2**

解説

　<u>mag</u>₁-<u>nif</u>₂-i₃-<u>cent</u>₄-ly₅〔mægnífəsntli〕「壮大に・堂々と」
　(21)の "-ist" と同じく，語尾の "-ly" もアクセントに影響を与えない接尾辞
なので，無視して考えて OK です。magnificent「壮大な」はアクセント問
題で頻出なので，必ずチェックを。

(24) 答 **2**

解説

　phe₁-<u>nom</u>₂-e₃-nal₄-ly₅〔finámənli〕「驚くほど」
　phenomenally「驚くほど」という単語自体は難しいので，これも元の単
語から考えてみます。まず，語尾の "-ly"（副詞を作っている）を無視すると，
形容詞 phenomenal「自然現象の・驚くべき」になります。さらに，語尾の
"-al"（形容詞を作っている）もアクセントに影響を与えません。これも無視

して考えると，名詞 phenomena（phenomenon「現象・驚くべきこと」の複数形）が元の単語だとわかります。phe-nom-e-na ／ phe-nom-e-non は第2音節にアクセントがくる，アクセント問題で超頻出の単語です。

　ちなみに，アクセントに影響を与えない接尾辞は以下になります。すべて「元の単語」とアクセントの位置は同じと考えてください。

⊙ アクセントに影響を与えない接尾辞

❶　-ment / -ship（名詞を作る接尾辞）

a-gree-ment（← agree）　　　　re-la-tion-ship（← relation）

❷　-al（動詞➡名詞を作る／「ion」+ -al で形容詞を作る接尾辞）

ar-riv-al「到着」（← arrive)　　na-tion-al「国家の」（← nation）

❸　-er / -or / -ist（名詞を作る接尾辞）

ma-nag-er（← manage）　　　　op-er-a-tor（← operate）
e-con-o-mist（← economy）

　例外 pho-tog-ra-pher「写真家」（← pho-to-graph「写真」）

❹　-ed / -ing

com-pli-cat-ed（← complicate）　en-gi-neer-ing（← engineer）

❺　-able / -ful（形容詞を作る接尾辞）

com-fort-a-ble（← comfort）　　beau-ti-ful（← beauty）

　例外 ad-mi-ra-ble（← ad-mire）　pref-er-a-ble（← pre-fer）
　　　com-pa-ra-ble（← com-pare）

❻　-ly（副詞・形容詞を作る接尾辞）

ac-cu-rate-ly（← accurate）　　ob-vi-ous-ly（← obvious）

[A]　次の会話のうち，空所(1)~(20)の単語や文が空欄になっている。下にある
リスト［a］および［b］から，番号のついた空所それぞれを埋めるのに最
もふさわしい単語や文を選びなさい。どちらのリストも，すべての選択肢
を使わなくてはならない。また，選択肢を選ぶ際には，全体として最も自
然な会話になるように選ぶこと。

【訳注】大学生の友だち同士が「君・あなた」と呼ぶのは不自然なので，you という単
語はそれぞれの名前に置き換えました。

エイミー：ねえ，最近どう？

キャロル：特に何とも。エイミーは？

エイミー：言うことなしね。

キャロル：エイミーはいつもエネルギーに満ち溢れてるね。きっと新年度の準
　　　　　備ができているんだろうね。今学期はどの講義を受講するの？

エイミー：まあ，想像している通りだと思うけど，まだ決まってないの。キャ
　　　　　ロルは？

キャロル：ほとんど決まってないな。でも，チャン先生の「東南アジア研究入
　　　　　門」っていう講義はとる予定だよ。

エイミー：その先生についてはとても良い評判を聞くわ。優秀で，かつ面白い
　　　　　らしいね！

キャロル：まさにその理由で，その講義の受講に張り切ってるんだ。友達から
　　　　　聞いた話だと，昨年の講義では生徒たちがほとんどノートを取れな
　　　　　いほどの笑いが起こっていたんだって！　どこであの独特な面白さ
　　　　　を身に付けたんだろう。

エイミー：先生は社会学者としての教育を受けているのよね？　ひょっとする
　　　　　と，研究者になっていなかったらお笑い芸人として人気になってい
　　　　　たかもね。

キャロル：あり得るね！　冗談はさておき，その分野では第一人者なんだって。
　　　　　専門については本当に何でも知ってるんだよ。

エイミー：チャン先生みたいな教授がもっといたらいいのになあ。

キャロル：面白くて，洞察力もある！　この両方を兼ね備えているなんて，め
　　　　　ったにないことだよ。でもほんとに，そろそろ決めないとね！　あ
　　　　　と少しで登録期間が終わっちゃうわ。

エイミー：うーん，とれる講義が多すぎて。どこから手をつければ良いかさえ
　　　　　もわからないわ。他にも良さそうな講義ある？

キャロル：うーん，パッと思いつく限りでは，ハヤシ先生の「現代日本文化における ジェンダー」が面白そう。

エイミー：私が日本のアニメとマンガで育ったようなものって言ったっけ？

キャロル：まあ，そんなところだと思ったよ。エイミーの部屋は日本のもので いっぱいだもん！

エイミー：本当のことを言うとね，今でも日本のポップカルチャーが大好きな の。

【注】(I'm not going to lie. の訳：「日本のポップカルチャーが大好き」という ことは今まで公言してこなかったが，「隠さずに言うね」という意味)

キャロル：だから来年の夏に日本に留学することにしたの？

エイミー：そうなの。日本語の勉強を 7 年間続けてきて，今，自分がどれくら いできているかを確認したいの！　それに，アニメとマンガはいく ら見ても飽きないしね！

キャロル：エイミーはいつも娯楽と学習を結び付けているよね！　そういうと ころ，尊敬するよ。

エイミー：ありがとう！　あ，待って，ちょうど思い出した！　すごく受けた い授業があるんだった。

キャロル：なになに？　教えて。

エイミー：「デジタル世界における民主主義の崩壊」っていうの。

キャロル：なんか暗そうね。先生は誰？

エイミー：ジョンソン先生よ。昨年この大学に来たんだけど，すごくいい先生 だよ！　「ソーシャルメディアとデジタル民主主義の今後」ってい う講義を昨年たまたま受けたんだけど，もう目から鱗だったわ！

キャロル：よし，ちょっと進んだね！

【注】(that's a start の意味：履修を決めるという一連の作業において，まだ終 わってはいないが，進捗が生まれたことを評価している)

エイミー：うん。あと 3 つ以上講義を決めるだけね。その間に，部屋の掃除も しなきゃ！

キャロル：そうだね。正直言って，エイミーの部屋はかわいいものでいっぱい だけど，ひどく散らかっているよ。本当に，信じられない散らかし ようだよ！

エイミー：そう思うなら，手伝ってもらえるとすごく助かるわ！

[a]　(1)～(10)の各空欄を埋めるために，下記の選択肢から文章を選びなさい。

0. どうぞ続けて，聞いてるよ。
1. 最高よ。
2. そうでも驚かないね！
3. うーん，そんなとこだと思ったよ。
4. うーん，わかってるでしょ。
5. ほとんど決まってないよ。
6. 本当に，目から鱗だったわ！
7. 両方を備えているなんて，めったにないことだよ。
8. かなり重苦しそうだね。
9. そこが君の偉いところだなぁと思ってるよ。

［b］ ⑾～⒇の各空欄を埋めるために，下記の選択肢から単語を選びなさい。ただし，文頭の大文字は無視してよい。

［B］ 下線部㉑～㉔の各下線部について，最も強く発音される音節の番号を解答用紙にマークしなさい。

語句

- **couldn't be better** 「最高だ」
- **semester** 「学期」
- **fired up** 「気合が入っている」
- **joking aside** 「冗談はさておき」
- **scholar** 「学者」
- **entertaining** 「面白い」
- **make up one's mind** 「決心する」
- **off the top of one's head** 「すぐに思いついて」
- **practically** 「実質」
- **as much** 「そんなところだと・その程度に」
- **can't get enough of ～** 「～がいくらあっても十分ではない・～には目がない」
- **admire** 「立派だと思う」
- **I'm all ears.** 「さあ話してください・聞かせてください」
- **deterioration** 「崩壊」
- **run across** 「出会う」
- **in the meantime** 「その間に」
- **disorganized** 「散らかっている」
- **beyond belief** 「信じられないほどだ」
- **academic year** 「年度」
- **up in the air** 「未定で」
- **academic** 「研究者・教員」
- **leading** 「優れた・一流の」
- **inside out** 「隅から隅まで」
- **insightful** 「洞察力のある」
- **registration** 「登録」
- **go on** 「続ける」
- **depressing** 「重苦しい」
- **eye-opener** 「目から鱗の」
- **magnificently** 「すごく」
- **untidiness** 「散らかっていること」

STEP 3 実戦問題　　　⏱12分　合格点11／15問中

In the dialogue that follows, phrases have been removed and replaced by spaces numbered 1 — 15. From the lists [A] and [B] below, choose the most appropriate phrases to fill in the spaces. In both lists, **all choices must be used**; and the choices should be made to produce **the most natural conversation overall**.

Jo : Long time no see! How are things with you these days?

Kate : Oh, fine. I'm in the same job, and I'm still really enjoying it. How about you?

Jo : Not so good, but things are looking up. I've finally made the decision, after (1) for some time now, to move companies.

Kate : I had heard something to that effect. Why? What's the matter?

Jo : Well, I don't think I'd be (2) if I told you I have been unhappy at my current work for quite a while now. I mean, I have tried to (3) a brave face, but I suppose some people must have guessed, right?

Kate : Sure, and actually I even heard a rumor that you had had a quarrel with your boss. Sorry to press you on it, but what exactly happened?

Jo : Oh, you know, I just couldn't (4) her criticizing me in front of the other guys in the office.

Kate : That does sound bad! I couldn't bear it if my boss were to (5) in front of my colleagues. What was it over?

Jo　　: Well, one of the photocopiers was （ 6 ） a strange, burning smell, so I called in the engineers.

Kate : Sounds sensible to me.

Jo　　: I thought so too. But my boss said that I should have checked with her first, which I would have done, but she was in an important meeting at the time.

Kate : Well, that seems reasonable.

Jo　　: Right? That's what I told her, but she wouldn't have it! I always knew she was stubborn, but I thought, "No way! I'm not （ 7 ） on this one. I didn't do anything wrong!"

Kate : I don't blame you!

Jo　　: I hear your boss, Sarah, is the complete opposite.

Kate : Yes, she's great. She knows exactly how to （ 8 ） the best in her employees.

Jo　　: I don't suppose you have a position open at your company at the moment, do you?

Kate : Funny you should mention it, but we are looking for a new head of marketing. We want someone who will （ 9 ） a fundamental change in the way we promote our products.

Jo　　: That's interesting to know.

Kate : To be honest, it's a dream job. It pays well and it's staffed by a young team, （ 10 ）.

Jo　　: Sounds good. Do you think I would stand a chance if I were to apply?

Kate : I don't see why not, （ 11 ）.

Jo　　: OK, I'll make sure I won't get my hopes up too high then, but it's good to hear that at least I'd be in with a chance.

Kate : Yes, （ 12 ）. After all, you've got quite a lot of experience in that field, haven't you?

Jo　　: Yes, quite a bit. Is there anything in particular that I should mention in my application?

Kate : Not really, except to say that we tend to favor candidates like yourself who have worked abroad, (13).

Jo : That's very useful, thanks! Is there anything else I should know?

Kate : Not that I can think of, (14).

Jo : Much appreciated!

Kate : Don't mention it. Good luck with the application, (15).

Jo : I won't. Anyway, it's great to see you! I'll be in touch again soon.

[A]　To fill in blank spaces 1 — 9, choose from the list below:
  1. bring out　　　　2. giving off
  3. bring about　　　4. putting it off
  5. put on　　　　　6. giving in
  7. put me down　　 8. giving anything away
  9. put up with

[B]　To fill in blank spaces 10 — 15, choose from the list below:
  1. so don't forget to mention that in your application
  2. and don't forget the deadline is February 16
  3. but if anything comes to mind I'll let you know
  4. so it's a dynamic and fun department to work in
  5. and perhaps even a good one
  6. but competition for the post will probably be quite fierce

（慶應・法）

解答・解説

[A]

1　**答**　4

解説　after の後なので，-ing が入りますね。after の意味と finally「ついに」から，「何かいろいろ頑張った後についに」と予想します。文脈に合う **put ～ off**「延期する・いったん置いておく」を使います。after **putting it off**

for some time now「しばらく引き延ばしにした後に（ついに会社を辞める決意をした）」となります。ただ実際は，他の空所を埋めて消去法的に考えたほうが楽です。「最初の空所が難しい」というのは慶應法学部がよくやってくることです。

2 答 8

解説 空所直前 be から，-ing が入りますね。
give away は「ただであげる・（秘密を）もらす」という熟語で，I don't think I'd be giving anything away if I told you 〜 .「〜だと話したとしても，秘密を何かもらしたことにはならないと思う」➡「だから言っちゃうけど，〜」となります。

この熟語は難しすぎますが，give と away「離れる」から，「何かを発する」というニュアンスを予想できれば十分でしょう。また，6. giving in にひっかかるのは仕方ないのですが，これは後ろで絶対に使うので，そこで気づきたいところです。

3 答 5

解説 tried to の後なので，動詞の原形が入りますね。**put on** は「服を着る」だけでなく，「身につけるもの全般，さらにはコンタクトレンズや化粧」にまで使えることは慶應受験生なら知っている人も多いでしょうが，「表情」にも使えます。今回は「勇敢な顔を身につけようとした」➡「勇気ある風を装った・強がりな顔を見せる」くらいの意味になります。

4 答 9

解説 couldn't の後ろなので原形です。**put up with** 〜「〜を我慢する」という基本熟語で一発です。

5 答 7

解説 were to の直後なので原形が入ります。文脈から criticize に相当する単語がくると予想できます。**put 人 down**「人 をこき下ろす・怒る」という熟語ですが，かなり難しいのでミスは仕方ないでしょう。

6 答 **2**

解説 was の直後なので，-ing が入ります。「photocopier が smell を……」ときたら，「発する」と予想できます。**give off** ～ は「（光やにおい）を発する」という熟語です。off は「（においが，その発生源から）離れていく」イメージです。これも難しいのですが，慶應レベルの受験生なら知っておいてほしい熟語です。

7 答 **6**

解説 I'm not に続くので，-ing が入ります。この文の前にある No way! は強い否定で，さらに後ろでは「自分は間違ってない」とあるのがヒントになります。**give in**「提出する・屈する」という 2 つの意味が重要な熟語です。「箱の中に（in）与える（give）」 ➡ 「提出する」 ➡ 「降参だという意見を提出する」 ➡ 「屈する」と関連させて覚えるといいでしょう。

　　　▶ ここで giving in を使うと判断したいところです。ですから空所 2 には，残った 8 が入るという発想で解くのもアリです。

8 答 **1**

解説 how to の後なので原形が入ります。**bring out** は「外に持ってくる」 ➡ 「取り出す・引き出す」という熟語で，bring out the best in 人 で「人 の中の最高のものを引き出す」と考えてください。

9 答 **3**

解説 will の後なので原形が入ります。空所直後 a fundamental change「抜本的な変革」とあるので，「変化をもたらす」とすれば OK です。**bring about**「引き起こす」という基本熟語です。

[B]
10 答 **4**

解説 空所の前で良いこと（たとえば dream）ばかり言っているので，それに続く内容を探すだけの問題です。空所直前 team と選択肢 **4** の **department** も相性が良いですね。

11 答 6

解説 空所直前 I don't see why not は「ない理由がわからない」➡「もちろん（あると思うよ）」という意味です。この前向きな内容から，**6** の but で否定的な内容に自然につながります。その直後の Jo のセリフ「期待しすぎないようにするよ」ともつながりますね。

12 答 5

解説 前後の文脈から意味を予想するのは難しいと思います。選択肢を順に確認していくしかないでしょう。**5** を入れると，chance の話に対して，a good one（=chance）「高い可能性」となり，意味が通ります。

　　2 にひっかかるかもしれませんが，これは直後の After all とのつながりが悪いことと，この **2** は後で絶対に使う場面があるので，その時に戻ってくれば大丈夫です。

13 答 1

解説 have work abroad「海外で働いた経験がある」ことを言い忘れないようにアドバイスする流れになる，**1** が自然です。

14 答 3

解説 問題集ではほとんど見かけませんが，Not that I know of「私の知っている限りはないよ」という言い方は日常会話で非常に便利なので必ず知っておいてください（将来役立ちます）。これを応用して，空所直前 Not that I can think of は「私が思いつく範囲ではないよ」と考えてください。
　　これと自然につながるのが，**3** です。次の Jo の感謝のセリフとも合いますね。

15 答 2

解説 文脈から判断できる問題ですが，**5** を選ぶと，次の Jo の I won't. と合わなくなります。**2** の don't forget ➡ I won't {forget} という流れです。このように会話問題では「省略・代動詞があれば，必ず元の形を考える」こと

経

済

法

商

理

工

が鉄則です。

訳　以下の会話では，語句が削除されて(1)〜(15)の番号が付いた空欄に置きかえられています。以下の［A］および［B］の語群から，空欄を埋めるのに最も適切な語句を選びなさい。どちらの語群でも，すべての選択肢を使う必要があります。また，全体が最も自然な会話になるように選びなさい。

ジョー：久しぶり！　最近の調子はどう？

ケイト：あら，元気よ。仕事も変わってないし，相変わらず本当に楽しんでいるわ。あなたはどう？

ジョー：あんまり順調じゃないけど，状況は良くなりつつあるよ。今までずっと引き延ばししてきたんだけど，ついに転職する決意をしたんだ。

ケイト：そんなようなこと，前に聞いたわ。どうしてなの？　何か問題があった？

ジョー：まあ，今の仕事にかなり長い間不満があったと言っても，なにも驚かれないとは思うけど……。というのも，平気を装おうとしてきたけど，気づいた人もいると思うんだ。

ケイト：そうね，たしかにあなたが上司と口論になったといううわさまで聞いたわ。その話を追及して申し訳ないけれど，一体どうしてそんなことになったの？

ジョー：まあ，なんていうか，僕がただ，会社で他のみんなの前で非難されるのに耐えられなかったんだ。

ケイト：それはひどいわね！　もし私の上司が同僚の前で私にみじめな思いをさせたら，耐えられないわ。何についてのことだったの？

ジョー：ええっと，コピー機の1つから変な，焦げくさい臭いがしたから，修理士を呼んだんだ。

ケイト：私には，妥当に思えるけど。

ジョー：僕もそう思ったよ。でも上司は，まず自分に確認すべきだったと言ったんだ。僕はそうしようと思ったけど，彼女はその時，重要な会議に出ていたんだよ。

ケイト：うーん，筋が通っているように思えるわね。

ジョー：でしょ？　そう彼女に伝えたんだけど，わかってもらえなかったんだ！　彼女が頑固ってことはずっと知っていたけど，僕はこう思った。「冗談じゃない！　この件については譲らないぞ。僕は何も間違ったこ

とはしてない！」って。

ケイト：あなたは悪くないわよ！

ジョー：君の上司のサラは正反対って聞いてるよ。

ケイト：そうね，彼女はすばらしい人よ。彼女は部下のベストを引き出す方法を完全に把握しているの。

ジョー：今，君の会社で人員募集があったりしないよね？

ケイト：すごく絶妙なタイミングだね。いま私たちは新しいマーケティング責任者を探しているところなの。うちの商品の販売促進方法に抜本的な変革をもたらしてくれる人材が欲しいと思っているわ。

【注】Funny you should mention it. は「あら，奇遇ね」という訳もあり。funny は面白いというより，「奇妙な」という意味で，タイミングが絶妙過ぎて奇妙なくらい，という感じ。

ジョー：それは興味深いことを聞けたね。

ケイト：実際，夢のような仕事よ。給料は良いし，若いチームが配置されているから，生き生きと楽しく働ける部署よ。

ジョー：よさそうだね。僕が応募したら，見込みはあると思う？

ケイト：もちろんだよ。おそらくその役職の競争率はかなり激しいものになるわよ。

ジョー：わかった。じゃあ，決して期待しすぎないようにするけれど，少なくとも，チャンスがあるということを聞けてよかったよ。

ケイト：そうね，それに多分，勝ち目はあると思う。何しろあなた，その分野ではかなりの経験を積んでいるでしょう？

ジョー：うん，相当ね。応募用紙で，特に言及したほうがいいことってあるのかな？

ケイト：特にないかな。ただ，私たちはあなたのように海外で働いていた応募者を優遇する傾向があるから，そのことに言及するのを忘れずにね。

ジョー：それはとても役立つアドバイスだ，ありがとう！　他に何か知っておくべきことはある？

ケイト：私が思いつくことはないけれど，何か思い浮かんだら知らせるわ。

ジョー：本当にありがとう！

ケイト：どういたしまして。応募が上手くいくことを祈っているわ。それから，締め切りは2月16日だから忘れずに。

ジョー：絶対忘れないよ。何にせよ，君に会えてよかった！　またすぐに連絡するね。

［A］ (1)から(9)の空欄を埋めるために，以下の語群から選びなさい。

1. 引き出す
2. 発する
3. もたらす
4. 引き延ばす
5. 装う
6. 譲る
7. みじめな思いにさせる
8. 何かをばらす
9. 耐える

［B］ (10)〜(15)の空欄を埋めるために，以下の語群から選びなさい。

1. だから，応募の際にそのことに言及するのを忘れずにね
2. それから，締め切りは 2 月16日だから忘れずに
3. でも，何か思い浮かんだら知らせるわ
4. だから，生き生きと楽しく働ける部署よ
5. それに多分，勝ち目はあると思う
6. でも，おそらくその役職の競争率はかなり激しいものになるわよ

語句

- **Long time no see.** 「久しぶり」
- **How are things with you {these days}?** 「最近の調子はどう？」
- **look up** 「(状況が) 上向く・良い方向に進む」
- **make a decision** 「決断をする」
- **something to that effect** 「そういったこと」
  ※ **to that effect** 「そういう趣旨で」
- **matter** 「問題」
- **for quite a while** 「かなり長い間」
- **put on a brave face** 「平静を装う」
- **suppose** 「思う」
- **guess** 「推測する」
- **rumor** 「うわさ」
- **have a quarrel with ~** 「~と口論する」
- **boss** 「上司」
- **press** 「しつこく追及する」
- **criticize** 「批判する」
- **guy** 「男・人」
- **bear** 「我慢する」
- **colleague** 「同僚」
- **photocopier** 「コピー機」
- **burning** 「燃えている」
- **call in** 「~を呼ぶ」
- **engineer** 「エンジニア・修理士」

- **sensible** 「賢明な」
- **reasonable** 「賢明な・理にかなった」
- **have it** 「わかる」
- **stubborn** 「頑固な」
- **No way!** 「うそでしょ！・冗談じゃない！・まさか！」
- **blame** 「非難する」
- **complete** 「完全な」
- **opposite** 「反対」
- **employee** 「従業員」
- **position** 「職・勤め口」
- **at the moment** 「現在」
- **fundamental** 「根本的な・抜本的な」
- **promote** 「販売を促進する」
- **to be honest** 「正直に言って」
- **pay well** 「給料が良い」
- **staff** 「（職員を）配置する」
- **stand a chance** 「チャンスがある・見込みがある」
- **apply** 「応募する」
- **I don't see why not.** 「もちろん（いいと思うよ）」
- **make sure ～** 「確実に～する」
- **get one's hopes up** 「期待する」
- **at least** 「少なくとも」
- **after all, ～** 「だって～だから」
- **field** 「分野」
- **quite a bit** 「相当・かなりたくさん」
- **in particular** 「特に」
- **application** 「応募用紙・応募」
- **except to say ～** 「～と言う以外には」
- **tend to ～** 「～しがちだ・～する傾向がある」
- **favor** 「好む・優遇する」
- **candidate** 「候補者・応募者」
- **Not that I can think of.** 「思いつく限りない」
- **Much appreciated.** 「本当にありがとう」
- **Don't mention it.** 「どういたしまして」
- **be in touch** 「連絡する」

選択肢の語句
- **deadline** 「締め切り」
- **come to mind** 「思い浮かぶ」
- **let you know** 「知らせる」
- **department** 「部署」
- **perhaps** 「ひょっとすると」
- **competition for ～** 「～を巡る争い」
- **post** 「役職・勤め口」
- **fierce** 「激しい」

経
済

法

商

理
工

LESSON 8 | 商学部の空所補充対策

～空所補充のセオリーとビジネス語彙で攻略！～

経済学部に比べて派手な問題が少ないせいか，
対策となるとあまりスポットライトが
当たらない商学部ですが，
「雑な読み方を許さない姿勢」と「相手が高校生だと
わかってんの？」と聞きたくなる
難しいビジネス語彙が特徴です。
この2点をしっかり対策していきます！

⊙ この LESSON のポイント

❶ まずは形（熟語・文法・語法）➡ 次に文脈から処理する

❷ ビジネス語彙の対策が必要

STEP 1 慶應ネラい撃ちポイント

　慶應に限らないことですが，空所補充問題を解くときは「まずは形から，次に文脈から解く」のが鉄則です。文脈だけで解こうとする受験生も多いのですが，まずは客観的に「形から」解くことで正答率と処理スピードが上がります。

■ 空所補充は形から解く

❶ まずは形（熟語・文法・語法）からのアプローチ

選択肢の品詞がバラバラのときはさらに解きやすくなりますが，商学部の空所補充ではすべて同じ品詞なので，この発想は使えません。そこでまずすべきことは，空所直後（もしくは少し後ろ）に前置詞・副詞があった場合，「熟語ではないか？」と考えてください。単純に思えるでしょうが，ほぼ毎年1〜2問はこのパターンが出ます。

❷ 次に文脈から語彙問題として処理する

文脈といっても，ただなんとなく訳して「これかな？」なんて解き方はしないでください。極力，どこかに「同じような表現・まったく反対の表現はないかな？」という姿勢で解いていってください。やみくもに解くのではなく「とにかく手がかりを探す」という姿勢を貫いていくことで，得点力も安定してくるはずです。

② ビジネス語彙の対策が必要

慶應の商学部は「相手が受験生なの，わかってるの？」と言いたいくらい，たくさんのビジネス用語を使った英文を出してきます。たとえば business という単語を見ると，「ビジネス・仕事」くらいの意味しか考えない人がほとんどですが，実社会では「会社」という意味でよく使われ，それは慶應の英文にはよく出てきます。以下に対策すべき語彙をまとめておきます。

商学部で出たビジネス単語（重要なもの）

- ☐ **business**「会社」　🔎 この場合，可算名詞です。
- ☐ **shareholder**「株主」🔎 share は「株」です。
- ☐ **pursuit of profit**「利益の追求」
- ☐ **ethical**「倫理的な」
  - 🔎 これ自体はビジネス用語ではありませんが，「企業が利益を追求するときの姿勢」などに関連してよく出てくる単語なので，一緒にチェックを。
- ☐ **entrepreneur**「起業家」
  - 🔎 enterprise（企業）を作る人」のことで，最近は「起業家」をそのまま「ア

ントレプレナー」と言うことが増えています。

□ **startup**「新興企業」
　☞ start up「始める」から生まれた単語で,「操業を始めたばかりの企業」を表します。

□ **fund**「資金・資金を出す」
　☞「クラウドファンディング（crowdfunding）」は, crowd「群衆」と funding「資金調達」を組み合わせた造語で, インターネットを通じて, 不特定多数の人々から資金を募る仕組みを表しています。この crowdfunding は英検準1級のリスニングでも出題済みです。

□ **invest**「投資する」／□ **investor**「投資家」／□ **investment**「投資」
　☞ 慶應はつづりを書かせる学部が多いので investor に注意（actor「俳優」, conductor「指揮者」なども同じ or のつづり）。また, financial investment なら「財政投資」となります。

□ **diversity**「多様性」
　☞ お台場には「ダイバーシティ東京」という商業ビルがありますが, 多くの店がある「多様性を持った施設」と「台場」を掛けた意味かと思います。

□ **co-found**「共同で設立する」
　☞ co は「一緒」を表し, cooperate「一緒に（co）作業する（operate）」➡「協力する」などで使われています。ちなみに, found「設立する」や founder「設立者」も出ています。

□ **practical**「実用的な」
　☞ ビジネス単語ではありませんが,「ビジネスにおいて実用的かどうか」などの文脈で多用されます。

STEP 2 基本例題

⏱ 5分　　合格点6／6問中

次の英文を読み，空所（　1　）～（　6　）に入る，文脈の上で最も適切な動詞を下記の語群から選び，**必要に応じて語形を変えて答えなさい。**ただしそれぞれ解答する語は**動詞一語のみ**とし，同じ語を二回以上使ってはいけない。**同じ語を二回以上使った場合，正解が含まれていてもその正解は得点にならない。**

dare	foresee	kick	matter	turn	waste

The history of business has often been told through inspirational stories about destiny being fulfilled. Occasionally, these have （　1　） out to be true. Andrew Carnegie （　2　） that America would need an integrated market for steel by the late 19th century; he used this insight to grow his business. Steve Jobs had a vision of how smart devices would change the world, so he （　3　） off a new phase in the development of IT. But for most companies, especially ones in mature economies, facing the future poses more questions than answers. Balance, optimality, and position now （　4　） more than a strong conviction about what the world will look like in twenty years. Too much emphasis on the distant future will （　5　） valuable time in the present. The insightful, long-term vision of Jobs and Carnegie should not be ignored, but should be kept in perspective. Based on their vision, Jobs and Carnegie took risks that most companies （　6　） not take today; most businesses need to be more practical.

[Adapted from an article in *The Economist*]

（慶應・商）

今回の問題は，まさに商学部らしい今風のビジネスの話です。しっかり語彙にも慣れていってください。

(1) **答** turned

解説

2文目
~ these have （ 1 ） out to be true.
「これらのストーリーが真実だと（ 1 ）」

空所補充の鉄則で，直後の out に注目して，**turn out ~**「~だとわかる」とすれば OK です。この熟語は（今回のように）to be が続いて，turn out to be ~「~であるとわかる」の形でよく使われます。

今回は直前に have turned（現在完了形）にすることを忘れないようにしてください（これを忘れると，部分点ではなく，おそらくバツになる可能性大です）。

(2) **答** foresaw

解説

3文目
　Andrew Carnegie （ 2 ） that America would need an integrated market for steel by the late 19th century; he used this insight to grow his business.
「アンドリュー・カーネギーは，アメリカには19世紀末までに鉄用の統合市場が必要だろうと（ 2 ）。そして，彼はこの洞察力を利用して自分の事業を成長させたのだった」

直後に that 節がきています。SV that ~ の形をとる場合，V には「認識・伝達」系統の動詞が入ります。それに当てはまるのは foresee「予想する」です。過去形 foresaw にします。

ちなみに3文目後半を見てください。

~ he used <u>this insight</u> to grow his business.
「彼はこの洞察力を利用して自分の事業を成長させたのだった」

"this + 名詞" がありますね。これは「前の内容をまとめる」働きがあるので，「この洞察力」と言うからには，その前に「洞察力的な内容」がくるはずなんです。そのことも foresee が入るヒントになります。

(3) 答 **kicked**

解説

4文目

~ so he (3) off a new phase in the development of IT.
「～ので，彼は情報技術革命の新時代を（ 3 ）」

消去法で解いた受験生が多いと思いますが，空所直後 off に注目して，**kick off**「始める」という熟語は，商学部受験生ならば知っておいてください。ここでは過去形 kicked off にします。

サッカーやラグビーで試合を始めるときに使われる「キックオフ」のことですが，実はビジネスの場面でよく使われます。ちなみに日本でも「あるプロジェクトの最初に行う会議」を「キックオフミーティング」と言うことが増えています。

(4) 答 **matter**

解説

6文目

Balance, optimality, and position now (4) more than ~.
「～よりも，バランス，最適性，立ち位置が今（ 4 ）だ」

この設問は形から考えることはできません。というのも，more than ~ は空所に入る動詞の目的語になる可能性もありますし，副詞と考えることもできるからです。

そこで完全に文脈から考えて，「～よりも，バランスなどが（ 4 ）だ」から自動詞 matter「重要だ」を入れます（ゆえに more は副詞）。主語は Balance, optimality, and position なので，3単現の s は不要ですね。

(5) **答** **waste**

解説

7文目

Too much emphasis on the distant future will （ 5 ） valuable time in the present.

「遠い未来を重視しすぎると，現在の貴重な時間を （ 5 ） ことになる」

空所の後ろに time があるので，それと合う waste が入ります。

(6) **答** **dare**

解説

最終文

Based on their vision, Jobs and Carnegie took risks that most companies （ 6 ） not take today; most businesses need to be more practical.

「ジョブズやカーネギーは，自分の見通しに基づいて，今日ではほとんどの会社が （ 6 ） 冒そうとはしないリスクを取ったのだ。ほとんどの会社はもっと現実的である必要がある」

空所直後に not ＋原形があるので「助動詞になることができる動詞」が入るはずです。その働きは，選択肢の中では dare「あえて～する」しかありません。

dare の用法

	助動詞 dare	一般動詞 dare
肯定文	使えない （×）S dare 原形.	S dare {to} 原形.
否定文	**S dare not 原形.**	S don't dare {to} 原形.
疑問文	Dare S 原形？	Do S dare {to} 原形？

dare には助動詞と一般動詞の両方があります。これは need と同じ使い方なので，need とセットで考えると頭が整理されるでしょう（ただし一般動詞 dare は直後の to が省略可能というマニアックな側面があります）。今回の

問題は表の赤字部分が問われています。

> **訳**　ビジネスの歴史はしばしば，運命が全うされる内容の感動的なストーリーを通して語られてきた。これらのストーリーが真実だと判明することも時にはあった。アンドリュー・カーネギーは，アメリカには19世紀末までに鉄用の統合市場が必要だろうと予測した。そして，この洞察力を利用して自分の事業を成長させたのだった。スティーブ・ジョブズには，高性能デバイスがどのように世界を変えるのかが見えていたので，彼は情報技術革命の新時代の幕開けをした。しかしほとんどの企業，特に成熟経済の企業の場合，未来を見据えることでもたらされるものは，答えよりも問いのほうが多い。今重要なのは，世界が20年後にどのような様相を呈しているかに関する強い確信よりも，バランス，最適性，立ち位置が今，重要なのである。遠い未来を重視しすぎると，現在の貴重な時間を浪費することになる。ジョブズやカーネギーの洞察力に富んだ長期的な見通しは，無視するのではなく，全体像の中でとらえるべきである。ジョブズやカーネギーは，自分の見通しに基づいて，今日ではほとんどの会社がわざわざ冒そうとはしないリスクを取ったのだ。ほとんどの会社はもっと現実的である必要がある。

➕補講　本番では……

　商学部の空所補充問題は，（元から後ろのほうにありますが）短い英文だということで先に解く人が多いようです。でも最後のほうに解くのがオススメです。というのも，空所の前後だけ読めば解ける問題もあるからです。

　本番では何が起きるかわかりません。もし予定通りに進んでそれなりの時間を確保できればいいのですが，そうでなかったら，とりあえず空所の前後だけ読んでいくつかだけでも解ければ，最悪の事態は避けられるはずです。

文
経済
法
商
医
理工
総合政策
環境情報
看護医療
薬

次の英文の空所(1)〜(7)に入る最も適切なものを選択肢 1 〜 4 から選びなさい。

Samuel Beckett's "Try again. Fail again. Fail better," has inspired generations of entrepreneurs. But who gets to try, fail, and fail again? Men. For a sector that （ 1 ） on unconventional ideas, the startup world lags surprisingly behind when it comes to funding female-led innovation. The British Business Bank recently found that for every *£1 of venture capital investment in the UK, all-female founder teams get less than a penny, all-male teams 89 pence, and mixed-gender teams 10 pence. The situation is mirrored （ 2 ） Europe, where 93 cents in every euro of venture capital goes to companies without a single woman on their founding team. This is a loss for the investors and for the world. Diversity （ 3 ） new ideas, and the evidence suggests that startups founded or co-founded by women make for much （ 4 ） financial investments. Just 8% of the partners of the top 100 venture firms globally are women. We are most （ 5 ） with people who are similar to us; in venture capital, this means that men often choose to invest in other men like themselves. Female entrepreneurs report that investors routinely （ 6 ） women lack technical knowledge about their products. Consequently, their pitches are subject to greater interrogation, and they have to fight harder to prove their worth. This culture （ 7 ） women from even trying.

[Adapted from an article posted on *theguardian.com*]

注）*£：ポンド（イギリスの通貨）

(1) 1. discerns 　　2. postpones 　　3. scatters
4. thrives

(2) 1. above 　　2. across 　　3. between
4. under

(3) 1. fuel 　　2. fueling 　　3. fuels
4. is fueled

(4) 1. best 　　2. better 　　3. excellent
4. good

(5) 1. comfortable 　　2. humid 　　3. random
4. solitary

(6) 1. assume 　　2. comply 　　3. deny
4. withhold

(7) 1. damages 　　2. destroys 　　3. discourages
4. doubts

（慶應・商）

　決して難しい問題ではないのですが，ビジネス関係の語句がたくさん入っていて，受験生を困らせるようとしてくる問題です。「まずは形から」という発想を忘れずに。また，ビジネス単語についてはすべての設問の解説が終わった後にまとめるので，自分で辞書で確認したりしなくても大丈夫です。

(1)　**答**　**4. thrives**

解説

　4文目

　For a sector that（　1　）on unconventional ideas, the startup world lags surprisingly behind when it comes to funding female-led innovation.
「慣習にとらわれない考えで（　1　）分野の割に，女性主導のイノベーションへ資金を提供することになると，新興企業の世界は驚くほど遅れている」

　空所直後の on に注目して，**thrive on** ～「～で成長する・栄える」とします。「～を土台にして（on）成長する・栄える（thrive）」ということです。

(2)　**答**　**2. across**

解説

　6文目

　The situation is mirrored（　2　）Europe, where 93 cents in every euro of venture capital goes to companies without a single woman on their founding team.
「この状況はヨーロッパ（　2　）で見られ，1ユーロのベンチャー投資において，93セントが創立メンバーに女性が1人もいない会社にわたっている」

　本文からヒントになる語句はないので，選択肢を見て考えるしかありません。文意が通るのは，across Europe「ヨーロッパ全域で」です。across は「通過」➡「完全に通過するくらい隅々まで」という意味です。
　文脈も確認しておくと，The situation is mirrored across Europe「その状態はヨーロッパ全域で反映されている・ヨーロッパ全域で見られる」で（動詞 mirror は「（鏡のように）映す・反映する」という意味），The situation

は前にある「ベンチャー投資が女性に不利な状態」を指しています。これは空所後の「これは投資家にとっても，そして世界にとっても損失だ」とうまくつながりますね。

(3) 答 **3. fuels**

|解説|

8文目（前半）

Diversity（　3　）new ideas,
「多様性は新たなアイディアを（　3　），」

Diversity が主語，空所に動詞が入り，new ideas がその目的語になると考えます。主語は単数で，かつ直後に目的語がきているので，能動態の **3. fuels** を選べば OK です。fuel は名詞「燃料」が有名ですが，「燃料を足す」 ➡「活気づける・刺激する／たきつける・あおる」という動詞の用法も重要です（理工学部でもこの動詞 fuel に下線が引かれ，同じ意味の stimulate「刺激する」を選ぶ問題が出ています）。

ちなみに，**4. is fueled** を使って受動態にすると，直後に目的語がくる点がアウトです。受動態の後ろに目的語が残るのは，第4・5文型の場合だけですね。

(4) 答 **2. better**

|解説|

8文目（後半）

~, and the evidence suggests that startups founded or co-founded by women make for much（　4　）financial investments.
「～女性もしくは男女共同で創立した新興企業のほうがはるかに（　4　）財政投資につながるというエビデンス（証拠）もある」

空所直前の much とつながるのは，**2. better** です。much は比較級を強調する働きがあり，make for much better financial investments「より良い財政投資につながる」となります。ちなみに，**make for ～**「～に向かう・～に役立つ・～を生み出す」という熟語も大切です（for は「方向性」を表す）。

念のため，強調する単語の区別 "very vs. much" も確認しておきましょ

う（かつて商学部で出題済み）。

強調の "very vs. much"

	very	much
原級	very good	~~much good~~
比較級	~~very better~~	much better
最上級	~~very the best~~	~~much the best~~
	the very best	~~the much best~~

　much の使い方について，従来の文法書では「much は原級を修飾できない」と説明されますが，上の表では左右どちらかの用法しかないわけですから，「very good は正しい英語。ならば much good はアウト」と考えたほうがラクです。これらの区別をきちんと押さえておけば，今回の問題も他の選択肢はすべて誤りと即断できますね（1. best なら直前に the が必要）。

⑸　**答**　**1. comfortable**

解説

　10文目（前半）

We are most （　5　） with people who are similar to us;
「私たちは自分と似ている人に対して最も（　5　）」

　空所直後 with に注目して，**be comfortable with** ～「～に心地よさを感じている・～に安心している」という熟語にします（with は「関連（～について・対して）」を表す）。大学受験ではさほど重視されませんが，日常会話では非常によく使われる表現です。

🔖 comfortable は想像以上に使える範囲が広く，たとえば，ビジネスで be comfortable with the idea「その考えを良いと思う」と使われることもあります。

　ちなみに，文脈で解くことも可能です。空所補充の鉄則❷にしたがい，「同じような表現・まったく反対の表現はないかな？」という姿勢で10文目を読んでみてください。

10文目

　We are most（　5　）with people who are similar to us; in venture capital, this means that men often choose to invest in other men like themselves.

「私たちは自分と似ている人に対して最も（　5　）。それはつまり，ベンチャーキャピタルでは，男性は自分たちに似た他の男性に投資することをよく選ぶということだ」

　mean に注目すると，前半と後半は「イコール」の関係だとわかります。前半の内容が後半で具体化されており，それぞれの下線が対応していますね。よって，空所には「～に投資することをよく選ぶ」に対応するもの，つまり「プラスの内容」がくると考え，comfortable を選べばいいわけです。

⑹　答　**1. assume**

解説

11文目

　Female entrepreneurs report that investors routinely（　6　）women lack technical knowledge about their products.

「投資家は当たり前のように女性は商品に関する専門知識が欠けていると（　6　）と，女性起業家は言う」

　report 直後の that 節から考えます。investors が that 節内の S で，空所が V です。空所直後に SV（women lack）が続いていて，文脈に合うのは **1. assume** です。「投資家が女性には商品に関する専門知識が足りないと思い込む」→「その結果（Consequently），売り込みのプレゼンはより多くの質問を受けがち」という流れです。

⑺　答　**3. discourages**

解説

最終文

This culture（　7　）women from even trying.

「この文化によって，女性は挑戦することさえも（　7　）のだ」

文
経済
法
商
医
理工
総合政策
環境情報
看護医療
薬

LESSON8　商学部の空所補充対策　185

空所の後にある from に注目して，discourage 囚 from -ing「 囚 が〜するのをやめさせる・思いとどまらせる」とすれば OK です。discourage は prevent 型の動詞で，39ページにも出てきました。

✒ ココが慶應らしい

問題自体は「形」から解けるものが多かったのですが，商学部らしいビジネス関連の語彙がたくさん出てきましたね。基本的なものは STEP 1 で取り上げましたが，今回の英文に出てきた，少し難しめの語句をここで確認しておきましょう。

☐ **sector**「部門・分野」
　☞ sect は「切る」で（section「区切られた場所」➡「区域」などで使われています），sector は「区切られた所」➡「部門・分野」となりました。

☐ **lag behind**「遅れる」
　☞ lag「遅れる（こと）」は，「タイムラグ (time lag)」＝「時間の遅れ」で使われています。また，behind は「背後」➡「時間的な背後（遅れて）」を表しています。

☐ **venture firm**「ベンチャー企業」
　☞ venture は「冒険」➡「危険な試み」，firm は「企業」で，venture firm は「新規事業へ取り組む企業」を指します。既存の事業に比べてリスクが高く「冒険的・危険な試み」であることから，venture が使われます。

☐ **venture capital**「ベンチャーキャピタル」
　☞ capital は「資本・投資」で，venture capital は「高い成長が予想される未上場の企業（ベンチャー企業など）に資金を出す投資」のことです。日本でも，頭文字をとって "VC" と表記されることがあります。

☐ pitch「宣伝・売り込み文句」
　☞ もともとは「投げ込む」という意味（pitcher「ピッチャー」で想像できますね）ですが，ビジネスでは「顧客に投げかける言葉」➡「宣伝・売り文句」といった意味でよく使われます。

訳 ｜ サミュエル・ベケットの「また挑戦して，また失敗すればいい。前より上手に失敗すればいいんだ」という言葉は，何世代にもわたる起業家を奮起させてきた。しかし，誰が挑戦して，失敗して，そしてもう一度失敗しているのだろうか？　それは男性である。慣習にとらわれない考えで発展する分野の割に，

女性主導のイノベーションへ資金を提供することになると，新興企業の世界は驚くほど遅れている。英国ビジネス銀行が最近発表したところによると，イギリスのベンチャー投資額１ポンド当たり，創立者が全員女性のチームが得るのは１ペニー未満で，全員が男性のチームは89ペンス，男女混合のチームは10ペンスとなっている。この状況はヨーロッパ全域で見られ，１ユーロのベンチャー投資において，93セントが創立メンバーに女性が１人もいない会社にわたっている。これは投資家にとっても，そして世界にとっても損失だ。多様性は新たなアイディアを生み出すきっかけとなり，女性が創立もしくは共同創立した新興企業のほうがはるかに良い財政投資につながるというエビデンス（証拠）もある。世界のトップ100社のベンチャー企業における共同出資者のうち，わずか８％が女性だ。私たちは自分と似ている人に対して最も心地よいと感じる。それはつまり，ベンチャーキャピタルでは，男性は自分たちに似た他の男性に投資することをよく選ぶということだ。投資家は当たり前のように女性は商品に関する専門知識が欠けていると思い込んでいると，女性起業家は言う。その結果，売り込みのプレゼンはより多くの質問を受けがちであり，彼女たちは価値を証明するためにより懸命に戦わなければならない。この文化によって，女性は挑戦することさえもためらってしまうのだ。

選択肢の訳

(1) 1. 見分ける　　　2. 延期する　　　　　3. まき散らす
　　4. 成長する・栄える

(2) 1. 〜の上に　　　2. 〜の至る所に　　　3. 〜の間に
　　4. 〜の下に

(3) 1. 名詞「燃料」／動詞「刺激する・たきつける」の原形
　　2. -ing 形　　　3. 3 人称単数現在形　　　4. 受動態

(4) 1. 最も良い　　　　2. より良い　　　　3. すばらしい　　　4. 良い

(5) 1. 心地よい　　　　2. 湿気の多い　　　3. でたらめの・無作為の
　　4. ひとりだけの・孤独な

(6) 1. 思い込む　　　　2. 従う　　　　　　3. 否定する　　　　4. 抑える

(7) 1. 損害を与える　　　2. 破壊する
　　3. やる気をなくさせる・勇気を失わせる　　　　　　4. 疑う

語句

- **inspire** 「鼓舞する・活気を与える」
- **generation** 「世代」
- **get to** 〜 「〜するようになる・〜できる機会を得る」
- **unconventional** 「慣習に従っていない・型にはまらない」
- **when it comes to -ing** 「〜することになると」
- **female-led** 「女性主導の」 ※ led は lead の過去分詞形
- **innovation** 「イノベーション・革新」
- **recently** 「最近」
- **venture capital investment** 「ベンチャー（企業）投資」
- **founder** 「創立者」
- **penny** 「ペニー」 ※複数形は pence「ペンス」／100ペンス＝1 ポンド
- **gender** 「性」
- **mirror** 「反映する」
- **evidence** 「証拠・エビデンス」
- **found** 「創立する」
- **make for** 〜 「〜に役立つ・〜を生み出す」
- **financial investment** 「財政投資」
- **partner** 「共同出資者」
- **globally** 「世界的に」
- **be similar to** 〜 「〜に似ている」
- **invest in** 〜 「〜に投資する」
- **routinely** 「日常的に・いつものように」
- **lack** 「欠けている」
- **product** 「商品・製品」
- **consequently** 「その結果」
- **be subject to** 〜 「〜の影響を受けやすい」
- **interrogation** 「質問」

学校では教えない併願パターン

文系で「数学やってる」は飛び道具

　経済学部・商学部ともに，A方式（数学アリ）のほうが，B方式（数学ナシ）より**合格最低点が，例年20〜30点も低いんです**。たまに40点以上差がつくこともあります。**文系で数学をやっているというのは，慶應受験において必殺の飛び道具になります**。「数学が苦手じゃない」ならA方式をオススメします。

理系の受験生へ

　文系はいろんな学部を受けられますが，理系学部は数が少ないですよね。そこで思い切って，**経済・商学部の受験を考えてみてはどうでしょうか？**

　A方式で数学が使えます。文系数学なので高得点が狙えます。「理系なんだから地歴なんてできない」と言われそうですが，ちょっと計算してみてください。商学部A方式の合格最低点は260点前後です（もちろん年によって違いますが）。

英語	150／200点	数学	90／100点
地歴	20／100点	合計	260／400点　（目標点／配点）

　これ，いけそうな気がしませんか？　英語と数学さえできれば合格の可能性十分です。実際入学すればわかりますが，経済の勉強なんて数学を使いまくります。経済・商学部は理系と言ってもいいんじゃないかというぐらいに。理系の受験生は，まず経済・商学部の数学の問題をチェックしてみてください。文系数学ですから，高得点がねらえるはずです。

　これ，かなり斬新な発想なので，なかなか受け入れられない人もいるようですが，ボクは20年ほどこのことを言い続けて「理系なのに商学部合格」の生徒を何人も出しています。

文
経済
法
商
医
理工
総合政策
環境情報
看護医療
薬

LESSON 9 経済学部のペア長文対策
～問題は派手だが「地味」な力が求められる～

経済学部は1つのテーマに対して,
2つの長文（意見が違うもの）を
ペアで出してきます。

テーマとなる内容は,
受験の問題集ではあまり扱わない深い内容や,
世界で問題になっている最新の内容が多いため,
多くの受験生を困らせています。

ここでは, どういった考え方が必要なのか,
どこまで読めればいいのか, などを
明確に解説していきます。

⊘ この LESSON のペア長文のポイント

❶ ミクロとマクロの視点が必要
❷ 構文の知識など地道な力が必要
❸ 消去法を多用するのが当たり前

STEP 1 慶應ネラい撃ちポイント

■ ミクロとマクロの視点が必要

　経済学部の問題を攻略するには,「ミクロの視点」と「マクロの視点」の両
方が必要になります。「ミクロの視点」とはその空所・下線の前後をしっかり

読む力です。各設問のほとんどが「段落内で完結」しています。つまり、ある設問を解くために、前の段落に戻ったり、だいぶ離れた段落を見たりしないと解けない問題はきわめて少ないです（これは SFC の 3 択問題も同じです）。

「マクロの視点」は、最後のほうで「筆者の意見」を問う問題、さらに英作文でもそれを利用することになるため、全体の意見をしっかり意識するのに必要になるということです。

　難しい語句・最新の話題に苦戦しながらも、「全体として、結局何を言っているのか（賛成・反対、今・昔、主張・具体例・反論、事実・意見など）」を意識しながら（マクロの視点）、きっちりと構文をとって細かい部分も精密に読んでいく英語力（ミクロの視点）が必要になるということです。

2　英字新聞は必要ない

　よく慶應を目指す受験生の会話で「慶経は大きく意味をつかむことが必須で、英字新聞やニュース英語にたくさん触れないといけないって先輩が言ってた」なんてことを聞くことがあるのですが、勘違いです。それを真に受けて大量に英語に触れたのに、経済学部に合格できない生徒がけっこういるのです。

　その原因はミクロの視点をおろそかにして、細かい語句・多義語・文法などの設問を取りこぼしてしまうからです。全体を聞いているように見える問題であっても、その前提として「and が結んでいるものを把握できているか」といったことも必要になるのが経済学部の問題なんです。

　もちろん英字新聞などに触れることができるなら理想ですが、決して「マスト」ではありません。受験生としてやるべきことを最優先してください。

3　消去法を多用する

　設問を解くことに触れておくと、経済学部の問題は消去法がかなり有効です。もちろん消去法など受験生にとって目新しいものではありませんが、経済学部では重宝するので「消去法ばかりで解いているからといって自分の実力を不安に思わなくても大丈夫」だということは知っておいてください。

（最後の和訳問題を除く）

基本例題

⏱23分　合格点7／9問中

【注意】

今回の STEP 2 と STEP 3 は，ペアで出題されたものです。それゆえ設問番号は通しになっています（STEP 3 が [10] から始まります）。さらに，設問18, 19, & 20にある，BOTH articles とは「STEP 2 と STEP 3 の英文の両方」のことです。

▶さらにこの２つの長文に関連する英作文問題は LESSON10（STEP 3 ）で扱います。

I. Read the following article and answer the questions as indicated.

"Government Support: A Tragedy for the Arts?"
by Y. Bothur (2018)

① When President Donald Trump proposed to reduce the deficit by eliminating funding for the National Endowment for the Arts (NEA), many people in the US supported his suggestion. Surprisingly, even some people in the art world agreed. Indeed, similar arguments have been put forward by art critics in other countries, including the UK. As the world's governments continue to [1] the debts left by the 2008 financial crisis, this issue has become increasingly visible.

② State support for the arts hardly discourages charitable giving by the private sector. In 1996 the NEA gave about $390,000 to the Metropolitan Opera of New York, but this amount accounts for only 0.29% of its annual income of $133 million. Besides, other museums and cultural organizations have had some notable successes in raising funds; in the next year, the New York Public Library raised $430 million and the Metropolitan Museum of Art raised $300 million. Even in countries where state support for the arts is strong, it is not impossible to privately support cultural institutions. Glyndebourne, which hosts an annual opera festival in East Sussex in the UK, for example, is said to rely solely on private funding. [2]

③　In many countries, private support for the arts and culture is sufficient to make government funding unnecessary. Rather than direct funding for the arts, what is needed is a set of tax rules that quietly [3] them, allowing corporations and individuals to act freely. For example, the tax-free charitable status of cultural institutions in the US and the UK already offers important financial assistance. However, cultural institutions can be encouraged to reach out to individual and corporate donors, who could be further rewarded through tax breaks. This is why some economists have claimed that governments can best support the arts by leaving them alone.

④　Furthermore, state support for the arts has a negative effect on the quality of art itself. Since funding is allocated under political direction, politics inevitably influences both fairness and creativity in the art world. Typically, state funding usually goes to well-connected or well-established artists and institutions rather than to talented newcomers and outsiders. Besides, artists are encouraged to produce art that will successfully pass the application process for a grant rather than to create art for art's sake. This leads to unadventurous attitudes among artists, and ultimately to [4] ; for example, in the nineteenth century, the French Academy happily dismissed the new painting style called Impressionism.

文

経

済

法

商

医

理
工

総合政策

環境情報

看護医療

薬

⑤ Artists flourish best when they are challenged. Lack of appreciation and financial difficulties did not prevent Van Gogh from creating his masterpieces, and we can expect that even as this article goes to print, many [5] icons of art are working away in poverty, or at least in obscurity. Indeed, it is in the nature of great art that it often goes unrecognized at the moment of its creation. Future success cannot be guaranteed by state support, nor by social media, but by the considered verdict of future generations of critics.

⑥ By contrast, there are in fact plenty of wealthy individuals who are prepared to support less famous but talented artists. This kind of patronage system has existed for centuries. Sponsors today continue to provide not only money, but also a studio and materials, thereby enabling artists to concentrate on their work. Thus, these modern patrons allow artists much greater freedom [6]. According to Wayne Lawson, former director of the Ohio Arts Council, these patrons "trust the artist's creativity and want to let us see the world through the artist's eyes."

⑦ [7] can deny that many governments already spend vastly over budget. Moreover, since 2008, most governments have experienced at least one recession. In this environment, spending on the arts is politically difficult. Taxpayers are dissatisfied with any spending on the arts because they believe it should be used for more urgent purposes such as social welfare, health care, national defense, education, and support for industry. [8]. In 2015, the English journalist Rupert Christiansen found that, despite the cuts to funding by the British government since 2009, "the arts sector as a whole has proved admirably successful in finding ways to survive and even flourish."

⑧ [9]. Indeed, many persuasive arguments urge us to abolish the funding of the arts by the government without delay. Successful cultural institutions and events can usually gain support from industry via advertising. This is in recognition of success: commercial funds are attracted by popularity. State sponsorship is the reverse of this process — an attempt to pick "winners" based on an administrator's paperwork rather than the verdict of the public. It is as mistaken as old-fashioned state support for future industries, and must be discontinued.

*****

Answer questions [1]—[9] as indicated.

1. Which of the following would best fill the gap at [1] in Paragraph ① ? Answer by filling in the corresponding slot under the number (1) on the mark sheet.
   1. execute
   2. promote
   3. struggle
   4. tackle

2. Of the four institutions mentioned in Paragraph ②, which of the following received the least funding from the government? Answer by filling in the corresponding slot under the number (2) on the mark sheet.
   1. Glyndebourne
   2. The Metropolitan Museum of Art
   3. The Metropolitan Opera of New York

4. The New York Public Library

3. Which of the following would best fill the gap at [3] in Paragraph ③? Answer by filling in the corresponding slot under the number (3) on the mark sheet.
   1. applies
   2. encourages
   3. follows
   4. obliges

4. Which of the following would best fill the gap at [4] in Paragraph ④? Answer by filling in the corresponding slot under the number (4) on the mark sheet.
   1. disagreements about proper applications
   2. discouragement and despair
   3. increased governmental funding
   4. the rejection of artistic innovations

5. Which of the following would best fill the gap at [5] in Paragraph ⑤? Answer by filling in the corresponding slot under the number (5) on the mark sheet.
   1. celebrated
   2. fated
   3. future
   4. present

6. Which of the following best fills the gap at [6] in Paragraph ⑥? Answer by filling in the corresponding slot under the number (6) on the mark sheet.
   1. from public criticism
   2. from taxation
   3. to become famous

  4. to experiment

7. Which of the following would best fill the gap at [7] in Paragraph ⑦? Answer by filling in the corresponding slot under the number (7) on the mark sheet.
  1. All
  2. None
  3. Some
  4. We

8. Which of the following best fills the gap at [8] in Paragraph ⑦? Answer by filling in the corresponding slot under the number (8) on the mark sheet.
  1. Additionally, artists and politicians are insisting on accountability.
  2. Moreover, governments cannot afford to pay artists.
  3. Further, culture is less important than social welfare.
  4. What is more, the arts do seem to be adaptable.

9. Which of the following best fills the gap at [9] in Paragraph ⑧? Answer by filling in the corresponding slot under the number (9) on the mark sheet.
  1. Artistic questions are rarely rational
  2. Funding levels should clearly be maintained
  3. It is a very difficult question
  4. The time to act is now

（慶應・経済）

解説　I

解答・解説

[1]　答　4

解説

第1段落最終文
　As the world's governments continue to [1] the debts left by the 2008 financial crisis, this issue has become increasingly visible.
「世界中の政府が2008年の金融危機で負った負債に [1] 続けるのにともない，この話題はますます顕在化してきた」

　空所直後の the debts「負債・借金」とうまくつながるのは，**4. tackle**「取り組む・対処する」です。tackle は格闘技やラグビーで「タックルする」イメージから，「問題・トラブルにタックルする」➡「（果敢に）取り組む・対処する」と考えると覚えやすいかと思います。
　ちなみに，これと似た内容は1文目にも出てきています。

第1段落1文目
　When President Donald Trump proposed to <u>reduce the deficit</u> by eliminating funding for the National Endowment for the Arts (NEA),
「ドナルド・トランプ大統領が全米芸術基金（NEA）への財政支援の廃止によって<u>財政赤字を削減する</u>ことを提案すると，」

　この文の reduce the deficit「赤字を減らす」を4文目では一般化して，世界でも tackle the debts「負債に対処する」状況が続いていると説明しているわけです。reduce が tackle に，the deficit が the debts に対応していますね。

【誤りの選択肢】
1.　execute「実行する・死刑にする」
2.　promote「促進する・昇進させる」

3. struggle「取り組む・努力する」

　　🖝 struggle with ～「～と闘う・～に取り組む」や struggle to ～「～しようと努力する」の形が重要。

[2]　答　1

解説

第2段落最終文

Glyndebourne, which hosts an annual opera festival in East Sussex in the UK, for example, is said to rely solely on private funding.
「たとえばグラインドボーンは，英国の東サセックスで毎年オペラフェスティバルを開催しているのだが，民間からの資金援助のみに頼っていると言われている」

「政府から最も資金援助を受けていない団体」が問われています。

　最終文の Glyndebourne, ～ , is said to rely solely on private funding. から，Glyndebourne は「民間資金のみに頼っている」=「政府からまったく資金援助を受けていない」とわかるので，正解は 1. Glyndebourne です。長文問題で only・solely「唯一・～だけ」は解答のキーになりやすいので，必ずチェックしてください。

【誤りの選択肢】

2. The Metropolitan Museum of Art「メトロポリタン美術館」
3. The Metropolitan Opera of New York「ニューヨークのメトロポリタン・オペラ」
4. The New York Public Library「ニューヨーク公共図書館」

　　🖝 2. Metropolitan Museum of Art と 4. New York Public Library は，第2段落3文目に「募金に成功した」とありますが，政府からの資金援助をどの程度受けたかは書かれていません。ただ，「Glyndebourne は政府からの資金援助がゼロ」という事実から，他の選択肢を考えるまでもなく，1. が正解だと判断できますね。

[3]　答　2

解説

> 第 3 段落 2 文目
> 　Rather than direct funding for the arts, what is needed is a set of tax rules that quietly [3] them, allowing corporations and individuals to act freely.
> 「必要とされているのは，芸術に対する直接的な資金援助ではなく，企業や個人が自由に動けるようにして，ひそかに芸術への支援を [3] ような一連の税法である」

「芸術に対して資金を直接提供するより，静かに（ひそかに）〜」という流れに合うのは，**2. encourages**「促す」です。

　文全体は Rather than A, B.「A よりむしろ B」の形で，「芸術に対する直接的な資金援助（A）」と「芸術への支援を促す税法（B）」が対比されています。そして，直後の 3 文目 For example, 〜 で，「芸術の支援を促す税法」の具体例を説明しているわけです。

　rather than 〜 のような語句は，単に意味だけではなく，「対比」だと意識することが重要です（ちなみに今回の英文だけで rather than 〜 が 4 回も使われています）。頻繁に出てくる重要なものをチェックしておきましょう。

◯ 対比表現 　▶どれも意味は知っているでしょうが，「対比」を意識することが大事です。

☐ **in contrast to 〜**「〜とは対照的に」
☐ **unlike 〜**「〜とは違って」　　　☐ **instead of 〜**「〜の代わりに」
☐ **rather than 〜**「〜よりむしろ・〜ではなく」
☐ **compared to 〜**「〜と比べると」　☐ **than 〜**「〜より」
☐ **far from 〜**「〜ではない」

【誤りの選択肢】
1.　applies「適用する・応用する」
3.　follows「従う・後に続く」
4.　obliges「義務づける」

[4] 答 4

解説

第4段落4・5文目（前半）

　Besides, artists are encouraged to produce art that will successfully pass the application process for a grant rather than to create art for art's sake. This leads to unadventurous attitudes among artists, and ultimately to [4];

「さらに芸術家は，芸術のために芸術作品を創造するのではなく，助成金の申請を通過しそうな芸術作品を制作しなければという気持ちになる。これによって，芸術家のあいだに冒険心に欠ける態度がまん延することになり，最終的には，[4] につながる」

　4文目に「公的支援をすると，芸術家は芸術のための芸術作品ではなく，助成金の申請に通りそうな芸術作品を作る」とあり（rather than が使われていますね），5文目は "原因 lead to 結果" の形になっています（因果表現は65ページ）。そして，結果 には unadventurous attitudes among artists, and ultimately to [4] と2つ並べられています。

　unadventurous attitudes among artists「芸術家にある冒険的でない態度（斬新な作品を作ろうとしない気持ち）」とうまくつながり，さらにその最終形として（ultimately）合うのは，**4. the rejection of artistic innovations**「芸術における革新を拒むこと」です。

　また，その後では具体例が述べられており，ここも大きなヒントになります。正解の the rejection of artistic innovations「芸術における革新を拒むこと」が，具体化されて dismissed the new painting style called Impressionism「印象派と呼ばれる新しい画風を退けた」と表されています。the rejection of ～「～を拒むこと」が dismissed「退ける・却下する」に，artistic innovations「芸術における革新」が the new painting style called Impressionism「印象派と呼ばれる新しい画風」に対応していますね。

　ちなみに，[4] の前にある ultimately は「最終的に」という意味です。ultimate を「究極的な」とだけ覚えている人が多いのですが，実際には「最終的な」の意味でよく使われます（the ultimate goal「最終目標」，the ultimate weapon「最終兵器」など）。ultimate の「最終的な」の意味を押さえておけば，ultimately「最終的に」もカンタンですね。

【誤りの選択肢】

1. disagreements about proper applications「ふさわしい申請に関する意見の食い違い」
2. discouragement and despair「落胆と絶望」
3. increased governmental funding「政府からの資金援助の増額」

[5] 答 3

解説

第5段落1・2文目（前半）

　Artists flourish best when they are challenged. Lack of appreciation and financial difficulties did not prevent Van Gogh from creating his masterpieces,

「芸術家が最も頭角を現すのは，困難にぶつかっている時である。評価されなかったことや資金難によって，ファン・ゴッホが名作を作り出すことができなかったことはないし，」

　1文目に「芸術家が最も頭角を現すのは，困難にぶつかっている時である」とあり，2文目以降でその具体例が述べられています。

　ここで重要なのが，「文中で固有名詞が出てきたら，その文（固有名詞を含む文）から具体例が始まる」というルールです。

【具体例の発見方法】

　　「文中」というのは，言い換えれば「2文目以降」ということです。また，固有名詞自体は，文の中でどこにあってもかまいません。文頭でも文中でも，固有名詞を含んだその文からが具体例となります。言い換えれば，固有名詞を含む文の先頭に「見えない For example がある」とも言えます。

今回は2文目でVan Goghという固有名詞があるので，ここから「(芸術家は困難な状況で最も花開く) 具体例」になると考えます。「ゴッホは経済的困難などがあってもがんばった」ということですね。

第5段落3文目

　Indeed, it is in the nature of great art that it often goes unrecognized at the moment of its creation.

「実際に，作られている最中は知られていないことが多いというのは，すばらしい芸術が持つ性質である」

　そして，空所後の文を見ると「強調構文」になっています。「作られている最中は知られていない」という内容から，ここでは「将来有名になる芸術家」の話をしていると考え，**3. future**「将来の」を選べばOKです。many future icons of art「将来有名になる多くの芸術家」となります (icons of artは「芸術家のアイコン (象徴)」→「超有名な芸術家」を表す)。

　「ゴッホ (過去に有名になった芸術家) も困難な状況で傑作を生みだしたし，将来有名になる芸術家も困難な状況で傑作を生みだすだろう (将来傑作と評価される作品を作っているだろう)」となり，うまくつながりますね。

【誤りの選択肢】

1. celebrated「有名な」
2. fated「宿命的な」
4. present「現在の」

[6] 答 4

解説

第6段落1〜4文目

　By contrast, there are in fact plenty of wealthy individuals who are prepared to support less famous but talented artists. 〜 Thus, these modern patrons allow artists much greater freedom [6].

「一方で，実は，あまり有名ではないが才能はある芸術家を喜んで支援すると
いう資産家はたくさんいる。～そのため，こういった現代のパトロンのおかげ
で，芸術家には，[6] 自由がはるかに多く与えられている」

対比を表す By contrast「対照的に・一方」で始まり，「あまり有名でない
が，才能のある芸術家を支援する人がたくさんいる」と書かれています。そ
して，「こうした現代のパトロン（these modern patrons）のおかげで可能
になること」が問われています（"these + 名詞" は前の内容をまとめる働
きがあります）。

　▶「ここで一度軽くまとめたい」と思った筆者は，〈these + 名詞〉を使うんです。こ
　れは慶應以外でも絶対使える必殺ルールです。

第4段落には「才能よりもコネ・評判のある人を公的に支援すると，革新
的なものを生み出しにくくなる」と書かれており，By contrast を使って第4
段落と第6段落が対比されていると考えます。

第4段落：「コネ・評判のある人を支援すると，革新的なものを生み出し
にくくなる（助成金の申請に通りそうな作品を生み出しやすくなる）」

第6段落：「才能ある人を支援すると，革新的なものを生み出しやすくなる」

この対比を前提に考えると，第6段落では「才能ある人を支援すると，革
新的なものを生み出しやすくなる」といった内容になると予想できますね。
　よって，**4. to experiment** を選び，much greater freedom to experiment
「実験するはるかに大きな自由」とすれば OK です。「才能ある人を支援する
パトロンによって，（革新的なものを生み出すような）実験する自由が生まれ
る」ということです。

ちなみに，最終文の these patrons "trust the artist's creativity and want
to let us see the world through the artist's eyes." 「こういったパトロンは
『芸術家の創造力を信頼しており，私たちに，芸術家の目を通して世界を見せ
たい』のだと言う」もヒントになります。

【誤りの選択肢】

1. from public criticism「国民の批判からの」
2. from taxation「課税からの」
3. to become famous「有名になる」

[7] 答 2

解説

第7段落1文目

[7] can deny that many governments already spend vastly over budget.
「多くの政府がすでに予算をはるかに超えた額のお金を使っていることは, [7] が否定できる」

　2～4文目の「政府は不景気を経験した／この状況では芸術にお金を使うのは政治的に難しい／納税者はもっと緊急な目的にお金を使うべきだと思っている」などから, 1文目は「政府はすでに多くのお金を使っているとみんなが思っている」といった内容になると考えます。**2. None**「誰も～ない」を選んで, None can deny that ~「～ということを誰も否定できない」とすれば OK です。

> ▶ボクは [7] can deny that を見た瞬間に, おそらく 2. None が正解だと考えました (もちろん文脈も確認しましたが)。それは, no one[none] can deny that ~ というフレーズになじみがあったからです。ちなみに英語ネイティブによると, All can deny ／ Some can deny ／ We can deny とは言わないという意見もありました (文法的に NG ではありませんが)。

【誤りの選択肢】

1. All「すべての人が～」
3. Some「一部の人は～」
4. We「私たちは～」

[8] **答** **4**

第7段落5・6文目（最終文）

[8]. In 2015, the English journalist Rupert Christiansen found that, despite the cuts to funding by the British government since 2009, "the arts sector as a whole has proved admirably successful in finding ways to survive and even flourish."

「[8]. 2015年，イギリス人記者のルパート・クリスティアンセンは，2009年以降イギリス政府が資金援助を削減しているにもかかわらず『芸術分野全体では，生き残り，さらには栄える方法さえも見つけることに見事に成功してきた』ことに気づいた」

空所直後で Rupert Christiansen という新たな固有名詞を出して，前の内容（つまり空所 [8]）を補強していると予想します。

直後の文は despite ～ , "the arts sector as a whole has proved admirably successful in finding ways to survive and even flourish." 「～にもかかわらず，『芸術分野全体では，生き残り，さらには栄える方法さえも見つけることに見事に成功してきた』」で，この内容につながるのは，**4. What is more, the arts do seem to be adaptable.**「さらに，芸術は実際に順応性があるように思える」です。まず [8] で，抽象的に adaptable とポイントを述べ，その後で adaptable の内容を具体的に説明するという自然な流れになります。

【誤りの選択肢】

1. Additionally, artists and politicians are insisting on accountability.「さらに，芸術家と政治家は説明責任を強く要求している」
2. Moreover, governments cannot afford to pay artists.「さらに，政府には，芸術家にお金を払う金銭的余裕がない」
3. Further, culture is less important than social welfare.「さらに，文化は社会福祉よりも重要度が低い」

[9] **答** **4**

解説

第8段落1・2文目

[9]. Indeed, many persuasive arguments urge us to abolish the funding of the arts by the government <u>without delay</u>.

「[9]. 実際に，多くの説得力ある論拠で私たちは，政府による芸術への資金援助を<u>直ちに</u>廃止するよう迫られている」

直後の文にある without delay「遅らせることなく・すぐに」からもわかるように，この段落では「今すぐ芸術に対する政府の支援をやめるべき」と主張しています。よって，この流れに合う **4. The time to act is now**「行動すべき時は今である」が正解です。まず「行動する時は今だ」と言って，その後で「今すぐとるべき行動の内容」を説明しているわけです。

【誤りの選択肢】

1. Artistic questions are rarely rational「芸術に関する論題が理にかなっていることはめったにない」
2. Funding levels should clearly be maintained「資金援助の水準は間違いなく維持すべきである」
3. It is a very difficult question「それはとても難しい論題である」

訳 Ⅰ 次の記事を読み，指示通り問いに答えなさい。

『政府の財政支援：芸術にとっては悲劇か？』著：Y. Bothur（2018）

① ドナルド・トランプ大統領が全米芸術基金（NEA）への財政支援の廃止によって財政赤字を削減することを提案すると，米国内の多くの人々が彼の提案を支持した。驚くべきことに，中には芸術界の人でさえも，賛成した人々がいたのである。実際，同じような意見は，英国などの他の国々でも芸術評論家によって打ち出されてきた。世界中の政府が2008年の金融危機で負った負債に対処し続けるのにともない，この話題はますます顕在化してきた。

② 芸術に対する国家的な財政支援があることによって，民間企業による慈善としての寄付が行われにくくなることはほとんどない。1996年，NEAはニューヨークのメトロポリタン・オペラに約39万ドルの資金援助を行った

が，この金額は，同劇団の１億3300万ドルという年間収入のたった0.29パーセントにしかあたらない。さらに，他の美術館や文化機関が，資金調達においていくつかの目覚ましい成功をおさめている。たとえばその翌年，ニューヨーク公共図書館は４億3000万ドル，メトロポリタン美術館は３億ドルの資金を集めている。芸術に対する国家的な財政支援が手厚い国々においてさえも，民間の出資によって文化機関を支援することができないわけではない。たとえばグラインドボーンは，英国の東サセックスで毎年オペラフェスティバルを開催しているのだが，民間からの資金援助のみに頼っていると言われている。

③ 多くの国々において，芸術や文化に対する民間の財政支援は，政府からの資金援助を不要にするほど十分なものである。必要とされているのは，芸術に対する直接的な資金援助ではなく，企業や個人が自由に動けるようにして，ひそかに芸術への支援を促すような一連の税法である。たとえば，米国および英国における，非課税の文化機関の立場は，すでに重要な財政支援となっている。しかし文化機関は，税控除によってさらに大きな見返りを受けられる可能性のある個人または法人の援助資金提供者に，自由に支援を求めて働きかけてよい。こういった理由から一部の経済学者は，芸術分野に手を出さないことで，芸術を最も良い形で支援できると主張してきた。

④ さらに，芸術に対する国家的な財政支援は，芸術の質そのものにも悪影響を与える。資金援助は政治指針のもとで割り当てられるものなので，必然的に政治が芸術界の公平性および創造性の双方に影響を与えることになる。通常，国家からの資金援助は，才能のある新人や外国人ではなく，有力なコネがあったり地位が確立している芸術家あるいは機関のもとに流れる。さらに芸術家は，芸術のために芸術作品を創造するのではなく，助成金の申請を通過しそうな芸術作品を制作しなければという気持ちになる。これによって，芸術家のあいだに冒険心に欠ける態度がまん延することになり，最終的には，芸術における革新を退けることにつながる。たとえば19世紀，アカデミー・フランセーズは，印象派と呼ばれる新しい画風を進んで退けた。

⑤ 芸術家が最も頭角を現すのは，困難にぶつかっている時である。評価されなかったことや資金難によって，ファン・ゴッホが名作を作り出すことができなかったことはないし，この記事が印刷されている最中にも，将来有名になる多くの芸術家が貧しい暮らしをしながら，あるいは少なくとも無

名のまませっせと働き続けているのだろうと考えられる。実際に，作られている最中は知られていないことが多いというのは，すばらしい芸術が持つ性質である。将来の成功を保証することができるのは，国家からの財政支援でもソーシャルメディアでもなく，将来世代の評論家によるよく考え抜かれた意見である。

⑥　一方で，実は，あまり有名ではないが才能はある芸術家を喜んで支援するという資産家はたくさんいる。こういった種類の支援制度は，何世紀にもわたって存在している。今日の出資者は，金銭のみならずアトリエや画材も提供し，それによって芸術家が作品作りに集中できるようになる。そのため，こういった現代のパトロンのおかげで，芸術家には，新たな試みを行う自由がはるかに多く与えられている。オハイオ芸術評議会の元会長であるウェイン・ローソンによると，こういったパトロンは「芸術家の創造力を信頼しており，私たちに，芸術家の目を通して世界を見せたい」のだと言う。

⑦　多くの政府がすでに予算をはるかに超えた額のお金を使っていることは，誰も否定しようがない。さらに，2008年以降，ほとんどの政府が少なくとも１回は不景気を経験している。この状況では，芸術にお金を使うのは政治的に難しい。納税者は，社会福祉や医療，国防，教育，産業支援などのもっと緊急を要する目的にお金を使うべきだと思っているので，芸術に関する支出の一切に対して不満を抱いている。さらに，芸術は実際に順応性があるように思える。2015年，イギリス人記者のルパート・クリスティアンセンは，2009年以降イギリス政府が資金援助を削減しているにもかかわらず「芸術分野全体では，生き残り，さらには栄える方法さえも見つけることに見事に成功してきた」ことに気づいた。

⑧　行動すべき時は今である。実際に，多くの説得力ある論拠で私たちは，政府による芸術への資金援助を直ちに廃止するよう迫られている。有名な文化機関や文化イベントは通常，広告によって産業界から支援を得ることができる。これは，功績が認められてのことである。つまり，民間の基金は人気に惹きつけられるのだ。国家による財政支援はこの行為の正反対なのだ。国民の判断ではなく行政官の文書業務に基づいて「受賞者」を選ぼうとするのだ。それは未来の産業に対する時代遅れの国家の財政支援と同じくらい間違った行為であり，打ち切らなければならない。

[1]―[9] の問いに指示通り答えなさい。

1. 次のうち，段落①の空欄 [1] に入れるのに最も適切なものはどれか。マークシートに記載されている番号(1)の該当箇所をマークして解答すること。

2. 段落②で言及された4つの機関のうち，政府から受けた資金援助が最も少ないところは次のうちどれか。マークシートに記載されている番号(2)の該当箇所をマークして解答すること。

3. 次のうち，段落③の空欄 [3] に入れるのに最も適切なものはどれか。マークシートに記載されている番号(3)の該当箇所をマークして解答すること。（以下略）

語句

第1段落
- **tragedy**「悲劇」
- **deficit**「赤字・負債」
- **funding**「資金援助」
- **tackle**「対処する」
- **president**「大統領」
- **eliminate**「廃止する」
- **put forward**「提案する」
- **visible**「可視化した・顕在化した」

第2段落
- **state**「国家の・政府の」
- **charitable giving**「慈善としての寄付」
- **private sector**「民間部門」
- **annual income**「年間収益」
- **raise funds**「資金を調達する」
- **host**「開催する・主催する」
- **discourage**「～する気をなくさせる」
- **account for ～**「～を占める」
- **notable**「目覚ましい」
- **privately**「民間出資によって・個人的に」
- **solely**「～だけに」

第3段落
- **sufficient**「十分である」
- **corporation**「法人・企業」
- **reach out to ～**「～に接触する・～に働きかける」
- **donor**「出資者」
- **tax break**「税控除」
- **leave ～ alone**「～をそのままにしておく・～に手を出さない」
- **quietly**「ひそかに」
- **be rewarded**「見返りがある」

第4段落
- **allocate**「割り当てる」
- **inevitably**「必然的に」

- **well-connected**「有力なコネがある」
- **well-established**「地位がしっかりしている」
- **talented**「才能のある」 ・ **pass**「通過する・合格する」
- **application**「申請」 ・ **grant**「助成金・補助金」
- **for one's sake**「〜のために」
- **unadventurous**「冒険心に欠ける・積極性に欠ける」
- **rejection**「拒否・排除」 ・ **dismiss**「追放する・退ける」
- **impressionism**「印象派」

第5段落
- **flourish**「活躍する・頭角を現す・栄える」
- **be challenged**「困難にぶつかる」 ・ **appreciation**「評価・理解」
- **financial difficulty**「資金難」 ・ **masterpiece**「名作・傑作」
- **icon**「象徴的存在」 ・ **work away**「せっせと働き続ける」
- **in obscurity**「無名で」 ・ **nature**「性質・本質」
- **unrecognized**「価値を認めてもらえない」
- **guarantee**「保証する」 ・ **considered**「熟慮の上の」
- **verdict**「判断」

第6段落
- **be prepared to ～**「～する心構えがある・喜んで～する」
- **patronage**「支援」 ・ **patron**「パトロン・支援者」

第7段落
- **vastly**「大幅に」 ・ **recession**「不況」
- **taxpayer**「納税者」 ・ **social welfare**「社会福祉」
- **health care**「医療」 ・ **national defense**「国防」
- **as a whole**「全体として」 ・ **admirably**「見事に」

第8段落
- **persuasive**「説得力のある」 ・ **urge**「急かす・促す」
- **without delay**「直ちに」 ・ **advertising**「広告・宣伝」
- **in recognition of ～**「～の見返りとして」
- **sponsorship**「財政支援」 ・ **reverse**「逆・正反対」
- **administrator**「行政官」 ・ **paperwork**「文書業務」
- **old-fashioned**「時代遅れの」 ・ **discontinue**「廃止する」

II. Read the following article, and answer the questions as indicated.

"The Arts: Why State Funding is Critical"
by Sue Portagig (2018)

① Long-established government organizations fund the arts in many nations, for example, the Arts Council England and the National Endowment for the Arts (NEA) in the US. Both support not only a variety of arts including painting, sculpture, music, dance, and folk arts, but also cultural institutions such as libraries, theaters, and museums. In addition, these organizations fund an array of programs to encourage people to enjoy the arts and cultural events. This support is critical, especially during economic recessions. [10] withdrawing state money, we need to protect and even increase government funding for the arts.

② To begin with, art and culture enrich public life. As Sandy Nairne, a former director of the National Portrait Gallery in London said, "Culture and art are a necessity for people both as individuals and as part of communities. Whether enjoying a visit to a museum or art gallery, singing in a choir, listening to extraordinary musicians, reading poetry or sharing in the excitement of street performance, this is a part of what makes life worthwhile." Furthermore, in an age of migration and social change, the arts serve an important role in bringing people together, helping to give citizens common experiences, and finding ways to accommodate their differences. [11]

③ Art and culture represent the heritage in which a people's history and identity are firmly rooted. This heritage is preserved in the various cultural institutions of a nation. According to novelist Michael Rosen, "The wonder of libraries, museums, and archives is that we can relate ourselves with others — often stretching back hundreds or thousands of years. This is one of the ways in which we can discover the history and shape of humanity and where or how we fit into it." [12]. It is, therefore, our duty to preserve, support, and encourage them.

④ Nevertheless, some fields of art cannot sustain themselves independently and require constant governmental funding to continue. In contrast to [13] successful grand theaters in big cities such as London and New York, local theaters in smaller cities and towns usually lack stability because ticket sales are necessarily limited. Also, since museums and libraries are non-profit cultural organizations, it is difficult for them to maintain their facilities and offer a high quality of services without support from government grants. Moreover, such funding is required for artistic innovation because it enables artists to take risks and experiment for the sake of art itself.

⑤ Some may argue that, wherever possible, private donations can and should replace government grants. Whereas in the US, private support for art and culture is relatively secure, donations to the arts cannot be taken for granted in many other countries. Today, when extremely wealthy individuals and corporations are dominating the global economy, more can clearly be asked of them. However, charitable giving by the private sector will only go so far. It would be unwise to make our arts *overly* [14] dependent on the political or economic demands of private enterprise. During times of economic difficulty, private funding would constantly be at risk.

⑥　By contrast, stable government funding enables as many people as possible to enjoy art and culture. A government grant ensures *everyone's* affordable access to art and culture, and thus makes them an integral part of daily life. It allows [15] . Moreover, gallery tours and cultural programs bring the arts to the poor and to children, not only to well-to-do adults. Through these programs, people can gain an understanding of the importance of art and the need to protect cultural heritage for future generations.

⑦　Government funding of the arts and cultural activities brings economic benefits by attracting tourists. This, in turn, can promote the redevelopment of suburbs and encourage tourism-related services to grow. In the 1980s, politicians in the UK recognized art and culture as valuable resources that could play a part in the renewal of post-industrial cities in the country. At that time, a British politician Chris Smith took up the idea of the arts as one of the "creative industries." Subsequently, an art policy was developed to widen public access to art and culture and to help drive urban rebirth and fight social exclusion. This change has been important. [16], the Arts Council of England estimates that the nation benefits by over $4 for every $1 of investment in art funding.

⑧　The arts are vital for a better quality of life; the Arts Council

England makes this point clearly on their website, declaring that "great art and culture inspires us, brings us together and teaches us about ourselves and the world around us." [17] individuals might contribute, providing art for citizens is always the responsibility of government. That is why continued state support of the arts is critical and must be ensured.

*****

Answer questions [10] — [23] as indicated.

10. Which of the following would best fill the gap at [10] in Paragraph ① ? Answer by filling in the corresponding slot under the number (10) on the mark sheet.
    1. Above all,
    2. Except for
    3. Far from
    4. In addition to

11. Which of the following types of art is NOT discussed in Paragraph ② ? Fill in the blank at the number (11) on the mark sheet.
    1. concerts
    2. exhibitions
    3. films
    4. literature

12. Which of the following would best fill the gap at [12] in Paragraph ③ ? Answer by filling in the corresponding slot under the number (12) on the mark sheet.
    1. Clearly, many writers are busy creating content for our

heritage
2. Indeed, museums are at the very heart of this heritage-related industry
3. Obviously, heritage is firmly connected to a sense of national pride
4. Ultimately, a sense of nationalism is essential for most modern nations

13. Which of the following would best fill the gap at [13] in Paragraph ④? Answer by filling in the corresponding slot under the number (13) on the mark sheet.
1. artistically
2. commercially
3. culturally
4. large-scale

14. Which of the following **best** explains why the author wrote the word in *italics* at [14] in Paragraph ⑤? Answer by filling in the corresponding slot under the number (14) on the mark sheet.
1. to emphasize a contrast
2. to emphasize degree
3. to emphasize surprise
4. to emphasize a change

15. Which of the following would best fill the gap at [15] in Paragraph ⑥? Answer by filling in the corresponding slot under the number (15) on the mark sheet.
1. all citizens to find common ground despite income inequalities
2. governments to resolve income inequality through arts funding

3. minorities to feel unwelcome through funding their arts
4. only wealthier citizens to appreciate art

16. Which of the following would best fill the gap at [16] in Paragraph ⑦? Answer by filling in the corresponding slot under the number (16) on the mark sheet.
    1. By contrast
    2. Moreover
    3. Nevertheless
    4. Today

17. Which of the following would best fill the gap at [17] in Paragraph ⑧? Answer by filling in the corresponding slot under the number (17) on the mark sheet.
    1. As far as
    2. However much
    3. So much as
    4. To the extent that

18, 19, & 20. Look at the statements below. Then, based on **BOTH** articles, under the corresponding number (18), (19), and (20), fill in:

>   Slot 1, if only Y. Bothur would agree with that statement
>   Slot 2, if only Sue Portagig would agree with that statement
>   Slot 3, if both authors would agree with that statement
>   Slot 4, if neither author would agree with that statement

18. Charitable giving can be sufficient to support the arts.
19. Politicians have already influenced the direction of the arts.
20. Art must make a profit in order to be valuable.

21. In which of the following pairs do both words have **the same stress**（アクセント）**pattern**? Answer by filling in the corresponding slot under the number (21) on the mark sheet.
   1. creative — creativity
   2. declaration — declaring
   3. economic — economy
   4. exclusive — exclusion
   5. subsidy — subsidiary

22. Which one of the following pairs (1 〜5) contains a noun which is **pronounced differently** from the verb? Answer by filling in the corresponding slot under the number (22) on the mark sheet.
   1. a benefit (n) — to benefit (vb)
   2. a picture (n) — to picture (vb)
   3. a promise (n) — to promise (vb)
   4. an abuse (n) — to abuse (vb)
   5. an interest (n) — to interest (vb)

23. Five of the following six pairs contain words that are **pronounced identically**. Which of the pairs contains words that are **pronounced differently**? Answer by filling in the corresponding slot under the number (23) on the mark sheet.
   1. berry — bury
   2. freight — fright
   3. isle — aisle
   4. sewing — sowing
   5. some — sum
   6. thrown — throne

（慶應・経済）

解説　Ⅱ

解答・解説

[10]　**答**　3

解説

　5文目は前半の withdrawing state money「国家の財政支援をとりやめること」と，後半の increase government funding「政府の資金援助を増やす」が対比関係になっています。よって，「対比」を表す **3. Far from**「～ではなくて」が正解です（200ページにも出てきました）。「芸術に対する支援は重要だ（4文目）」 ➡ 「国家のお金を回収するのではなく，芸術に対する政府の資金援助を保護し，さらには増やす必要さえある（5文目）」という自然な流れになります。

　ちなみに，4文目では "this + 名詞" の形を使って，1～3文目の内容を「この支援」とまとめてから，This support is critical「この支援は重要だ」と述べています。

　ここで注意が必要なのが，critical という単語です。「批判的な」という訳語だけ覚えている人が多いのですが，実際には「重要な」の意味でも使われるんです。今回も「重要な」という意味でバッチリですね。

⊗「重要な」って意味の重要単語

crucial ／ essential ／ significant ／ principal ／ fundamental ／ indispensable ／ integral ／ critical ／ vital ／ primary ／ leading ／ foremost ／ priceless ／ invaluable ／ pivotal（商学部で登場）

▶ちなみに，今回の英文（と選択肢）には，critical, integral, vital, essential が出てきています。

【誤りの選択肢】

1.　Above all,「とりわけ・何よりもまず」
2.　Except for「～を除いて」
4.　In addition to「～に加えて」

[11] 答 3

解説

こういった「本文に書かれていない選択肢を選ぶ問題（NOT問題）」に限っては，本文を読む前に「選択肢」まで先に読んでも OK です。ふつうの問題は，選択肢4つのうち3つは「ウソ」の可能性がありますが，NOT問題の場合は，選択肢4つのうち3つは「ホント」だからです。先に選択肢を読んで，書かれていないものを本文から探すという姿勢のほうが速く解けます。

1. concerts「コンサート」
   🔎 singing in a choir, listening to extraordinary musicians「合唱団で歌うにしろ，類いまれな音楽家の演奏を聞くにしろ」とあり，これは concerts に相当します。
2. exhibitions「展示会」
   🔎 a visit to a museum or art gallery「博物館や美術館を訪れること」とあり，これは exhibitions に相当します。
3. **films「映画」**
   🔎 どこにも言及されていないので，これが正解です。
4. literature「文学」
   🔎 reading poetry「詩を読むこと」とあり，これは literature に相当します。

[12] 答 2

解説

2と3でかなり迷う，捨て問です。

文脈から入るのは，**2. Indeed, museums are at the very heart of this heritage-related industry**「実際に，博物館は，この文化遺産に関係した産業のまさに中核をなしている」です。ここでの Indeed は「前の内容をさらに補足」する働きで，段落全体の「遺産が文化施設（cultural institutions）に保存されている」➡「図書館・美術館・公文書［記録］保管所」と具体化されている流れにも合います。

さらに，この文の museums を，直後の文 It is, therefore, our duty to preserve, support, and encourage them.「よって，博物館を保存し，支え，振興することは私たちの義務なのである」では them で受けています。

参 考

2 は最後の industry が少し微妙に思えますが，第 7 段落 4 文目
に At that time, a British politician Chris Smith took up the idea
of the arts as one of the "creative industries." 「当時，イギリス人
政治家のクリス・スミスは芸術という概念を，『創造産業』の 1 つ
として取り上げた」とあります。ここで，the arts = industry と
いう内容が確認できるので，やはり 2 が正解だと判断できます。

【誤りの選択肢】

1. Clearly, many writers are busy creating content for our heritage「間違
   いなく，多くの作家は私たちの文化遺産のためにコンテンツを創作する
   ので忙しい」

   ☞ content for our heritage「私たちの文化遺産のためのコンテンツ」は関係あり
   ません。

3. Obviously, heritage is firmly connected to a sense of national pride「明
   らかに，文化遺産は国の誇りと強く関連している」

   ☞ かなり紛らわしい選択肢ですが，obviously「明らかに・言うまでもなく」は，
   ここまでいろいろ説明してきただけに違和感があります。また，national pride「国
   の誇り」も急に出てきて不自然です。さらに，この 3 には複数形の名詞がないため，
   直後の文にあった them が何を受けるか不明になります。

4. Ultimately, a sense of nationalism is essential for most modern nations
   「結局のところ，ほとんどの現代国家には国家主義の意識が不可欠なので
   ある」

   ☞ これも a sense of nationalism「国家主義の意識」が急に出てくるのは不自然で
   すし，それが「重要」だとも述べていません。

[13] 答 2

解説

第 4 段落 2 文目

In contrast to [13] successful grand theaters in big cities such
as London and New York, local theaters in smaller cities and

towns usually lack stability because ticket sales are necessarily limited.

「ロンドンやニューヨークなどの大都市にある [13] 成功した壮大な劇場とは対照的に，小さな都市や町の地域密着型の劇場は通常，必然的にチケットの売り上げが少ないので，安定性に欠ける」

文全体は In contrast to A, B. 「A とは対照的に B だ」の形で，A と B が対比されています。

前半：「大都市の [13] 成功した壮大な劇場」

↕

後半：「チケットの売り上げが限られているため，（経済）安定性に欠ける小さな都市の劇場」

「[13] 成功した劇場」⬅➡「経済安定性に欠ける劇場」という対比を考え，**2. commercially**「商業上」を選びます。すると，commercially successful grand theaters「商業的に成功した壮大な劇場」となり，きれいに「経済面」での対比が完成しますね。

【誤りの選択肢】
1. artistically「芸術的に」
3. culturally「文化的に」
4. large-scale「大規模な」

✎ ココが慶應らしい

　今回の問題は「安易な対比」を問う問題ではありません。「対比」されている部分というよりは，「対比の前提（条件）」が問われています。つまり，「経済的に○」⬅➡「経済的に△」という対比になっていますが，「○」と「△」の箇所（対比された異なる箇所）を問うのではなく，「経済的に」という前提が問われているわけです。

　「小さな都市の地元の劇場」との対比と考えて，4. large-scale「大規模な」を選んだ人もいるでしょう。しかし，large-scale successful grand theaters「大規模で成功した壮大な劇場」では,「経済面での対比」がなされませんし,large-scale「大規模な」と grand「壮大な」の意味が重複してしまいます。対比だからといって,安易に「異なるもの・反対のもの」を選ぶのではなく,きちんと「何と何を比べているか?」を考えられる受験生を慶應は求めていると言えるでしょう。

[14] 答 2

解説

選択肢を見て,消去法で解くのが一番でしょう。イタリック(斜字体)になっている overly にたいした意味はないので,「単なる強調」と考えて,**2. to emphasize degree**「程度を強調するため」を選びます。

ちなみに overly は「あまりにも・過度に」という意味で,この文全体で「ものすごく過度に頼ってはダメだけど,ある程度は頼って OK」というニュアンスになります(ちなみに,その後の 6 文目が「過度に頼ってはダメな理由」になっています)。

【誤りの選択肢】
1. to emphasize a contrast「対比を強調するため」
3. to emphasize surprise「驚きを強調するため」
4. to emphasize a change「変化を強調するため」
　「対比」「驚き」「変化」のどれも本文で言及されていないので,やはり消去法がラクですね。

[15] 答 1

解説

第 6 段落 1 ～ 3 文目

By contrast, stable government funding enables <u>as many people as possible</u> to enjoy art and culture. A government grant ensures *everyone's* affordable access to art and culture, and thus makes them an integral part of daily life. It allows [15].
「一方で,安定した政府からの資金援助があれば,<u>可能な限り多くの人が</u>芸術

と文化を楽しむことができる。政府の助成金によって，確実に「全員」が手ごろな価格で芸術と文化に触れられるようになり，それによって，それらが日々の生活の欠かせない要素になるのだ。それによって，[15] できるのである」

　1・2文目では as many people as possible や *everyone's*（イタリックで強調されています）を使い，「政府の助成金によって，みんなが芸術や文化に触れられる」と述べています。この「みんなが」という流れにつながるのは，**1. all citizens to find common ground despite income inequalities**「収入格差があるにもかかわらず，すべての国民が共通点を見出す」です。文全体は allow 人 to ～「人 が～するのを許す」の形で，「みんなが芸術・文化に触れられることによって可能になること」を述べているわけです。

　念のため，直後の文とのつながりも確認すると，Moreover「その上」を使って，前の内容に追加しています。

第6段落4文目
　Moreover, gallery tours and cultural programs bring the arts to the poor and to children, not only to well-to-do adults.
「さらに，美術館ツアーや文化プログラムは，裕福な大人だけでなく，貧しい人々や子どもにも芸術を届けるものである」

「裕福な大人だけでなく，貧しい人・子どもも芸術が楽しめる」ということで，流れが一貫していますね。

【誤りの選択肢】
2.　governments to resolve income inequality through arts funding「政府が芸術への資金援助を通して収入格差を解決する」
　　👉 あくまで所得の差があっても「みんなが芸術を楽しめる」といった流れです。「収入の不平等を解決する」ことは関係ありません。
3.　minorities to feel unwelcome through funding their arts「少数民族が，彼らの芸術への資金援助を通して，自分たちが歓迎されていないと感じる」
4.　only wealthier citizens to appreciate art「裕福な国民だけが芸術を楽しむ」

☞ 段落全体で「みんなが芸術を楽しめる」という流れなので，3のminorities「少数民族」や4のonly wealthier citizens「裕福な市民だけ」だと真逆になります。

[16]　答　4

解説

第7段落3～7文目（最終文）

In the 1980s, ～ . At that time, ～ . Subsequently, ～ . This change has been important. [16], the Arts Council of England estimates that the nation benefits by over \$4 for every \$1 of investment in art funding.

「1980年代，～．当時，～．それに続いて，～．この変革は重要である。[16]，英国芸術評議会は，国家は芸術への資金援助における出資1ドルにつき4ドルを超える利益があると推定している」

3文目In the 1980sから「過去」の取り組みについて述べられています。そして，At that timeやSubsequently「それに続いて」とあり，空所には「現在」を表す表現が入ると考え，**4. Today**を選べばOKです。「過去➡現在」という大きな流れになります。

ちなみに，3～5文目では「過去形」が使われており，6文目で「現在完了形」が使われ，7文目（空所を含む文）で「現在形」になっている点もヒントになりますね。

【誤りの選択肢】

1.　By contrast「対照的に・一方」
2.　Moreover「その上」
3.　Nevertheless「それにもかかわらず」

☞ 「対比」も「追加」もされていません。これらの選択肢が明らかに誤りなので，**4. Today**を選ぶという消去法が一番現実的な解き方でしょう。

[17]　答　2

第8段落2文目

[17] individuals might contribute, providing art for citizens is always the responsibility of government.

「[17] 個人が貢献しようと，国民に芸術を届けるのは常に政府の義務である」

前半（individuals）と後半（government）が「対比」されています。この対比関係に合うのは **2. However much**「どれだけ〜しても」です。however は複合関係詞で，However much individuals might contribute「どれだけ（たくさん）個人が貢献するとしても」となります。

ちなみに，複合関係詞が副詞節を作る場合，助動詞 may[might] がセットで使われることもあります。今回も空所後 individuals <u>might</u> contribute で might が使われており，ここもヒントになりますね。

【誤りの選択肢】
1. As far as「〜する限り」
3. So much as「〜の限りでは」
4. To the extent that「〜の程度まで」

[18] 答 1 [19] 答 3 [20] 答 4

Y. Bothur は問題文Ⅰの英文（STEP 2）を書いた人，Sue Portagig は問題文Ⅱの英文（STEP 3）を書いた人です。それぞれの設問に対して，両者が「賛成 or 反対」を考えます。

[18] Charitable giving can be sufficient to support the arts. 「慈善による寄付は芸術を支援するのに十分たりえる」

・Y. Bothur

問題文Ⅰ 第3段落1文目

In many countries, private support for the arts and culture is sufficient to make government funding unnecessary.

「多くの国々において，芸術や文化に対する民間の財政支援は，政府からの資

金援助を不要にするほど十分なものである」

　Y. Bothur は全体的に「政府による資金援助に反対」の立場です。そして，第3段落1文目にはっきりと「民間の支援（慈善としての寄付）で十分」と書いてあります。よって，Y. Bothur は問題文に対して賛成だと判断します。

・Sue Portagig
　問題文Ⅱ　第5段落5・6文目（最終文）
　It would be unwise to make our arts *overly* dependent on the political or economic demands of private enterprise. During times of economic difficulty, private funding would constantly be at risk.
　「私たちの芸術を民間企業の政治的あるいは経済的な需要に「過度に」依存させるのは賢明ではないはずだ。不況の時代においては，民間からの資金援助は常に不安定であろう」

　Sue Portagig は全体を通して「民間の支援だけでは十分でない。政府も芸術に支援すべき」と主張しています。また，第5段落5・6文目に「民間企業に頼りすぎるべきではない。民間資金は不安定になる場合もある」と書かれており，「民間資金では不十分」と考えているとわかります。よって，Sue Portagig は問題文に反対だと判断します。

　以上より，「Y. Bothur のみ賛成」ということなので，**Slot 1** が正解です。「Y. Bothur は政府による資金援助に反対，Sue Portagig は政府による資金援助に賛成」という大まかな方向性をつかんでおけば，すぐに正解が選べる問題です。

[19] Politicians have already influenced the direction of the arts. 「政治家はすでに芸術の方向性に影響を及ぼしている」

・Y. Bothur
　問題文Ⅰの第4段落で「公的支援が芸術に与えるマイナスの影響」が書かれています。

問題文Ⅰ　第4段落4・5文目（最終文）

Besides, artists are encouraged to produce art that will successfully pass the application process for a grant rather than to create art for art's sake. 〜; for example, in the nineteenth century, the French Academy happily dismissed the new painting style called Impressionism.

「さらに芸術家は，芸術のために芸術作品を創造するのではなく，助成金の申請を通過しそうな芸術作品を制作しなければという気持ちになる。〜たとえば19世紀，アカデミー・フランセーズは，印象派と呼ばれる新しい画風を進んで退けた」

「政府の資金援助によって，芸術家は助成金の申請に通りそうな作品を作るようになる」とあり，政治家が芸術の方向性に影響を与えるとわかります。また，実際に19世紀にはその影響で「印象派と呼ばれる新しい画風が拒否された」と書かれています。よって，Y. Bothur は問題文に対して賛成だと判断できます。

・Sue Portagig

問題文Ⅱの第6段落1・2文目に By contrast, stable government funding enables as many people as possible to enjoy art and culture. A government grant ensures *everyone's* affordable access to art and culture, and thus makes them an integral part of daily life. とあり，「政府の資金援助によって，多くの人が芸術を楽しめる」とわかります。ここだけでは，「芸術の方向性に影響を与えた」かどうかは判断が難しいですが，第1段落でも言及されています。

問題文Ⅱ　第1段落1・4文目

Long-established government organizations fund the arts in many nations, for example, 〜 This support is critical, especially during economic recessions.

「多くの国において，長い歴史を持つ政府機関が芸術への資金援助を行っている。たとえば，〜。この支援は，不景気の間は特に重要だ」

「政府機関は芸術に資金を援助してきた。この支援は特に不況のときに重要

だ」という内容から，「politicians ＝ government funding の法律を作った人たち」は芸術の存続に影響を与えたとわかります。よって，Sue Portagig も問題文に賛成だと判断できます。

以上より，「Y. Bothur と Sue Portagig の2人とも賛成」なので，**Slot 3** が正解です。

[20] Art must make a profit in order to be valuable. 「芸術が価値の高いものとなるためには利益を出さなければならない」

・Y. Bothur

[19] の解説でも見たように，Y. Bothur は公的支援が与えるマイナスの影響として，「芸術家が芸術のためではなく，助成金の申請に通りそうな作品を作る」と挙げています。つまり，Y. Bothur は「利益（profit）」ではなく，「芸術それ自体が目的のもの」を支持していると考えられるので，「芸術は利益を生むべき」に反対だとわかります。

・Sue Portagig

特に「利益を生む」ことに言及していないので，「賛成」と考えることはできません。

ちなみに「利益を生む」ことについて，**問題文Ⅱ**の第7段落1文目に Government funding of the arts and cultural activities brings economic benefits by attracting tourists. 「芸術および文化活動に対する政府の資金援助は，観光客の誘致によって経済的恩恵をもたらしている」とありますが，これは「政府の資金援助が生むメリット」にすぎません。全体を通じて，筆者が「芸術は利益を生まなくてはいけない」と主張しているわけではありませんね。

以上より，「Y. Bothur と Sue Portagig の2人とも反対」なので，**Slot 4** が正解です。

[21]　答　4

解説

1. creative – creativity 〔kriéitiv〕「創造的な」–〔kri:eitívəti〕「創造性」
   📖 creativity：公式 "-ity / ety" は直前にアクセント（157ページ）
2. declaration – declaring 〔dèkləréiʃən〕「宣　言」–〔dikléəriŋ〕「動　詞 declare（宣言する）の -ing 形」
   📖 declaration：公式 "-ion / -ian" は直前にアクセント（157ページ）
3. economic – economy 〔èkənámik〕「経済の」–〔ikánəmi〕「経済」
   📖 economic：公式① "-ic / -ical / -ics" は直前にアクセント（135ページ）
4. exclusive – exclusion 〔iksklú:sive〕「排他的な」–〔iksklú:ʒən〕「除外」
   📖 exclusive：公式 "-sive" は直前にアクセント（157ページ）
   📖 exclusion：公式 "-ion / -ian" は直前にアクセント（157ページ）
5. subsidy - subsidiary 〔sʌ́bsədi〕「補助金」–〔səbsídièri〕「補助的な」

　135，157ページで「直前の母音にアクセントがくる単語」の公式を紹介しましたね。1 ～ 4 にはその公式が使えます。4. exclusive – exclusion は "-sive" と "-ion" に注目して，「直前の母音にアクセント」と考えれば OK です。

[22]　答　4

解説

1. a benefit (n) – to benefit (vb) 〔bénəfit〕「利益」–〔bénəfit〕「利益を得る」
2. a picture (n) – to picture (vb) 〔piktʃər〕「写真」–〔piktʃər〕「心に描く」
3. a promise (n) – to promise (vb) 〔práməs〕「約束」–〔práməs〕「約束する」
4. an abuse (n) – to abuse (vb) 〔əbjú:s〕「乱用」–〔əbjú:z〕「乱用する」
5. an interest (n) – to interest (vb) 〔íntərəst〕「興味」–〔íntərəst〕「興味を持たせる」

名詞 abuse は〔s〕，動詞 abuse は〔z〕と発音します。use に名詞〔juːs〕，動詞〔juːz〕という2種類の発音がありますが，それとまったく同じです。

ちなみに，abuse の意味は「ふつうから離れた・ふつうでない・アブノーマルな（ab=abnormal）使い方をする（use）」➡「乱用（する）・虐待（する）」です。

[23]　答　2

解説

---

1. **berry – bury**　〔béri〕「ベリー」–〔béri〕「埋める」
   ☞ bury：ルール①の「例外その2」で [e]（128ページ）
2. **freight – fright**　〔fréit〕「貨物・積み荷」–〔fráit〕「恐怖」
   ☞ freight：ルール④「母音＋母音」の例外で [ei]
3. **isle – aisle**　〔áil〕「島」–〔áil〕「通路」
   ☞ s は黙字（発音しない）。
4. **sewing – sowing**　〔sóuiŋ〕「裁縫」–〔sóuiŋ〕「動詞 sow（種をまく）の -ing 形」
5. **some – sum**　〔sám〕「いくつかの」–〔sám〕「合計」
6. **thrown – throne**　〔θróun〕「動詞 throw（投げる）の過去分詞形」– 〔θróun〕「王座・王位」

---

freight「貨物・積み荷」の意味は知っていても，自信を持って発音まで答えられる人はそう多くないでしょう。これは "母音＋母音" のルールの例外になります。"ei" の箇所はそのまま「エイ」と読むことになります。

また，fright「恐怖・驚き」は難単語ですが，動詞 frighten「ぞっとさせる」から発音が予想できます。よって，2. freight – fright は発音が異なると判断すれば OK です。

訳 | Ⅱ　次の記事を読み，指示通り問いに答えなさい。

『芸術：国家からの財政支援はなぜ重要なのか』
著：Sue Portagig（2018）

①　多くの国において，長い歴史を持つ政府機関が芸術への資金援助を行って

いる。たとえば，英国芸術評議会や米国の全米芸術基金（NEA）がそうだ。どちらも絵画，彫刻，音楽，踊り，民芸品などのさまざまな芸術だけでなく，図書館，劇場，博物館などの文化機関にも支援を行っている。さらに，こういった政府機関は，人々が芸術や文化イベントを楽しむように働きかける数々のプログラムにも資金援助を行っている。この支援は，不景気の間は特に重要だ。国の財政支援をやめるのではなく，芸術に対する政府の資金援助を保護し，さらには増やす必要さえある。

② まず，芸術と文化は国民の生活を豊かにする。ロンドンのナショナル・ポートレート・ギャラリーの元館長であるサンディー・ネアーンは，「文化と芸術は，個人としての人にとってもコミュニティの一員としての人にとっても必要なものです。博物館や美術館を訪れて楽しむにしろ，合唱団で歌うにしろ，類いまれな音楽家の演奏を聞くにしろ，詩を読むにしろ，ストリートパフォーマンスのワクワク感を共有するにしろ，それは人生を価値あるものにしてくれる一部なのです」と言った。さらに，移住と社会変革の時代において，芸術は，人々を団結させ，国民に共通の体験を与え，彼らの違いに対応する方法を見つけることにおいて重要な役割を果たしている。

③ 芸術と文化は，国民の歴史とアイデンティティが深く根ざしている文化遺産を象徴するものだ。この文化遺産は，国のさまざまな文化機関に保存されている。小説家のミカエル・ローゼンによると，「図書館，博物館，記録保管所の妙は，私たちが自身を他者と結び付けられることです――その多くは，何百年あるいは何千年も遡って。これは，私たちが人類の歴史と人類を形成しているもの，そして自分たちがどこでどのようにそれに関係しているのかを知ることができる方法の1つなのです」ということだ。実際に，博物館は，この文化遺産に関係した産業のまさに中核をなしている。よって，博物館を保存し，支え，振興することは私たちの義務なのである。

④ それにもかかわらず，芸術の中には，独力で存続することができず，継続的な政府の資金援助が続くよう求めている分野もある。ロンドンやニューヨークなどの大都市にある商業的に成功した壮大な劇場とは対照的に，小さな都市や町の地域密着型の劇場は通常，必然的にチケットの売り上げが少ないので，安定性に欠ける。また，博物館や図書館は非営利の文化機関なので，政府の助成金による支援なくして，施設を維持して質の高いサービスを提供することは難しい。さらに，そういった資金援助は，芸術家が芸術そのもののためにリスクを負って新しい試みを行うことを可能にする

ので，芸術の革新のためにも必要である。

⑤ 中には，可能な限り，民間の寄付は政府の助成金に取って代わることができ，そうすべきであると主張する人もいるかもしれない。米国では芸術や文化に対する民間の支援が比較的しっかりしている一方で，他の多くの国では，芸術に対する寄付が当然のこととみなされることはない。きわめて裕福な個人および企業が世界経済を支配している現代では，間違いなくもっと多くのものを彼らに求めることができる。しかし，民間企業による慈善としての寄付はある程度のところまでしかいかないだろう。私たちの芸術を民間企業の政治的あるいは経済的な需要に「過度に」依存させるのは賢明ではないはずだ。不況の時代においては，民間からの資金援助は常に不安定であろう。

⑥ 一方で，安定した政府からの資金援助があれば，可能な限り多くの人が芸術と文化を楽しむことができる。政府の助成金によって，確実に「全員」が手ごろな価格で芸術と文化に触れられるようになり，それによって，それらが日々の生活の欠かせない重要な要素になるのだ。それによって，収入格差があるにもかかわらず，すべての国民が共通点を見出すことができるのである。さらに，美術館ツアーや文化プログラムは，裕福な大人だけでなく，貧しい人々や子どもにも芸術を届けるものである。こういったプログラムを通して，人々は芸術の重要性と将来世代のために文化遺産を保護する必要性について理解することができる。

⑦ 芸術および文化活動に対する政府の資金援助は，観光客の誘致によって経済的恩恵をもたらしている。これが今度は，郊外の再開発を推進し，観光関連のサービスの発展を促進する可能性がある。1980年代，英国の政治家は芸術と文化を，国内の脱工業化した都市の再開発において一端を担いうる，貴重な資源とみなしていた。当時，イギリス人政治家のクリス・スミスは芸術という概念を，「創造産業」の1つとして取り上げた。それに続いて，芸術と文化に国民が触れる機会を拡大し，都市再生の推進と社会的疎外との戦いを支えるために芸術政策が立てられた。この変革は重要である。現在では，英国芸術評議会は，国家は芸術への資金援助における出資1ドルにつき4ドルを超える利益があると推定している。

⑧ 芸術は，生活の質の向上には欠かせないほど重要である。英国芸術評議会はこの主張をはっきりとウェブサイト上に載せており，「すばらしい芸術と文化は私たちを活気づけ，私たちを団結させ，私たちに，自身と身の回りの世界について教えてくれます」とうたっている。どれだけ個人が貢献

しようと，国民に芸術を届けるのは常に政府の義務である。そういうわけ
で，芸術に対する国家からの継続的な財政支援はきわめて重要であり，保
証されなければならないのである。

[10]—[23] の問いに指示通り答えなさい。

10. 次のうち，段落①の空欄 [10] に入れるのに最も適切なものはどれか。マー
　　クシートに記載されている番号 (10) の該当箇所をマークして解答する
　　こと。
11. 次のうち，段落②で論じられていない芸術の種類はどれか。マークシート
　　に記載されている番号 (11) の空欄に記入すること。
12. 次のうち，段落③の空欄 [12] に入れるのに最も適切なものはどれか。マー
　　クシートに記載されている番号 (12) の該当箇所をマークして解答する
　　こと。
13. 次のうち，段落④の空欄 [13] に入れるのに最も適切なものはどれか。マー
　　クシートに記載されている番号 (13) の該当箇所をマークして解答する
　　こと。
14. 次のうち，段落⑤の [14] のところで筆者が単語を斜字体で記した理由の
　　説明として**最もふさわしい**ものはどれか。マークシートに記載されている
　　番号 (14) の該当箇所をマークして解答すること。
15. 次のうち，段落⑥の空欄 [15] に入れるのに最も適切なものはどれか。マー
　　クシートに記載されている番号 (15) の該当箇所をマークして解答する
　　こと。
16. 次のうち，段落⑦の空欄 [16] に入れるのに最も適切なものはどれか。マー
　　クシートに記載されている番号 (16) の該当箇所をマークして解答する
　　こと。
17. 次のうち，段落⑧の空欄 [17] に入れるのに最も適切なものはどれか。マー
　　クシートに記載されている番号 (17) の該当箇所をマークして解答する
　　こと。
18〜20. 下記の文を読みなさい。次に，**両方の**記事に基づいて，対応する番号
(18)(19)(20) の箇所に次の通りマークしなさい。
　　　　マーク番号１：Y. Bothur のみがその記述に賛成しそうな場合
　　　　マーク番号２：Sue Portagig のみがその記述に賛成しそうな場合
　　　　マーク番号３：どちらの著者もその記述に賛成しそうな場合

マーク番号4：どちらの著者もその記述に賛成しなさそうな場合

21. 次のうち，どちらの単語も**アクセントの型**が同じである組み合わせはどれか。マークシートに記載されている番号 (21) の該当箇所をマークして解答すること。

22. 次の組み合わせ（1〜5）のうち，動詞と**異なる発音**の名詞を含むものはどれか。マークシートに記載されている番号 (22) の該当箇所をマークして解答すること。

23. 次の6つの組み合わせのうち，5つは**同じ発音**の単語である。組み合わせのうち，**異なる発音**のものはどれか。マークシートに記載されている番号 (23) のところで該当箇所をマークして解答すること。

語句

- **critical**「重要な」

第1段落
- **long-established**「長い歴史のある」
- **sculpture**「彫刻」
- **economic recession**「不況」
- **withdraw**「回収する・取りやめる」
- **fund**「資金援助をする」
- **an array of 〜**「数々の〜」
- **far from 〜**「〜ではなく」

第2段落
- **to begin with**「まず」
- **choir**「合唱団・聖歌隊」
- **poetry**「詩」
- **worthwhile**「価値ある」
- **migration**「移住」
- **bring 〜 together**「〜を団結させる」
- **accommodate**「対応する・調整する」
- **enrich**「豊かにする」
- **extraordinary**「非凡な・類まれな」
- **share in 〜**「〜を共有する」
- **in an age of 〜**「〜の時代において」
- **role**「役割」

第3段落
- **represent**「表す・象徴する」
- **firmly**「しっかりと」
- **heritage**「遺産・伝統」
- **rooted**「根差した」

- **archive**「公文書［記録］保管所」
- **at the heart of ~**「～の要である」
- **stretch back**「～に遡る」
- **duty**「義務」

第4段落
- **independently**「独力で」
- **stability**「安定性」
- **non-profit**「非営利の」
- **innovation**「革新」
- **constant**「継続的な」
- **limited**「わずかな・限られた」
- **facility**「施設」
- **for the sake of ~**「～のために」

第5段落
- **wherever possible**「可能な限り」
- **relatively**「比較的」
- **take ~ for granted**「～を当然のことと考える」
- **dominate**「支配する」
- **unwise**「賢明ではない」
- **enterprise**「企業」
- **replace**「取って代わる」
- **secure**「しっかりしている」
- **so far**「ある程度まで」
- **overly**「過度に」
- **constantly**「絶えず」

第6段落
- **affordable**「手の届く・手ごろな価格の」
- **integral**「欠かせないほど重要で」
- **well-to-do**「裕福な」

第7段落
- **attract**「引きつける」
- **suburb**「郊外」
- **post-industrial**「脱工業化の」
- **widen**「拡大する」
- **rebirth**「再生」
- **investment**「出資」
- **redevelopment**「再開発」
- **play a part in ~**「～に一役買う」
- **subsequently**「それに続いて」
- **urban**「都市の」
- **exclusion**「疎外」

第8段落
- **declare**「宣言する・うたう」
- **contribute**「貢献する」
- **inspire**「活気づける」
- **ensure**「確保する」

ちょっと休憩❹

パラグラフリーディングの限界

　while / but / however / therefore / in other words などのつなぎ言葉は,「ディスコースマーカー」なんてカッコいい名前がつけられ,これを目印に文章を読む「パラグラフリーディング」という方法が1990年代に一世を風靡しました。

　でも個人的には,こういうのを目印にところどころ英文を虫食いで読んでいくのには反対です。

英文は頭から１つ１つ
読んでいくべきです!!

　ただでさえ難しい慶應の英文を,たとえば「段落の頭だけつないで読む」なんてやったら,かえってわからなくなるはずです。何よりもそういう読み方が10年としないうちにすたれてしまったのは,読み方にムリがあるって証拠でしょう。

　実際,この慶應の問題では while に注目して「もらい〜！」なんて思ってる受験生は間違えるわけです。しかも,慶應に限らず,**他の大学の問題でもわざとらしいくらい,いわゆるディスコースマーカーを連発しておきながら,実際解くときには役に立たないってことが頻繁にある**んです。

　けっして「無視しろ・忘れろ」という意味ではありません。それを見た瞬間にとりつかれたように単純に答えを出そうとするのではなく,きちんとチェックしながらも,前後の文までキッチリ確認する習慣をつけるようにしてください。それこそが,慶應に受かる近道なんです！

文
経済
法
商
医
理工
総合政策
環境情報
看護医療
薬

LESSON 10 医・看護医療・経済学部の自由英作文対策
〜慶應レベルではどう書くか？〜

他の大学と変わらない問題を出すのが
医学部・看護医療学部,
他の大学では見たことのないような問題を出すのが
経済学部です。
慶應だけの自由英作文について触れる機会は
滅多にないと思います。
ここでたくさんのことを吸収してください！

⊙ この LESSON の自由英作文のポイント

❶ 一般的な自由英作文対策,「医療・人間関係」など幅広く出題

❷ 医学部と看護医療学部は同じ対策,お互いの過去問が役立つ

❸ 経済学部は「長文を読みながらチェック」と「引用」がポイント

STEP 1 慶應ネラい撃ちポイント

◢ 出題テーマの分析 （医学部・看護医療学部）

（1） 医学部の傾向

「人前でのマナーについて」といったふつうのテーマに加えて,「ロボットは医者の代わりができるか？」（2020年）という医学部らしい問題も出ます。

ちなみにこの年の問題は，長文で「自動運転の英文」が出ていました。出題者は「その英文をヒントにして書いてもいいよ」という意図があったのだと思います（経済学部・薬学部など，大問をまたいで考えさせるのが慶應の入試問題のすばらしいところです）。

(2) 看護医療学部の傾向

ガッツリ医療系というより，もっと大きくとらえた「人間関係」の出題が多いです。ここ数年は「友達には正直であるべきだ」「家族は少ないほうがいいか？」「老人は若者から何を学べるか？」などです。この視点で見ると，奇をてらったように見えるテーマ「キラキラネームについて」（2016年出題）も，「親子関係」というくくりになるわけで，決して極端な出題ではないのです。ある程度は対策・準備をしていけるわけです。

② 医学部と看護医療学部は同じ対策

医学部・看護医療学部の自由英作文は似ています。もちろん医学部に関しては競争が熾烈なので，ハイレベルな答案が必要ということにはなりますが，出題・問題・テーマ自体は似ているので，それぞれの過去問をやっておくといいでしょう。

また，過去の出題にそっくりなものが出ることもあります。特に医学部では数年間の間に同じようなテーマの問題が出ています。

たとえば「携帯電話の利用について」（2004年）を出した翌年に「メールでの友人関係」（2005年）を出題，さらに「メールと手紙」（2009年）が出題されました。同じ学部でこれだけ似た出題があるわけです。

テーマに関しては，時に医療・福祉などのテーマも散見されます。もちろんその方面のことに意識を持って，使える英語表現を増やしておくのは当然ですが，別の方向から攻めることもできます。

たとえば，「あなたの世代から老人は何を学べるのか」（2018年）という看護医療学部の出題に対しては，「SNS の利用」「カフェについて」などを書いてもいいわけです。普段の自由英作文対策で用意しておいた解答を「本番で流用する」ことができます。その流用は，たとえば「悪いマナー」（2019年）という医学部の出題であっても，「電車の中での通話」「SNS での誹謗中傷」に使えるわけです。

経 済

医

看護医療

③ 経済学部の自由英作文

⑴ 心構え

　長文問題を読んだ後に，それについての自由英作文を書かせる形式なので，テーマは長文対策で触れた通りです（LESSON9）。

　まず一番大事なこととして，「完璧な答案など求められていない」と思ってください。どこかの国の一流の学者が書いた論文を2つ読んだ後で，それを超える意見など書けるはずがないので，受験生として「設問の要求に応え，明快な構成で，正しい英文を書くだけ」です。誤解を恐れずに言えば，自分の意見と反対の内容を引用して「揚げ足」をとり，自分と同じ意見を補強（別の理由を出す，具体例を加える）程度でも（英文にミスがなければ）合格者の平均点に届くのではないかと思います。

⑵ 引用について

　実際の問題には「注意点」がいくつか書かれていますが，その1つに「箇条書きは不可」とあります。これは裏を返せば，「簡単なつなぎ語（First of all ／ Next など）を使いなさい」ということでもあります。

　また，多くの受験者が気にする，長文を引用することについて触れておきます。

❶引用 ➡ 反論に関して
「自分の意見と異なる見解に言及し，それに反論すること」という注意点ですが，英文を読みながら「それに関しては自分は反対だ」という部分に大きな印をつけておくといいでしょう。簡単に言えば，そこを引用して，反論すれば，英作文の中心部は組み立てられるわけです。

❷引用は自分のサポートにも使おう
　長文には賛否両方の意見を載せているので，「（問題文で指定された）反論」だけに使うのはもったいないです。自分の意見を補強するのにも引用を利用しましょう。

❸引用は語数を食う
　具体的な引用の仕方は問題文の「注意点」に書いてありますし，解答例で

も触れますが，意識してほしいことは，丁寧に引用すると意外に語数を必要とするということです（STEP 3 の解答例(2)では40語以上かかっています）。ある程度長めの英文（150〜200語）を書く覚悟を持っておきましょう。

STEP 2 基本例題

⏱15分

How careful are you about what you eat for breakfast? Write 80 words or so in English to describe your habits regarding what many consider to be the most important meal of the day, making sure you give appropriate reasons and explanations. （慶應・医）

解答例・解説

⟩ 問題文を分析する

How careful are you about what you eat for breakfast?

☞ 何はあっても，この問いに答えないといけません。まずはこれに対する解答から書き始めましょう。

Write 80 words or so in English to describe your habits regarding what many consider to be the most important meal of the day, making sure you give appropriate reasons and explanations.

☞ 80 words or so（X or so は「X かそこら・約 X」）なので，前後 1 割（72-88 words 程度）を目安に考えれば OK です。また，making sure とあるので「確実に」しないと大減点の内容がくるはずです。ここで大事なのは reasons and explanations なので，理由は「複数」です（理由を 2 つ以上書けば，当然その説明も複数になりますね）。

あなたは朝食で食べるものにどれくらい気をつけていますか？　多くの人が1日の中で最も重要だと考えている食事について，あなたの習慣を80語程度の英語で説明しなさい。その際，必ず適切な理由と説明を述べること。

⊘ 構成を考える

(1) まずは意見提示（気をつけているのか，そうではないかを端的に示す）
(2) 普段は何を食べているのかを説明（続く理由の背景として必要な情報）
(3) 理由①＋補足説明・具体例など
(4) 理由②＋補足説明・具体例など

解答例(1)　気をつけている場合

　I believe eating a healthy breakfast is important, so I am careful about what I eat for breakfast. I usually have cereal with milk and fresh fruit. Both the cereal and fruit have fiber, which keeps our stomach and intestines healthy. During the day I usually eat rice or bread which do not have much fiber, so breakfast is a good opportunity to get it. In addition, cereal is quick to prepare. That is important, since I am busy with many things in the morning. (85 words)

解答例の解説

　I believe eating a healthy breakfast is important, so I am careful about what I eat for breakfast. I usually have cereal with milk and fresh fruit.

訳　私は健康的な朝食をとることが大事だと考えているため，朝食で食べるものに気をつけている。私は普段，牛乳と新鮮な果物を入れたシリアルを食べている。

　まずは「気をつけている」という方向性をハッキリさせ，2つ目の文でシリアルを食べていることを伝えます。次のなぜシリアルなのかに対する理由を書いていけばOKです。ちなみに最初に解答するときは，できるだけ設問

の英文を流用すると，ハッキリしますし，何よりもミスがなくなります。ここでは設問文 How careful are you about what you eat for breakfast? に対して，I am careful about what I eat for breakfast. と書いていますね。

Both the cereal and fruit have fiber, which keeps our stomach and intestines healthy. During the day I usually eat rice or bread which do not have much fiber, so breakfast is a good opportunity to get[consume] it.

訳 | シリアルと果物のどちらにも食物繊維が含まれており，私たちの胃と腸を健康に保ってくれる。昼にはたいてい，あまり食物繊維を含まないご飯やパンを食べるため，朝食は食物繊維をとる良い機会になる。

理由の1つ目は healthy だということです。その具体的な補足として「fiber が体に良い」と書いています。また，fiber, which ～は，関係代名詞 which の「非制限用法」です。もしコンマがないと「～以下の fiber とそうではない fiber がある」ことになってしまいます。ここでは「fiber というものは～」と「食物繊維の補足説明」をしているわけです。さらに rice と bread を引き合いに出して，より説得力を増しています。

In addition, cereal is quick to prepare. That is important, since I am busy with many things in the morning.

訳 | それに加えて，シリアルはすぐに準備できる。朝はたくさんのことに追われているので，これは重要だ。

2つ目の理由を明示するために In addition を使っています。Finally でも OK ですが，理由は2つだけなので In addition で十分（こっちのほうが自然）です。理由自体は「シリアルの食事には時間がかからない」ことを述べて，さらに補足で「朝は忙しい」と加えています。

解答例(2) 気をつけていない場合

To be honest, I am not very careful about what I eat for breakfast. Sometimes I have just a bowl of rice or a slice of bread, and sometimes I don't eat breakfast at all. The main reason is that I do not have a lot of time in the morning.

Also, often I am not hungry in the morning. I usually have a big lunch, so I do not think it is a problem to skip breakfast. (78 words)

To be honest, I am not very careful about what I eat for breakfast. Sometimes I have just a bowl of rice or a slice of bread, and sometimes I don't eat breakfast at all.

訳 | 正直なところ，私は朝食で食べるものにあまり気を使っていない。ご飯1杯やパン1切れだけですませる時もあれば，まったく朝食をとらないこともある。

まず「気をつけてはいない」とハッキリさせています。設問文を利用して not を加えただけですね。出だしはちょっとバリエーションを知ってもらうために，To be honest「正直なところ」を使っています。2つ目の文でご飯・パンを食べることを伝えて，次の理由につなげています。

The main reason is that I do not have a lot of time in the morning.

訳 | その主な理由は，朝は時間に余裕がないからだ。

The main reason is that ～「メインの理由は～ということだ」は，that を使うことに注意してください（is の補語になる「名詞節」なので that が正しいです。砕けた英語では because が使われますが，試験では絶対に避けてください）。

Also, often I am not hungry in the morning. I usually have a big lunch, so I do not think it is a problem to skip breakfast.

訳 | また，朝はお腹が空いていないこともよくある。普段は昼ご飯をたくさん食べるので，朝食を抜くことは問題ないと考えている。

Also を使って，2つ目の理由だということを明示しています。この Also は意外と受験生は使えないので知っておいて損はないですよ。また，1つ目の理由があっさりしていたので，こちらは補足の文を入れたいところです。

頻度を示す副詞（often・usually・always など）は，not と同じ位置（be 動詞・助動詞の後，一般動詞の前）に置くのが原則です。ただ，今回の文では often I am not hungry と not があるので，この場合，文頭に置けるものも多く，この often + SV（否定文）は意外とミスするので注意を。最後の文（I usually have）では原則通り not の位置（一般動詞の前）にありますね。

　動詞 skip は「（スキップをして飛び越えるかのように）飛ばす・抜かす」という意味でぜひ使いこなしたい単語の1つです。

　以上，慶應医学部の問題となると，どうしても構えてしまいますが，別に高尚なことを書く必要はなく，「この程度の内容でいいんだよ」という例を示せたと思います。

　もちろん，「設問の要求に応える・きちんとした構成にする・正しい英語で書く」を守ってください。そうすればこれくらい軽い英語で余裕で合格するはずです。

STEP 3 実戦問題　⏱ 20分

　LESSON9 の問題文（STEP 2 と STEP 3）をもとにして，以下の問いに対する自分の意見を英語で書きなさい。注意点をよく読んでから書くこと。

Should the Japanese government reduce funding for the Arts? Why, or why not?

注意点：
(1) 箇条書きは不可
(2) 自分の意見と異なる見解に言及し，それに反論すること
(3) 問題文で言及されている見解やことがらを最低1つ引用して，自分の意見をまとめること。引用する際には，下の例を参考にすること

引用例：

- In her 2010 article "Against Zoos", Faerrer claims, "Nature is not ours to control." She argues that .... However, I strongly disagree with that statement, because ....

- I agree only to a certain extent with Eve N. Suzuki who argues, "Schools do not protect the rights of students enough" in the essay by Foane (2010). Her claim that X is Y may be true, but ....

- According to O'Werke (2012, paragraph 7), one option is indirect taxation. Although this argument....

（慶應・経済）

【筆者注】問題文には語数については触れていませんので，本番での解答用紙を7割は埋めたいところです。今回の目安としては，150～200語程度を目安にしてください（ちなみに多い分にはまったく問題ありませんので，300語書いたからといってマイナスになることはないはずです）。

解答例・解説

▷ 問題文を分析する

設問文が Yes-No 式の疑問文（Should the Japanese government reduce funding for the Arts?）なので，まずはどちらの立場なのかをハッキリさせるようにしましょう。下手にエピソードから入ったりすると，本番では焦って支離滅裂な英文になる可能性もありますので。さらに，Why, or why not? とあるので（もちろんこんなこと書いてなくても）理由を必ず書かないといけません。

今回の問題で一番のポイントは the Japanese government の部分です。つまり，「日本の場合はどうなのか？」に注目すれば意見の展開がしやすくなるはずですし，ここを外して，「それって外国のことだよね？」とツッコミが入

るような内容であれば，大幅に減点されてしまうはずです。今回，それを意識していなかった人は，本番への大きな教訓となるでしょう。

　ちなみに解答例は 2 つありますが，どちらも「意見提示 ➡ 引用して反論 ➡ 日本のケースにどう合うか」という展開です。

問題文の和訳

　日本政府は芸術に対する資金提供を減らすべきか？　その理由も述べよ。

解答例(1)　Yes の場合

　　The Japanese government should reduce funding for the Arts.

　　First of all, Japan's private sector can easily support the Arts without relying on government funds. In her 2018 article, "The Arts: Why State Funding is Critical," Sue Portagig claims, "Whereas in the US, private support for art and culture is relatively secure, donations to the arts cannot be taken for granted in many other countries." However, Japanese corporations have a long tradition of donating to cultural institutions. For example, many of Japan's largest companies have strong ties to traditional *noh* and *kabuki* theater, and they prioritize supporting them.

　　Next, funding individual artists such as painters too much can negatively impact their work. That means more high quality art will be produced if artists do not receive government funding. Y. Bothur, in her 2018 article, "Government Support: A Tragedy for the Arts?" states, "Artists flourish best when they are challenged." Indeed, though incredibly poor, impressionist painters Vincent Van Gogh and Claude Monet produced masterpieces. The same is true of Japanese anime artists. They are paid very little, and yet Japanese anime are loved around the world. Therefore, for the sake of art, it is preferable to limit government funding for it.　　　　　　　　　　　(200 words)

解答例の解説

The Japanese government should reduce funding for the Arts.

訳 日本政府は芸術に対する資金提供を減らすべきだ。

　まずはハッキリと意見提示をしましょう。設問文 Should the Japanese government reduce funding for the Arts? に対して，そのまま The Japanese government should reduce funding for the Arts. と書けば OK です。設問文では，Why, or why not? とあるので，この後には「理由」を書いていきます。

　　　設問文では Arts が大文字ですが，引用文献では小文字なので，引用文だけは小文字のまま使っています（これは出題側が指示すべきことですが，こういう曖昧な部分はどっちでも大丈夫なはずです）

　First of all, Japan's private sector can easily support the Arts without relying on government funds. In her 2018 article, "The Arts: Why State Funding is Critical," Sue Portagig claims, "Whereas in the US, private support for art and culture is relatively secure, donations to the arts cannot be taken for granted in many other countries." However, Japanese corporations have a long tradition of donating to cultural institutions. For example, many of Japan's largest companies have strong ties to traditional *noh* and *kabuki* theater, and they prioritize supporting them.

訳 　まず，日本の民間企業は政府からの資金に頼ることなく，簡単に芸術を支援することができる。2018年の記事『芸術：国家からの財政支援はなぜ重要なのか』の中で，Sue Portagig は「米国では芸術や文化に対する民間の支援が比較的しっかりしている一方で，他の多くの国では，芸術に対する寄付が当然のこととみなされることはない」と主張している。しかし，日本企業にとって文化施設に寄付することは長く続いている伝統である。たとえば，日本の大企業の多くは伝統的な能や歌舞伎の劇場と強いつながりがあり，それらを支援することを優先している。

　この段落には 4 つの文がありますが，1 文目「1 つ目の理由」➡ 2 文目「自分の意見と異なる見解を引用」➡ 3 文目「それに対する反論（1 文目の内容を詳しく）」➡ 4 文目「その具体例」という構成です。

1つ目の理由としては「日本の会社はサポートしてるじゃん」というものです。これは長文の内容「アメリカはいいけど，他国では寄付はふつうじゃないよね」への反論材料としています（長文でのツッコミどころを見つけて，そこへ反論したわけです）。

Next, funding individual artists such as painters too much can negatively impact their work. That means more high quality art will be produced if artists do not receive government funding.

> **訳** 次に，画家などの個人の芸術家への資金提供が多すぎると，彼らの作品に悪影響を与える可能性がある。つまり，芸術家が政府からの資金提供を受けないほうが，より質の高い芸術が生み出されるということだ。

Next から2つ目の理由「芸術ってサポートいらないんだよ」に入ります。ちなみにこの文で使われている **negatively impact**「〜にマイナスの影響を与える」は，自由英作文では非常に便利な表現なのでぜひ覚えておいてください。次の文では，**That means 〜**「それはつまり〜ということだ」で言い換えを使って文の内容を補強しています。

Y. Bothur, in her 2018 article, "Government Support: A Tragedy for the Arts?" states, "Artists flourish best when they are challenged." Indeed, though incredibly poor, impressionist painters Vincent Van Gogh and Claude Monet produced masterpieces.

> **訳** 2018年の記事『政府の財政支援：芸術にとっては悲劇か？』で，Y. Bothur は「芸術家が最も頭角を現すのは，困難にぶつかっている時である」と主張している。実際，極貧でありながらも，印象派の画家であるヴィンセント・ファン・ゴッホやクロード・モネは名作を生み出した。

ここでの引用は「自分の意見をサポートするもの」です。経済学部の長文は賛否両方の意見を載せているので，「（問題文で指定された）反論」だけに使うのはもったいないわけです。このように自分の意見を補強するのもとても良い方法です。
　ここで他の受験生とさらに差がつく答案にするには，引用だけでなく，自分の意見もサポートに使うことです。無理してまったく違う方面から考え出すのではなく，「引用した英文を補強する」だけで **OK** です。この解答例で

経済

医

看護医療

はゴッホなどの「具体例」を出しています。

 Y. Bothur の性別がわからないのですが，ここでは女性と考え her にしてあります（これも採点には関係ないはずです。こういうことがあると知っておくことは受験生には有益でしょうが，この本を読んでいない受験生は焦ったかもしれませんよね）。

The same is true of Japanese anime artists. They are paid very little, and yet Japanese anime are loved around the world. Therefore, for the sake of art, it is preferable to limit government funding for it.

訳 　同じことが日本のアニメに携わる人にも当てはまる。給料はとても少ないにもかかわらず，日本のアニメは世界中で愛されている。そのため，芸術のためには，芸術への政府による資金提供を制限することが好ましい。

「日本の場合」に触れないと大幅減点になるので，ここで日本の話に持ってきています。「貧しくても（貧しいほうが）良い作品が生まれる」ことの具体例で，日本のアニメが低予算（もしくは予算以上のコスト・人件費など）にもかかわらず世界中で評価されていることを挙げています。

　この発想はぜひ参考にしてください。つまり「芸術」と一見とっつきにくいテーマであっても，身近なものを取りあげることができるのです。単純に「書きやすい」というのが利点ですが，こういうダイナミックな展開のほうが説得力も増します（アニメファンは多いと思いますので）。

　ちなみに，語数が膨らんだので「まとめ」は書いていません。まとめがあるほうが答案が引き締まりますが，本番ではその時間もないかもしれません。まとめを書くより，1つでも多くの補強・例を出したほうがいいでしょう。書くことがない場合，語数稼ぎ的に書くのもアリです。

解答例(2) No の場合

The Japanese government should not reduce funding for the Arts. Government funding is necessary to ensure all people throughout Japan have access to art and other cultural institutions.

Some people argue that private funding is sufficient to support the arts. Bothur (2018, paragraph 2) gives several examples of institutions in New York City that have successfully secured private funding, including the Metropolitan Opera of New York and the New York Public Library. While famous institutions like these in large cities can often secure enough private funding, institutions in smaller markets usually cannot. Portagig (2018, paragraph 4) states "local theaters in smaller cities and towns usually lack stability because ticket sales are necessarily limited. Also, since museums and libraries are non-profit cultural organizations, it is difficult for them to maintain their facilities and offer a high quality of services without support from government grants."

Japan has no artistic institutions as large or famous as the ones mentioned by Bothur. The largest institutions in Tokyo and Osaka might be able to secure private funding, but institutions in other areas most certainly cannot. This means that government funding is necessary to support institutions in other areas, and therefore must not be reduced.　　　　　　　　　　　(199 words)

経
済

医

看
護
医
療

解答例の解説

The Japanese government should not reduce funding for the Arts. Government funding is necessary to ensure all people throughout Japan have access to art and other cultural institutions.

訳 日本政府は芸術に対する資金提供を減らすべきではない。日本中にいる全員が確実に芸術に触れたり他の文化施設を利用できるようにするためには，政府による資金提供が必要だ。

まずは意見提示をハッキリすること，その際に設問文を利用することは解答例(1)と同じです。ここではさらに主張の補強を1文入れています。この後にその理由を書いていきます。

Some people argue that private funding is sufficient to support the arts. Bothur (2018, paragraph 2) gives several examples of institutions in New York City that have successfully secured private funding, including the Metropolitan Opera of New York and the New York Public Library.

訳 芸術を支援するには，民間の資金提供で十分だと主張する人もいる。Bothur（2018年，第2段落）は民間資金の確保に成功したニューヨークにある施設の例をいくつか挙げている。たとえば，ニューヨークのメトロポリタン・オペラやニューヨーク公共図書館だ。

まず Some people argue that 〜 で一般論的に世間の意見を出しています。その後にその一般論の実例を長文から引用しています。本文をそのまま引用できれば楽ですが，要点が1箇所にまとまっていない場合，今回のように引用内容をまとめる必要があります。その際，"筆者（年号, paragraph 番号）gives several examples of 〜 の形が便利です。さらに institutions を関係代名詞 that で説明したり，including 〜「〜を含めて・たとえば〜がある」を使っていることをぜひ参考にしてください。

While famous institutions like these in large cities can often secure enough private funding, institutions in smaller markets usually cannot.

訳 こういった大都市に存在する有名な施設が十分な民間資金を得られることがよくあるのに対し，小規模な市場にある施設ではそうはいかないのが一般的だ。

この前にある引用部分への反論をしていくわけですが，ちょっと引用が長かったので，この英文の前半でまた引用に触れています。while を使うことで対比構造がハッキリしているので，この文の主節部分（institutions 以下）から反論（主張）だということをハッキリとさせています（実に美しい構造です）。「小さいところではムリだ」というのが理由です。

Portagig (2018, paragraph 4) states "local theaters in smaller cities and towns usually lack stability because ticket sales are necessarily limited. Also, since museums and libraries are non-profit cultural organizations, it is difficult for them to maintain their facilities and offer a high quality of services without support from government grants."

> **訳** Portagig（2018年，第4段落）は，「小さな都市や町の地域密着型の劇場は通常，必然的にチケットの売り上げが少ないので，安定性に欠ける。また，博物館や図書館は非営利の文化機関なので，政府の助成金による支援なくして，施設を維持して質の高いサービスを提供することは難しい」と主張している。

ここでの引用は，自分の意見の補強です。解答例(1)でも使いましたが，「自分の主張をサポートするための引用」もぜひ取り入れてください。ちなみに，Also を使った追加表現がここでも使われていますが，これは STEP 2 でも解説した使い方ですね。

Japan has no artistic institutions as large or famous as the ones mentioned by Bothur. The largest institutions in Tokyo and Osaka might be able to secure private funding, but institutions in other areas most certainly cannot. This means that government funding is necessary to support institutions in other areas, and therefore must not be reduced.

> **訳** 日本には，Bothur が述べた施設と同じくらい大規模で有名な芸術施設は存在しない。東京や大阪の最も大きな施設であれば民間資金を確保できるかもしれないが，他の地域にある施設は間違いなく無理だろう。つまり，他の地域にある施設を支援するためには政府による資金提供が必要であり，それを減らしてはならないのである。

当然，日本について触れないといけないわけですが，ここで「日本も同じだよ」と展開しています。本番中に事実チェックをすることができないので，「もしかしたらあるかもしれないけど」という含みで might を使っています（2文目：The largest institutions in Tokyo and Osaka might be ～）。このテクニックは経済学部のような難しいテーマでは便利ですよ。

LESSON 11 文学部対策
～"The 文学部" の問題をどう攻略するか？～

「長文1題で120分」「辞書持ち込み可」
独自の路線を歩む孤高の存在・慶應文学部を徹底的に
分析しました!!

⊗ この LESSON のポイント

❶　1回目は読むだけ（辞書引かない・問題解かない）!!

❷　和訳で差がつく!　大胆に意訳を!!

STEP 1 文学部ネラい撃ちポイント

　文学部の対策は非常に誤解が多く，それについては10～11ページで説明い
たしました。今回は「本番での手順」と「注意点」についてお話しいたします。

⊗ 本番での手順

■ 本文を4回は読む!!　最初の1時間は答案を書かない!!

(1)　1回目の読み（20分）
　慶應の入試の中では一番時間に余裕がありますので，最初の1回はとにか
く「何が書いてあるかだいたいわかればOK」くらいに読んでください。た

とえわからなくても焦らないこと。文学部レベルの長文だと和訳を読んだって1回じゃわからないかもしれません。それだけ骨のある文章です。じっくりいきましょう！

この時点で設問を読んでかまいませんが，**ボクだったら読みません**。なぜかというと，設問を見ちゃうとつい「解こうとしちゃう」からです。本文の内容に集中できなくなるので，ボクは2回目の前に読みます。皆さんは過去問をやりながらどっちが自分に合うか試してみてください。

(2)　2回目・3回目の読み（2回読んで35分）

ここが勝負です。ここでじ〜っくり読んで，解答の目星をつけます。まだ解答用紙は白紙のままです。

(3)　4回目の読み（答案を書きながら45分）

本文の必要なところだけを読みながら，同時に答案を書いていきます。

(4)　最終チェック（20分）

英作で使えるネタ探し・該当箇所の読み直し・答案の誤字脱字チェックなど，解答用紙のチェックを重点的に。

② 辞書を引きすぎない（ボクの体験談）

「辞書を引く時間がない」と言う人もいますが，実は英文の量は少ない（10ページ参照）のですから，それはありえない話です。この量で「辞書を引けない」という場合は，基礎がガタガタなはずです。単語帳で語彙の確認，英文解釈の参考書で構文を把握する練習をすると効果的です。

注意点は「**いつもと同じ分だけ辞書を引く。引きすぎない**」ってことです。

実はこれ，ボクが受験生のときにやってしまった失敗です。

過去問をやるときは，メンドくさがりのボクはほとんど辞書を引かず50分くらいで終えていました。これで余裕かましちゃったんです。本番では慎重になりますから単純に読むスピードが遅くなります。それに加えて「念のため」とか思って，片っ端から辞書引きまくっちゃったんです。普段余裕で終わるのを知ってただけに……。結局本番では，まさかまさかの終了チャイム

LESSON11　文学部対策　255

と同時に終えるという超冷や汗モンの試験でした。

　教訓としては……「とにかく普段の練習と同じペース・同じ頻度で辞書を引く」ということです。

STEP 2　基本例題　⏱ 6分

下線部を日本語に訳しなさい。

Hidden behind such statistics is the fact that 'literacy' usually means ability to read and write solely in the dominant national or regional language (e.g., Hindi or English). Many small languages will vanish without ever having literate speakers; small languages are seldom included in national literacy campaigns.

（慶應・文　改）

解答・解説

答　そのような統計データの裏に隠されているのは，「識字能力」とは通常，その国や地域で支配的な言語（例：ヒンディー語や英語）だけを読み書きできる力を指す，という事実なのである。

解説

⊘ 慶應文学部・下線部和訳の３パターン

❶「構文型」　　🖙 構文をきちんと。

❷「意訳型」　　🖙 日本語として不自然なところ・直訳を直す。

❸ そ の 他　　🖙 文法・熟語などがポイントになる。

慶應文学部の和訳で，明らかに構文が複雑なときは「構文型」の問題で，「私，きちんと構文とれてますよ」ってアピールする日本語にしなきゃいけません。これはどこの大学でも同じです。ちなみに今回の問題は「倒置」が起きているので「構文型」の問題と考えます。

次に，明らかに構文が単純な場合です。このときは「意訳型」で，必ず1，2題は「意訳型」が出ます。意訳する箇所は「日本語として不自然なところ」です。ただ辞書の訳をそのまま置いたような和訳はザックリ切られます。中学生が皆さんの和訳を読んだときに「内容がわかった」と言われるような和訳を目指してください。

言い換えれば「辞書があるんだから，まわりの受験生もこの訳ぐらい作れるよな」という和訳では点数はもらえません（次の **STEP3** で練習します）。

では問題に戻りましょう。

Hidden behind such statistics is the fact that 〜 .

この文は Hidden という p.p. で始まっていますね。
p.p. で文が始まるときは2つのパターンがあります。

◈ p.p.（過去分詞）で文が始まっていたら……

❶ 分詞構文 ➡ **p.p. 〜 , S V.** 🔲 p.p. の前に Being が省略されている。

❷ SVCの倒置 ➡ **p.p. is S.** 🔲 受動態 "S is p.p." の倒置。

今回の英文はどっちのパターンでしょうか？

Hidden (behind such statistics) is the fact that 〜 .
p.p. M (**behind** は前置詞) V S

倒置です！　でも「倒置」ってあまり詳しく解説されませんよね。いきなり「これは倒置の構文。気づくかがポイント」とか言われちゃいます。ですから少し倒置についてお話しいたします。

倒置には**2種類**あって，普段はどっちも「倒置」って言っちゃってるのが混乱のモトなんです。

⊘ 2種類の倒置

- ❶ **強制倒置** ☞ 文頭に否定語がきたら倒置（疑問文の語順に）する。
- ❷ **任意倒置** ☞ 文型によって決まる。

❶強制倒置については LESSON3 でやりました。
今回は❷任意倒置を説明いたします。
そもそも受動態は第2文型（SVC）です。SVCの特徴はなんでしょうか？
S = Cですね。**S = Cならば左辺と右辺を入れ替えても OK** ですよね。

⊘ 倒置のパターン

- 第1文型　SVM　➡　MVS　☞ **例** Here comes the bus!
- 第2文型　SVC　➡　CVS　☞ 左辺と右辺を入れ替えるだけ。
- 第3文型　SVO　➡　OSV　☞ Oが前へ出るだけ。
- 第4文型　SVOO　➡　OSVO　☞ Oが前へ出るだけ。
- 第5文型　SVOC　➡　SVCO　☞ O = Cなので，入れ替えて SV<u>CO</u> になる。

　よく予備校で「第2文型の倒置はCVS，第3文型ではOSV……」って呪文のように丸暗記してる受験生を見かけますが，**SVCは左右を入れ替える，SVOはOが前へ出るだけ**って理解すればカンタンです。

　　▶ SVOで左右入れ替えたら意味変わっちゃいます。Tom killed Cathy. と Cathy killed Tom. は意味がまるで違いますよね

　受験生が気になるのは「どう和訳すればいいの？」だと思います。

⊘ 倒置の和訳の方法

- ❶ もとの文型に戻して，ふつうに和訳する

❷ できれば英文と同じ語順で和訳する（助詞「は」「を」などをいかす）

❶，❷どっちでも OK ですが，慶應合格を目指すなら❷も頭に入れておきましょう。慶應文学部の過去問で練習してみましょう。

例題

This simple lesson the moon landing should have taught us.

（慶應・文）

ＳＶＯＯの倒置です。もともとは以下の文だったわけです。

〈The moon landing〉 should have taught 〈us〉〈this simple lesson〉.
  S   V   O   O

で，this simple lesson が文頭に出ただけです。和訳は３つのレベルに分けました。**レベル2**で合格です（理想は**レベル3**）。

和訳例

- **レベル1　直訳**（倒置をもとの文に戻して，直訳）
  「月面着陸は，この単純な教訓を我々に教えるべきだったのに」
- **レベル2　意訳**（無生物主語 the moon landing を副詞的に訳す）
  「月面着陸によって，我々はこの単純な教訓を学ぶべきだったのに」
- **レベル3　意訳**（倒置を意識して，英文と同じ順序で訳す）
  「この単純な教訓を，月面着陸によって，我々は学ぶべきだったのに」

これで「倒置」がだいぶスッキリ整理されたのではないでしょうか。

では最初の問題に戻りましょう。もう１度読んでください。

　　Hidden behind such statistics is the fact that 'literacy' usually means ability to read and write solely in the dominant national or regional language (e.g., Hindi or English).

倒置になる前（もともとの形）は以下の英文だったわけです。

⟨The fact that ～⟩ is hidden behind such statistics.
      S   V   C

和訳例

- **レベル1　直訳**（倒置をもとの文に戻して，直訳）
「～という事実が，そういった統計の後ろに隠されている」
- **レベル2　意訳**（倒置を意識して，英文と同じ順序で訳す）
「そういった統計の後ろに隠されているのは，～という事実だ」

今回はどちらでも合格ですが，理想は**レベル2**です。こういうふうに前から訳せるようになると，普段英文を読むスピードも上がります（前から訳し下せるので）。that 以下は難しくないので，そのまま訳せば OK です。

　実は今回の英文は，次の **STEP3** の英文の一部なんです。実際には下線が引いてなかったところなんですが，入試でよく狙われる構文なので，練習のためにやってもらいました。任意倒置は慶應の医学部でも実際に下線が引かれましたし，国立の下線部和訳でも頻出です。
　では **STEP3** で，慶應文学部の完全バージョンをやってみましょう！

STEP 3　実戦問題　🕐120分

　次の英文は，K. David Harrison の著書 *When Languages Die* (2007) からの抜粋に基づいている。これを読んで，以下の設問に答えなさい（＊印のついた語句には脚注がある）。

📖 英語辞書を2冊まで使用可。

(I)　下線部(1)を日本語に訳しなさい。

(II)　下線部(2)を日本語に訳しなさい。

(III)　下線部(3)を日本語に訳しなさい。

Ⅳ 下線部(a)とほぼ同じ意味になるように，（　ア　），（　イ　），（　ウ　）にそれぞれ1語ずつ入れて，次の文を完成させなさい。

　　Information must also be structured so that（　ア　）is（　イ　）to（　ウ　）.

Ⅴ 下線部(b)の言い換えとして最もふさわしい語を以下のうちから選び，その数字を答えなさい。
① order　　② enjoy　　③ control　　④ request

Ⅵ 本文の内容に即して，（　ア　），（　イ　），（　ウ　），（　エ　），（　オ　）に最も適当と思われる語を以下の語群より選び，次の文を完成させなさい。ただし語群中には不要な語が含まれている。

　　While having literacy is certainly a good thing, it is also worth exploring the natural,（　ア　）state of human society while we may still（　イ　）it. Thus, describing a case of a（　ウ　）language that has only recently acquired（　エ　）, and examining the impact this had on its（　オ　）can be helpful for understanding the situation.

　　society,　　　　observe,　　small,　　　lose,
　　non-literate,　large,　　　literacy

Ⅶ 下線部(c)の内容を本文に即して25字以内の日本語で説明しなさい。

Ⅷ 次の日本語を英語に訳しなさい。

　　森林の動植物の多様性をひとたび理解するようになれば，森林を破壊したら何を失うことになるのかに人は気づくだろう。

(Ⅸ) 消滅しつつある小規模な言語とその文化を記録にとどめること
に，どのような利点と問題点があると著者は述べているか。100
字以上，120字以内の日本語で説明しなさい。ただし書き出しは
「利点は」としなさい。

We might profit from taking a few moments to think about
what it means to be a purely oral, non-literate culture. No grocery
lists, no letters or e-mails, no memos, no text messages on cell
phones, no books, no report cards, no instructions on how to
assemble artificial Christmas trees, no owner's manuals, no
dictionaries, no newspapers, no libraries. This is the normal state
of affairs for most human languages.

Yet oral cultures lacking writing manage to transmit,
remember, and build upon vast systems of traditional knowledge.
They do so without the benefit of any physical medium such as
writing that could make this knowledge stick around. This
astounding feat of collective and individual memory should make
us aware how powerful a tool language is for packaging and
transmitting information.

(1)Without writing, all linguistically encoded knowledge is
always only one generation away from extinction. If it is not
passed on verbally, it is lost. This means that what does get
passed on is somehow essential, important, and not frivolous or
tangential to human life. It also means that there is only received
wisdom, and that each person who passes on information must
modify, embellish, and filter it through their own experience.
Everything is like improvised comedy, subject to individual
memory and creativity, nothing is set in stone.

In 'primary oral' cultures, people draw on an impressive
arsenal of speech strategies: narrative, talk, gossip, conversation,
pauses, intonation, silence, loudness, word-choice, story, and
myth. They rely solely on social learning to transmit and receive

everything that can be encapsulated in language. (a) Information must also be structured for ease of memorization. There are many devices, such as alliteration, rhyme, and parallelism, that aid in remembering long texts. In English and other large languages with literary traditions, such devices are more an art form than a daily cognitive necessity. For unwritten languages, relying on such mnemonics allows people to accumulate and recall large bodies of everyday or esoteric knowledge.

Such knowledge tends, for efficiency, to be socially distributed. People who (b) command restricted or privileged bodies of knowledge in such societies are not librarians or web-masters, but shamans and storytellers. And knowledge is passed on in ways that divide it up among people that need it, and who bear the responsibility for remembering. For example, among the Batangan people of the Philippines (8,000 speakers), only boys are taught folk medicine, while only adult males are taught religious chants and rituals.

Once societies make the transition to letters, writing may come to seem indispensable to them. But do a people sacrifice something to gain this prize? Is something essential lost when a purely verbal culture gives way to writing? This question goes well beyond the literary or linguistic realm, raising fundamental issues of thought, culture, and psychology. Scientists have only just begun to explore how contemporary oral cultures function (socially, cognitively, artistically, and psychologically) and what we (as literate cultures) may be lacking due to our heavy reliance on the written word.

Due to our long engagement with writing, (2) it is hard for us even to imagine how our day-to-day life would change in the complete absence of writing. Our use of language would have to be much different if we became a purely oral society. What would be different in the domains of information flow, small-talk,

文

総合政策

環境情報

conversation, grocery shopping, even grammatical structures? Would our memory be up to the task? How might we adapt?

We do not have good historically documented examples of societies that went from having writing to not having it. But we do have many contemporary examples of entire societies that have not yet acquired writing or have only recently done so. We might learn a great deal from such societies, but (c) the window of opportunity is closing as literacy becomes the global norm.

Governments and non-governmental organizations worldwide have prioritized literacy. UNESCO reports that worldwide adult literacy reached 81.8 percent in the period 2002-2004. This is markedly up from the World Bank estimates for 1970, at 55 percent literacy, or even 1990, at 71 percent literacy. The increase is largely due to national campaigns, like one conducted in India that brought Indian literacy from a mere 18.33 percent in 1951 to 64.84 percent by 2001. Such campaigns, while laudable, cast non-literacy in a wholly negative light with the use of slogans such as 'Literacy is Freedom' (implying that non-literacy is a kind of slavery or prison). Hidden behind such statistics is the fact that 'literacy' usually means ability to read and write solely in the dominant national or regional language (e.g., Hindi or English). Many small languages will vanish without ever having literate speakers; small languages are seldom included in national literacy campaigns. (3) Regrettably, literacy in large national languages is often the beginning of an educational process that leads to abandonment of small languages.

As languages fall out of use into forgetfulness, entire genres of oral tradition —— stories, songs, and epics —— rapidly approach extinction. Only a small fraction have ever been recorded or set down in books. And the tales captured in books, when no longer spoken, will exist as mere shadows of a once vibrant tradition. We stand to lose volumes: entire worldviews, religious beliefs, creation myths, observations about life, technologies for how to domesticate animals and cultivate plants, histories of migration and settlement, and collective wisdom. And we will lose insight into how humans fine-tune memory to preserve and transmit epic tales.

In our so-called 'information age', knowledge tends to be deep but narrow. At American universities you can enroll in entire courses of study devoted to the works of a single author or even a single work. It is ironic, then, that the collective wisdom of entire human societies languishes for lack of any attention from outsiders, for lack of use by the culture bearers themselves, and lack of interest on the part of their children.

It takes a decent amount of money and a lot of time and effort to go out and document small languages and their story traditions. But it is doable, and it deserves our urgent attention. Imagine a course at an American university on Kayapó* entomology, on Tuvan** epic tales, or on Papuan mathematics. We do not even know what it is that we stand to lose when these traditions fall into disuse without being recorded. As scientists and humanitarians, we are absurdly failing to notice the forest for the trees. If we can get beyond our book bias and appreciate the creativity and beauty of purely oral cultures, we open a portal to entire new vistas of the world and mankind's place in it. But that door will soon slam shut, and vast domains of human creativity will be forever closed to us.

> *The Kayapó, a native tribe of Brazil (4,000 speakers), are among the world's most astute observers of social insects, such as bees, wasps, and ants.
> **Tuva is an autonomous republic in south central Russia, on the border with Mongolia. In the wandering nomadic past of the Tuvan people, the art of storytellers was a prestigious and popular form of entertainment.

（慶應・文）

(I) **答** 書き言葉というものがなければ，言葉に置き換えられた知識はみな，ほんの一世代もたてば必ず消滅してしまう。

解説

和訳問題：意訳型

Without writing, all linguistically encoded knowledge is always only one generation away from extinction.

構文が単純ですから，明らかに意訳型の問題です。ここで「**守りに入って直訳で**」なんてやったら**絶対 0 点**です。「慶應の受験生＆辞書持ち込み可能」なら，直訳ができないわけがありません。

言い換えれば，直訳は守りでも何でもないんです。たとえば今回の問題だと「言語的に記号化された知識は」だとハネられます……。ここはほとんどの受験生がやってしまうところです。でもこの本を読んでる皆さんには，そこで考えてほしいんです。「言語的に記号化された知識」なんて，何のこっちゃわかりませんよね？　では最初から訳していきましょう。

ポイント① ➡ "writing" をどう訳すか？

まずは Without writing から。この文章全体は「文字のある社会・文字のない社会」の話ですよね。ですから **writing** は「**文字／書き言葉**」のことなんです。「書くこと」なんて訳さないようにしてください。

Without writing で「**もし文字がなければ**」「**もし書き言葉がなければ**」「**書き留めておかないと**」って訳します。

ポイント② ➡ "linguistically encoded knowledge" をどう訳すか？

これは難しいです。ここができた受験生はかなりレベルが高いです。

encode は辞書には「符号化する／記号化する／暗号化する」とあります。要は「別の媒体に置き換える」ってことです。

encode = express in a different way と考えてください。

ここで少し「記号化する」ということを説明いたします。

たとえば右下のイラストを見てください。この物体を言葉で説明したい。

なんて言いますか？

「いぬ」って言いますね。

「い」という記号，

「ぬ」という**記号に置き換えてイラスト**

を説明してるわけです。

つまり「いぬ」という**言語的記号に置き換えている**わけです。

もし「いぬ」をイラストで説明すれば「絵に置き換える」ということになりますね。

　問題文に戻りましょう。linguistically encoded knowledge「言語的に記号化された知識」➡「**言葉に置き換えられた知識**」って訳すんです。

ポイント ③ ➡ ``only one generation away from extinction" の訳し方

$\sim$ is (always) (only one generation) (away from extinction).

仮に only one generation がなかったとしましょう。

$\sim$ is always away from extinction.
「いつも絶滅から離れている」

これだと「絶滅から<u>どのくらい</u>離れてるのか？」わかりませんよね。
そこで **only one generation を away from** $\sim$ の直前に置いちゃうんです。

$\sim$ is always **only one generation** away from extinction.
「いつも絶滅から**一世代ぶんだけ**離れている」

このガチガチの直訳を意訳すれば OK です。
「絶滅から一世代離れている」➡「**一世代たてば絶滅する**」ってことです。

(Ⅱ) **答** もし書き言葉がまったくなかったら，私たちの普段の生活がどのように変わってしまうのかは，想像することさえ難しい。

解説
和訳問題：文法の知識を問う問題

> it is hard for us even to imagine how our day-to-day life **would** change in the complete absence of writing

it が**仮S**，to ~ が**真S**です。
〈to imagine how S V〉「どのように S V するのかを想像すること」です。
この問題の構文は単純です。で，意訳するところも特になさそうです。
となると，他の受験生と差がつくポイントは1つだけです。

ポイント ➡ "**would**" を見て何を考えるか？

would を見て何を考えればいいでしょうか？
仮定法です！　ここで勝負がつきます。

◯ 仮定法発見の手順

> ❶ **would / could** に反応 ➡ **仮定法**!?
> ❷ **if** 節は滅多にない。**if** の代用表現を探す!!
>   ➡ **あれば仮定法**!!

まず would / could は仮定法の目印ですから，if 節を探します。
でも十中八九，if はありません。公式どおりに仮定法が使われることは滅多にありません。

> ▶日本語でも，いちいち「もしカサを持っていれば，雨にぬれずにすむのに」なんて長ったらしく，公式どおりにはしゃべりませんよね。「ぬれるのがイヤだなあ」とかになりますね

そこで，**if 節の代用表現**を探すんです。

⊘ if 節の代用表現

❶ **if 省略による倒置**

❷ **with / without**

❸ **otherwise**

❹ **（時・場所・様態 etc. の）副詞句** 🖙 副詞節が副詞句に変わっただけ

実際の英文では **if がない代わりに**，こういった**代用表現がある**ってことが多いんです。今回はそれらしい代用表現が見つかりそうにないのですが……。

in the complete absence of writing という副詞句が，副詞節 if の代わり（❹のパターン）と考えて，ここを「もし〜ならば」って訳してみるんです。absence を「不在／欠如」なんて訳すとガチガチになりますので，動詞や形容詞っぽく「ない」と訳します。「もし書き言葉がまったくなかったら」で完璧です。ちなみに，ここの下線の直後には，思いっきり仮定法の文があるんです。

(2) it is hard for us even to imagine how our day-to-day life would change in the complete absence of writing. Our use of language **would** have to be much different **if** we **became** a purely oral society.

この下線の後の文は公式どおり if があります（こういうのは，実は珍しい）。if 節の中で became（過去形）は100％仮定法ですよね。これがダメ押しの決め手になります。

ですから皆さんは自信マンマンに**下線(2)で「もし〜ならば」と書いてください**。この問題は易しいと思われていますが，絶対に仮定法で大きな差がつきます！

(Ⅲ) 答 残念なことに，その国で使っている人が多い言語の識字率が高まると，結果的に少数の人が使う言語を捨て去ることになってしまう教育活動を始めることがよくある。

和訳問題：意訳型

Regrettably, literacy in large national languages is often the beginning of an **educational process** that leads to abandonment of small languages.

ポイント① ➡ "large" をどう訳すか？

まず，**national language** は「国語」です（一部の辞書にのっています）。large「大きい」では意味不明ですね。この下線部の前から small を使ってますので，このへんがヒントになりそうですね。下線部(3)の２つ前の文を見てください。"dominant ⟷ small" の関係になっています。

in the **dominant** national or regional language (e.g., Hindi or English)
「**有力な**，その国もしくはその地域の言語」

Many **small** languages will vanish ～ .
「多くの**有力でない**（＝**使用人数が少ない**）言語は消えてしまう」

つまり "small ⟷ dominant（＝large）" って考えればバッチリです！
large「有力な／使用人数が多い」と訳します。
  ▶ちなみに **large** population「人口が多い」って言い方もありますよね。

large national languages「使用している人が多い国語」➡「その国で使っている人が多い言語」になります。
  ▶ここの意訳は難しいですね。受験生は多少カタくても仕方ないでしょう。

ポイント② ➡ "educational process" をどう訳すか？

educational process「教育プロセス／教育過程」と訳しても今回の文脈ではまったく意味不明ですよね。
　この英文に限らず **process** という単語は超頻出＆超重要＆超難単語です。きちんと訳せる人は，受験生はおろか大人でもかなり少ないです。

⊘ 重要単語：process の意味

❶ 【日本語で覚える】：「**過程／作業／方法**」
　　🔊 何度も口ずさんでください

❷ 【英語で覚える】：**a series of actions**
　　🔊 要は actions です

慶應文学部では，こういう単語で辞書を引くんです！
process = actions なんです。action のカタマリが process です。

では process の意味を絞っていきましょう。
「教育過程／教育作業／教育方法……」どれもイマイチですね。
そこで原点に戻って，上の図と process = actions から考えます。
action「行動／活動」です。「教育活動」ならまともな日本語になります。

　この下線部(3)の直前に in national literacy **campaigns**「国をあげての識字率向上運動」なんて表現もあります。このキャンペーンの１つが「教育活動／教育運動」なんだと考えれば完璧です！
　the beginning of an educational process「**ある教育活動を始めること**」です。**beginning** は「開始」ではなく「始めること」って動詞っぽく訳したほうがキレイです。

process は和訳の
カギになることが
よくあるんです

⑷　**答**　㋐ **it** ／ ㋑ **easy** ／ ㋒ **memorize**

解説
書き換え問題

_(a)Information must also be structured for ease of memorization.
= Information must also be structured so that （　ア　）is （　イ　）to（　ウ　）.
「記憶が容易になるように情報を組み立てなければならない」

　まずは下線部(a)を正しく解釈できないといけませんね。
　Information must also be structured は特に問題ないですね。**「情報を組み立てなければいけない」**です。

　▶〈助動詞 + be + p.p.〉は「能動態」で訳すとキレイになります。

　for ease of memorization は直訳「記憶の容易さのために」ではなく，ease を形容詞っぽく（もとの easy を意識して）訳すとキレイです。**「記憶が容易になるように」**です。
　ここで easy の特別な使い方を知っておかないといけません。

⊗ easy など（難易形容詞）の仲間

「易しい」系：**easy** / **pleasant** / **interesting** / **safe**

「難しい」系：**difficult** / **hard** / **tough** / **dangerous** /
impossible

⊗ easy など（難易形容詞）の語法

❶ It is 難易 to ~ の構文 ➡ "to ~" は完全な文

❷ S is 難易 to ~ の構文 ➡ "to ~" は不完全な文

例文で確認するとカンタンです。

例

It is hard to work with Tom .

Tom is hard to work with（ ╱ ）.

Tom をビリっとはがして，前に持っていくイメージです。前に持っていくんですから，後ろは**はがれっぱなし**（＝**不完全な状態**）なんです。
文法問題でも狙われるのでしっかりマスターしておいてください。

問題に戻りましょう。下線部は ease of memorization「記憶が容易になるように」で，ease を easy っぽく訳しましたね。
設問では easy を使うことを意識してみましょう。

~ so that（　ア　）is（イ：easy）to（ウ：memorize）.
　　　　　　　　　　　　　　　　　　　　　　目的語を前へ

is と to に注目して，(イ)には **easy** が入ります。当然 easy の後ろは to 不定詞なので，memorization の動詞形 **memorize** が入ります。

さらに，この memorize は不完全（目的語がない状態）になるはずです。memorize の目的語をビリっとはがして，前に持っていけばいいわけです。そのはがした目的語が(ア)に入ります。

　では memorize の目的語は何でしょうか？
　下線部(a)を全部読み直してみましょう。

> Information must also be structured for ease of memorization.
> 「記憶が容易になるように情報を組み立てなければならない」

「記憶するもの」は「情報」ですね。その情報を「組み立てる」だけです。
　ということは，(ア)には information が入るはずです。ただし，設問文は Information で始まってますので，繰り返しを避けるために information ➡ it にすれば完璧です。
　so that (**it**) is (**easy**) to (**memorize**) になります。
> ▶間違っても it は仮 S じゃありません。information のことです。それは memorize という他動詞が，（目的語がない）不完全な状態で終わってるからです。

(V)　答　③

解説
多義語問題
　まず下線部(b) **command** から理解していきましょう。

⊙ command の意味：核心イメージ「上から見おろす」

❶ 「命令する」　　　⊙ 上から「命令する」

❷ 「自由に操る」　　⊙ 言葉に命令できる ➡ 言葉を「自由に操る」

❸ 「(景色を)見渡せる」　⊙ 高い所で上から「見おろす」

　command は難関大学で狙われる多義語ですが，「上から見おろす」というイメージでバッチリですね。
　では，本文の command を確認してみましょう。command の目的語は何でしょうか？

People who **command** restricted or privileged bodies of knowledge

restricted or privileged bodies of knowledge ですね。1語で言うと？ knowledge です！

　　▶目的語はけっして bodies ではありません。a body of ～ / bodies of ～「たくさんの～」って意味です。これは a lot of と同じように後ろの名詞を修飾するだけです。

ここでは command knowledge の形なんです。それが見抜ければ，command は「（知識を）**自由に操る**」という意味だとわかるでしょう。
では選択肢を見てみましょう。

① order 「命令する」		② enjoy 「享受する」	
③ control 「操る」		④ request 「要求する」	

正解は③ **control** です。

　　▶command の意味と構文（目的語を見抜く）をしっかり考えれば解けるはずですが，本文をいい加減に読んで，とりあえず選択肢を見たりすると，すべて正解に見えてきちゃいます。まずは本文をしっかり読みましょう！

① **order**「命令する」は，command の一番有名な意味ですね。今回は knowledge に「命令する」では変ですよね。
② **enjoy**「享受する」は，ハイレベルな受験生ほど迷います。「楽しむ」なんて考える受験生はすぐに消すでしょうが，「享受する」と考えれば相当難しいです。「享受する」は**状態動詞**であって，「積極的に知識を操る」という意味ではありません。
command と **control** は「（積極的に）操る」です。

(Ⅵ) 答 (ア) **non-literate** / (イ) **observe** / (ウ) **small** /

　　(エ) **literacy** / (オ) **society**

解説
要約・空所補充問題
空所補充問題で気をつけることは何でしたか？
まずは「形から解く」でしたね（173ページ）。品詞を分ければカンタンです。

While having literacy is certainly a **good** thing, it is **also worth** exploring the natural, （　ア　） state of human society while we may still （　イ　） it.

まず(ア)には，直後の state を修飾する形容詞が入ります。選択肢で形容詞は small / non-literate / large だけです。次に文脈を考えていきます。「literacy は good だけど，(ア)の状態も worth exploring だ」とありますので，「literacy も <u>non-literate</u> も，good で worth exploring」と考えれば OK です。(ア)には **non-literate** が入ります。

(イ)には動詞が入ります。動詞は observe / lose しかありません。「それを<u>観察できる</u>間に」と考えれば OK です。**observe** が入ります。

Thus, describing a case of a （　ウ　） language **that has only recently acquired** （　エ　）, and examining the impact this had on its （　オ　） can be helpful for understanding the situation.

(ウ)は形容詞です。形容詞は small / large ですね。
(ウ)の後ろに has only recently acquired「最近獲得した」ってありますから **small** な言語です。

(エ)には名詞（acquired の目的語）が入ります。名詞は society / literacy だけです。「最近獲得した」ものは **literacy** ですよね。(オ)も名詞が入ります（直前 on its がヒント）ので，残った **society** を入れれば OK です。

(Ⅶ)　答　識字率の低い社会から学ぶ機会がなくなりつつあること（25字）

解説
説明問題

the window of opportunity is closing　「チャンスの窓は閉じつつある」

この文は明らかに「比喩」ですよね。
比喩を使った文は何を指しているのか置き換えていけば OK です。

① the window of opportunity「チャンスの窓」を置き換える

　下線の直後に as literacy becomes the global norm「読み書きの能力が世界標準になるので」とありますので,「読み書きできるようになるほど<u>せばまるチャンス</u>」のはずです。

　　But we do have many contemporary examples of entire societies that have not yet acquired writing or have only recently done so .

　　　　　　　　　　　　　　　　such でまとめている

　　We might learn a great deal from such societies , but (C) <u>the window of opportunity is closing</u> as literacy becomes the global norm.

「文字を持たない or 最近文字を獲得した社会から学ぶチャンス」がないってことです。

② is closing「閉じつつある」を置き換える

「チャンスが閉じる」とは「チャンスが失われつつある」ということです。is closing と進行形になってるので,和訳も「しつつある」とすれば完璧です。

　以上を答案にまとめれば OK ですが……25字がキツイです。
とりあえず字数を無視して書いてみます。

> 「文字を持たない,<u>もしくは最近文字を獲得した</u>社会から学ぶチャンスが失われつつあること」(41字)

　仕方がないので,前半部分を「**識字率の低い社会**」とまとめるか,点線部分をカットしましょう。

(Ⅷ)　**答**　**Once you come to know how different the animals and plants in forests are, you will learn what will be lost if you destroy a forest.**

解説

英作文問題

　最近の慶應文学部の英作文は，必ずしも本文の表現を使う必要はありません（11ページ）。たとえば今回の問題は「ひとたび～するようになれば」とあります。第6段落に接続詞 once がありますが，慶應・早稲田では接続詞 once はよく出るので，自力でパッと出してほしいところです。

①「ひとたび～するようになれば」

　接続詞 **once** を使います。〈Once s v, S V.〉「いったん s v すれば，S V だ」です。

▶和英辞典が使えるので大丈夫でしょうが，もしわからなかったら if を書いておくのもいいでしょう。

②「～するようになる」

〈**come to** + 原形〉「～するようになる」

③「多様性」

　ここでよくある解答は diversity だと思います。もちろん正解ですが，diversity を使うと，the にも気をつけなくてはいけません。

　そこで「動植物の多様性」→「**動植物にはたくさんの種類がある**」って考えて，how を使えば the の呪縛（じゅばく）から抜けられます。

▶今まで教師がうるさく「a や the に気をつけろ」と言ってきましたが，気をつける前に「冠詞を使わなくて済むように，名詞を避ける」という姿勢のほうがよっぽどラクに英作できます。

<u>how different</u> the animals and plants in forests are です。

④「森林」

「森林」は可算名詞です。英作文ではよく使います。

<u>a</u> forest や forest<u>s</u> にします。

⑤「人は」

　一般の人を表すのは **you** です！
「総称の you」と言います（受験生はもちろん，日本人のほとんどが見落としてる盲点です）。**you** には「（あなたと私を含む）みんな／人はだれでも」って意味があるんです！！

　　▶これを学校で教わらない，参考書にも書いてない。だから you を使うのに抵抗があると思います。でも辞書でチェックしてみてください。you の項目で「総称のyou」って見出しで載っています。

(Ⅸ)　答　利点は，口承文化が持つ世界観，宗教観，さまざまな知恵における創造性と美しさの真価を認めれば，世界全体と，その中の人類の居場所に関する新しい展望を得ることになる。問題点は，小規模な言語を記録に残すことは，かなりの費用，時間，労力を要する。(118字)

解説
部分要約問題

　まず慶應文学部の部分要約に関しては「**キーワードを意識して，書いてある場所を確実に探す**」ことが重要です。「当たり前じゃん」って言われちゃいそうですが，かなり意識して探さないと，似たようなキーワードに反応して，違う部分を一生懸命要約する……なんてことがよくあります。

　今回のキーワードは「**消滅しつつある小規模な言語とその文化**」です。最終段落 1 つ目の文に **small languages and their story traditions** があります。

> It takes a decent amount of money and a lot of time and effort to go out and document **small languages and their story traditions**.
> 「小規模な言語とその物語の伝承のために出向いて，それを記録に残すことは，かなりの費用，時間，労力を要する」

　設問では「書き出しは『利点は』としなさい」ってあるので，本文でも利点が先に出てくると思ってましたが，問題点が先に出てきましたね。
　この文をそのまま和訳しちゃえば OK です。

途中答案

> 問題点は，小規模な言語とその物語の伝承のために出向いて，それを記録に残すことは，かなりの費用，時間，労力を要する。（51字）

さらにこの段落を読んでいきましょう。今度は「利点」を探します。
次の文から利点の話になりそうな感じですよね。

But it is doable, and it deserves our urgent attention.
「しかし，それは可能なことであり，早急に注意を向けるに値することだ」

そのまま読み進めていくと，この最終段落 6 つ目の文が利点になります。

If we can get beyond our book bias and appreciate the creativity and beauty of purely oral cultures, we open a portal to entire new vistas of the world and mankind's place in it.
「もし書物偏向から脱却し，純粋な口承文化が持つ創造性と美しさの真価を認めることができれば，世界全体と，その中の人類の居場所に関する新しい展望への扉を開くことになる」

この文の前後にある文は不要です（failing to notice the forest for the trees「木を見て森を見ない状態」や，that door will soon slam shut「このドアは間もなくピシャリと閉められる」という比喩があるだけですから）。
シンプルに考えれば，ここを書いちゃえば合格の答案はできあがります。全部そのまま書くと150字になっちゃいましたので，多少削ってみました。

途中答案

> 利点は，口承文化が持つ創造性と美しさの真価を認めれば，世界全体と，その中の人類の居場所に関する，新しい展望を得ることになる。問題点は，小規模な言語を記録に残すことは，かなりの費用，時間，労力を要する。（100字）

ここまで書ければ十分合格だと思いますが，「口承文化が持つ創造性と美しさ」をもう少し詳しく言ってる部分を探してみましょう。
「小規模言語を失うと，同時に何を失うのか？」「小規模言語から何を得られるのか？」 という視点で探します。

すると，第10段落４つ目の文に **stand to lose**「失いそうだ」がありますので，ここに注目してみます。

> **We stand to lose** volumes: entire worldviews, religious beliefs, creation myths, observations about life, technologies for how to domesticate animals and cultivate plants, histories of migration and settlement, and collective wisdom. And **we will lose** insight into how humans fine-tune memory to preserve and transmit epic tales.
>
> 「世界観全体，宗教的信念，天地創造の神話，人生観，動物の家畜化・植物栽培の技術，移住や定住の歴史，集団としての知恵などを失ってしまいそうだ。そして，叙事詩的物語を保存し伝えていくために，人間が記憶をどのように微調整するのかについて洞察することもできなくなるだろう」

ここの部分が途中答案の「口承文化が持つ創造性と美しさ」にあたります。ただ，そのまま書いたら絶対に字数オーバーになりますので，かなりまとめる必要があります。「**世界観・宗教観・さまざまな知恵など**」ってまとめればバッチリです。

訳 ｜ 完全に口頭だけの，文字のない文化とはどんなものかを，少し時間をとって考えてみるのは有益かもしれない。買い物リストや手紙，Ｅメール，メモ，携帯電話のメール，本，成績表，市販の人工クリスマスツリーの組み立て方説明書，マニュアル，辞書，新聞，図書館といったものがない。これは，大半の人間の言語にとって普通の状態である。

　　それにもかかわらず，文字のない口承文化は，膨大な体系を持つ伝統的知識をうまく伝達し，記憶し，さらに発展することができる。そうした文化は，いかなる物理的手段の助けも借りずにそうしているのだ。物理的手段とは，たとえば，こういった知識がなくならないようにするための文字などである。集団や個人の記憶力がなせるこういった驚異的な技のおかげで，情報をまとめて，伝達するうえで，言語がいかに強力な道具であるかに気づくはずである。

　　　書き言葉というものがなければ，言葉に置き換えられた知識はみな，ほん
(1)
の一世代もたてば必ず消滅してしまう。言葉で伝えられなければ，なくなってしまうのである。これはつまり，あえて伝えられるものは，人間生活にとって何かしら不可欠で重要なものであり，取るに足らないものでも，無関係なものでもない，ということなのである。それはまた，受け取られた知恵だけが存在

し，情報伝達者がそれを各自の経験の中で修正し，話に尾ひれをつけ，取捨選択しなければならない，ということでもある。すべてが即興で作られた喜劇のようなもので，各個人の記憶力や創造性に影響を受けて，不変のものは何もないのである。

「原始的な文字のない」文化では，人々はすばらしい宝庫とも言える言語戦略を使いこなす。それは，語り，おしゃべり，うわさ話，対話，話のとぎれ，抑揚，沈黙，声の大きさ，言葉の選択，物語，神話といったものである。言葉に詰め込むことができるものをすべて，伝えたり，理解したりするには，社会生活の中で学んでいくしかないのだ。(a)また，記憶しやすくなるように，情報を組み立てなければならない。長い文を記憶するとき役立つような工夫が数多くみられる。たとえば頭韻，脚韻，対句である。英語や文学の伝統を有する，使用者が多い他の言語において，そういった工夫は，日常で認識される必要があるものというより，もはや一つの芸術形式なのである。文字のない言語では，そういった記憶の助けに頼ることで，膨大な量の日常生活の知識や難解な知識を記憶し，思い出すことができるのである。

　そのような知識は，効率上，社会の中で広められるのである。そういった社会において，部外秘あるいは特別扱いされる膨大な知識を意のままに使えるのは，図書館司書でもインターネットの達人でもなく，まじない師や物語の語り手なのである。そして知識は，知識を必要とする人や，それを覚えておかないといけない人たちの間で，分け合う形で伝えられる。たとえば，8,000人の話し手がいるフィリピンのバタンガン族の間では，男の子だけが民間療法を教えられ，成人男性だけが宗教的詠唱や儀式を教えられる。

　ひとたび文字を持つ社会へと移行すると，そのような社会で文字を使うのは不可欠なことに思えてくるかもしれない。しかし，こんなにすばらしいものを手に入れるためには，何かが犠牲になるのではないか？　完全に文字のない文化が，文字を使う文化になったとき，何か大切なものが失われるのではないか？　この疑問は，文学や言語学の領域をはるかに超えて，思想や文化，そして心理学の重要な問題を提起している。現代の文字のない文化が（社会，認識，芸術，心理学の各方面で）どのように機能しているか，そして（文字を持つ文化として）私たちが，文字にひどく依存しているために，何を失っているのかを，学者たちは調査し始めたばかりなのである。

　長い間，文字に触れてきたので，(2)もし書き言葉がまったくなかったら，私たちの普段の生活がどのように変わってしまうのかは，想像することさえ難しい。もし完全に口頭だけの社会になったとしたら，言葉の使い方は大きく違っ

てくるはずである。情報の流れ，世間話，会話，食料品の買い出し，そして文法構造の領域においてさえも，どのような違いが出てくるのだろうか？　我々の記憶力でそんなことができるのだろうか？　どうやって順応すればいいのか？

　文字を持っていたのにそれを失った社会に関して，歴史上の好例を記録したものはない。しかし，社会全体がまだ文字を持たない，あるいはつい最近文字を持つようになった例は，実際のところ現代において数多くある。そのような社会から多くのことを学べるかもしれないが，読み書きできることが，世界全体で当然のことになるにつれ，(C)この絶好のチャンスという窓は閉ざされつつある。

　世界中で，各国政府や非政府組織が，読み書き能力を優先してきた。UNESCO の報告によれば，2002年から2004年までに，成人の識字率は世界全体で81.8％に達した。これは世界銀行の1970年の目算55％をはるかにしのいでおり，また1990年の71％をも大きく上回っている。この伸びは主に国を挙げての運動によるものであり，たとえばインドでは，このような運動の結果，1951年には18.33％しかなかった識字率が，2001年までに64.84％になったのである。そういった運動は賞賛に値するが，「識字能力とはすなわち自由を意味する」（すなわち，読み書きできないのは，奴隷の身分や投獄状態にあるようなもの）といった標語を使うことで，読み書きできないことを完全に否定的なこととして捉えている。そのような統計データの裏に隠されているのは，「識字能力」とは通常，その国や地域で支配的な言語（例：ヒンディー語や英語）だけを読み書きできる力を指す，という事実なのである。話し手が少ない言語の中には，読み書きできる話し手が生まれることもなく消滅してしまうものも多い。そのような言語を，国を挙げての識字運動に含めることは，ごくまれである。(3)残念なことに，その国で使っている人が多い言語の識字率が高まると，結果的に少数の人が使う言語を捨て去ることになってしまう教育活動を始めることがよくある。

　言語が使われなくなり忘れ去られるにつれ，物語，歌，叙事詩といった，あらゆる分野の口頭伝承が，たちまち消滅していきそうになる。記録されたり書物に残されたりしているのはほんのわずかである。そして，書物に記録された物語も，だれもそれを語らなくなれば，かつては活気に満ちていた伝統を単に影映ししたような存在でしかなくなる。われわれは多くのものを失う可能性があるのだ。つまり世界観全体，宗教的信念，天地創造の神話，人生観，動物の家畜化・植物栽培の技術，移住や定住の歴史，集団としての知恵などが失われ

てしまうのだ。そして，叙事詩的物語を保存し伝えていくために，人間が記憶をどのように微調整するのかについて洞察することもできなくなるだろう。

現代のいわゆる「情報化時代」において，知識は深くもせまいものになりがちである。アメリカの大学では，登録する講座が，たった1人の作家の作品，あるいはたった1つの作品だけを扱った講座であることもあり得るのだ。それゆえ，外部の人からまったく注目されなかったり，文化の担い手自身が使わなかったり，その子どもたちまでも興味を持たなかったために，人間社会全体の共通の知恵が衰退している，というのは皮肉なことである。

小規模な言語とその物語の伝承を努力して記録に残そうとすることは，かなりの費用，時間，労力を要する。しかしそれは可能なことであり，早急に注意を向けるに値することだ。想像してほしい。カヤポ族*の昆虫学やトゥバ族**の叙事詩，あるいはパプア人の数学についての講座がアメリカの大学にあったらどうだろう。こうした伝統が記録されずにすたれてしまったとき，私たちはいったい何を失う可能性があるのか，私たちにはそれさえもわからない。科学者として，そして人道主義者として，愚かにも木を見て森を見ない状態である。もし書物偏向から脱却し，純粋な口承文化が持つ創造性と美しさの真価を認めることができれば，世界全体と，その中の人類の居場所に関する，新しい展望へのとびらを開くことになる。しかしこのドアは間もなくピシャリと閉じられ，人間の創造性の広大な領域が，永遠に閉ざされてしまうのである。

*話し手4,000人のカヤポ族は，ブラジル先住民族の1つで，花蜂，狩蜂，蟻といった，社会生活を営む昆虫を明敏に見分ける能力では世界有数の民族。
**トゥバとは，モンゴルと国境を接したロシア中南部の自治共和国。トゥバ族がかつて非定住の遊牧生活を営んでいた頃，語りの術は高尚かつ広く親しまれた娯楽の一形式だった。

語句

第1段落
- **profit from** ～ 「～から利益を得る」
- **literate** 「読み書きできる」
- **assemble** 「組み立てる」
- **oral** 「口頭の」
- **grocery** 「食料品」

第２段落

- **build upon** 〜 「〜をさらに拡大する」
- **physical medium** 「物理的手段」　　• **stick around** 「いつまでも残る」
- **astounding** 「驚くべき」　　• **feat** 「偉業」
- **collective** 「集合的な（ここでは individual の反対で「集団の」と訳す）」
- **package** 「まとめる」

第３段落

- **pass on** 「伝える」　　• **frivolous** 「つまらない」
- **tangential** 「ほとんど関係のない」　　• **embellish** 「装飾する」
- **filter** 「ろ過する」　　• **improvise** 「即興で作る」
- **subject to** 〜 「〜の影響を受ける（subject は形容詞）」
- **be set in stone** 「不変である」

第４段落

- **draw on** 〜 「〜に頼る；〜を利用する」
- **arsenal** 「武器庫・宝庫」　　• **encapsulate** 「包む；含める」
- **alliteration** 「頭韻」　• **rhyme** 「脚韻」　　• **parallelism** 「対句法」
- **literary** 「文学の」　　• **cognitive** 「認識の」• **mnemonics** 「記憶術」
- **accumulate** 「蓄積する」　　• **esoteric** 「深遠な」

第５段落

- **privileged** 「特権のある」　　• **librarian** 「司書」
- **shaman** 「シャーマン（宗教的指導者）」
- **bear the responsibility** 「責任を持つ」
- **folk** 「民間の」　　• **chant** 「詠唱」　　• **ritual** 「儀式」

第６段落

- **make the transition to** 〜 「〜へ移行する」
- **sacrifice** 「犠牲にする」　　• **realm** 「領域」
- **contemporary** 「現代の」

第７段落

- **engagement** 「従事；かかわり」　• **flow** 「流れ」
- **small-talk** 「世間話」　　• **be up to** 〜 「〜することができる」

第8段落

- **document** 「記録に残す」　　　・ **norm** 「ノルマ；基準」

第9段落

- **prioritize** 「優先させる」　　　・ **markedly** 「著しく」
- **laudable** 「賞賛に値する」
- **cast 〜 in a wholly negative light** 「〜を否定的な考えでとらえる（cast は「投げる」，直訳は「否定的な光の中に〜を投げ入れる」）」
- **statistics** 「統計データ」　　　・ **dominant** 「支配的な」
- **regional** 「地域の」

第10段落

- **fall out of use** 「使われなくなる」　　・ **genre** 「分野」
- **epic** 「叙事詩」　　・ **fraction** 「断片」　　・ **set down** 「書き留める」
- **capture** 「捕らえる；記録に残す」　　・ **vibrant** 「活気がある」
- **stand to lose** 「失いそうである」　　・ **volume** 「本」
- **worldview** 「世界観」　　・ **domesticate** 「飼いならす」
- **cultivate** 「耕す」　・ **migration** 「移住」・ **settlement** 「定住」
- **collective wisdom** 「多くの人々の知恵」
- **fine-tune** 「微調整する（fine には「細かい」という意味があります）」

第11段落

- **enroll** 「登録する」　　・ **ironic** 「皮肉な」　　・ **languish** 「弱る」
- **bearer** 「運ぶ人；担う人」
- **on the part of 〜** 「〜の側の；〜が（主語っぽく訳すとキレイに訳せます）」

最終段落

- **decent** 「かなりの」　・ **doable** 「実行可能な」　・ **entomology** 「昆虫学」
- **what it is that 〜** 「〜はいったい何なのか（強調構文）」
- **fall into disuse** 「使われなくなる」　　・ **humanitarians** 「人道主義者」
- **fail to notice the forest for the trees** 「木を見て森を見ず」
- **get beyond 〜** 「〜の枠を超える」　　・ **bias** 「偏見；偏向」
- **portal** 「入り口；玄関」　　・ **vista** 「展望」
- **slam shut** 「ピシャッと閉まる」

就職率なんか気にするな!!
ボクなりの「文学部のススメ」

　ボクは慶應文学部出身です。世間的に文学部っていうと「就職が厳しい」ですよね。予備校でも「ホントは心理学が好きなんですが，親にも学校にも就職が……って言われて（涙）」という相談をよく受けます。あくまでボク個人の感想ですが……

好きな学部へ行くべきです!!

　4年間も費やすんです，貴重な青春を。学費だってかかります。**好きなことじゃなきゃ続きません**。続けていれば，チャンスはおのずから生まれます。

　どうかボクの授業を受けてる皆さん，この本を読んでくれてる皆さんには，自分の情熱を一番注ぐことができる場所へ，自分の才能を一番賭けることができる場所へ進んでほしいと思っております。

　それに「文学部の就職率が悪い」原因の1つは，文学部の人種です。のほほ～んとして，自分のやりたいことをやる人が多いので就職率の数字が下がるって事情があるんです。でも，その分だけ個性あふれる人が多いのも事実です。

　「英語が好きだと思って留学した。でも実際ロンドンの街並みを見て，好きだったのは英語ではなく，じつは建物の美しさだって気づいた」と言って1級建築士になったのは，ゼミ仲間のサワダ（実名）です。他にも，金融アナリストや写真家など，みんな慶應文学部英米文学専攻出身です。

　ぜひ皆さんにも「**色鮮やかな人生**」のために「**好きなこと**」を追求していってほしいと思います。

LESSON 12
SFC の長文対策
～SFC の長文の解法ポイント～

> 硬派で難しい英文に圧倒されて「SFC はムリ」って思われがちですが，空所補充も内容一致も解きやすい問題がたくさんあります。
> この LESSON が終われば「SFC，けっこうイケるじゃん」っていう自信が生まれるはずです！

❯ この LESSON のポイント

- ❶ 英文の難しさに心折れない！　設問は難しくない！！
- ❷ ４択問題では，すぐに選択肢を見ない！！
- ❸ 本番での手順を確認！　いきなり設問を解かない！！

STEP 1 SFCネラい撃ちポイント

❯ ３択（語句選択問題）の問題パターン

- ❶ 文法問題：文法・構文の知識で解く
- ❷ 熟語問題：熟語や語法の知識で解く（前置詞に注目すると解けることが多い）
- ❸ 語彙問題：慶應レベルの難単語が聞かれる（単語を知っていれば解ける）

❹ 文脈問題：前後の内容から適切なものを選ぶ

❶文法問題はかなり少ないのですが，まずは文構造から考えるのを忘れないようしてください。内容ばかりに意識がいって，易しい文法問題を落としてはもったいないです。

❷熟語問題は，空所の前後にある前置詞に注目でしたね（LESSON8 参照）。

❸語彙問題と❹文脈問題は一緒にしてもいいのですが，この本では「単語を知ってるかがポイント」になる問題を❸語彙問題に，前後の英文をしっかり読まなきゃいけないものを❹文脈問題に分類しました。

⟩ 4択（内容問題）の問題パターン

注意点は……「**絶対にすぐに選択肢を見ないこと**」です。ある程度自分で解釈して「だいたいこういう意味だな」って考えてから解かないと，ダミーの選択肢にだまされます。

SFC の設問はラクに解けるものも多いので「そんなメンドーなことしなくても解ける」という受験生もいるでしょうが，SFC レベルの受験生ならそういう問題は全員解けます。つまり合否のカギを握る難しい問題を得点できるかどうかは，**正しい解き方（まず英文をじっくり ➡ 次に選択肢）がポイント**なんです。

⟩ 本番での手順 ➡ 本文を3回は読みたい!! 1回目で設問を解かない!!

1回目の読み（10〜15分）➡ 読むだけ！ 絶対に解かない!!

最初の1回はとにかく「何が書いてあるかだいたいわかれば OK」です。SFC のパターンとして「最初のほうは内容がサッパリだけど，あとのほうまで読んでみるとわかってくる」英文が多いです。ですから本番でアセって何度も何度も最初のほうばっかり読んだりしないことです（これを知ってるだけで心に余裕もできます）。

そして1回目の読みでは「**絶対に設問を解かないこと**」です。一度解いちゃうと，それを直すにはかなりの決心が必要です。結局，

最初の勘違いを最後まで引きずることになっちゃいます。

2回目の読み（10〜15分）➡ 3択を解きながら

　もう一度最初から丁寧に読み直します。**該当箇所の前後だけ読んだりしないこと。**きちんと丁寧に読むことで**全体のテーマ**が見えてきて，あとで4択を解くときのベースができあがります。

3回目の読み（10分）➡ 4択を解きながら

　4択を解きます。本文の必要なところだけを読みながら解いていきます。

STEP 2 基本例題

⏱8分　合格点3／4問中

　次の文章に関して，[1]から[4]の空所を埋めるのに，文脈的に最も適切な語を①から③の中から選びなさい。

　Secondly, the scientist systematically and empirically tests her hypotheses. The man in the street certainly tests his "hypotheses," too, but he tests them in what might be called a selective fashion. He often "selects" evidence simply because it is consistent with his hypothesis. Take the stereotype: Fast food is bad for you. If some people believe this, they can easily "verify" their belief by noting that many kinds of fast food are unhealthy. [1] (① Exceptions　② Rules　③ Objectives) to the stereotype, such as healthy or low-fat fast foods, are not taken into account. The true social scientist, knowing this "selection tendency" to be a common psychological phenomenon, carefully guards her research against her own preconceptions and predilections, and avoids selecting only the kinds of data that support her hypotheses. Most importantly, she is not content with an armchair exploration of a relation; she feels it [2] (① uncomfortable ② obligatory ③ stressful) to test her hypothesis against empirical reality. She thus emphasizes the importance of systematic, controlled, and empirical testing of her hypotheses.

～ 中略 ～

For example, Freud had a theory of anxiety that included the concept of "repression." [3] (① By ② On ③ To) repression, Freud meant the forcing of unacceptable ideas into the unconscious. Testing Freud's theory is thus a difficult matter, because the concepts of "repression" and the "unconscious" need to be defined in a measurable, empirical way. This is part of making a hypothesis and testing it empirically. If the concepts used in a hypothesis are operationally defined, that is, empirically testable, then a scientist can test the theory itself, and the theory can be improved upon. [4] (① Relative to ② Depending on ③ Owing to) the outcome of the hypothesis-testing, one can determine whether to support the hypothesis or to reject it. The hypothesis-testing activity tests not only the hypothesis in question but also the validity of the theory under consideration.

Source: Adapted from Fred N. Kerlinger, *Foundations of Behavioral Research* (*2nd Edition*)

(慶應・総合政策)

解答・解説

[1] **答** ①

解説

[1] (① Exceptions ② Rules ③ Objectives) to the stereotype, **such as** healthy or low-fat fast foods, are not taken into account.

> 「その典型例に対する例外，たとえば健康によいファーストフードや低脂肪のファーストフードは考慮されない」

〈*A*, **such as** *B*〉「A, たとえば B」って意味です。つまり「A の具体例が B」ってことなんです。ですから B に注目してみましょう。

| ( ) to the stereotype |, such as | healthy or low-fat fast foods |
「*A*：その典型例の（　　）　　たとえば *B*：ヘルシー・低脂肪の食べ物」

「ヘルシー・低脂肪の食べ物」＝「その典型例の（① 例外　② 規則　③ 目的）」ってことになります。正解は① **Exceptions** です。

ちなみに〈Exceptions to ～〉は，訳し方に注意が必要です。
「～に対する例外」 ➡ 「～の例外」って訳します。
たとえば an exception to a rule なら「規則に対する例外」➡「規則の例外」です。「の」につられて，✕）an exception of a rule とミスしちゃいます。気をつけてください。英作文はもちろん，4 択でも盲点になります。

注意すべき to

● alternative to oil	「石油の代わり」
● answer to the question	「質問の答え」
● solution to the problem	「問題の解決策」
● key to his success	「彼の成功の秘訣」
● right to the property	「その土地の権利」
● exception to a rule	「規則の例外」
● secretary to the president	「社長の秘書」
● means to an end	「目的に対する手段」
● access to this computer	「このコンピューターの利用権利」

このto は，日本語で「の」と訳すのでミスしやすい to です。でも丸暗記は不要です！　to はもともと「〜に対する」って意味です。すべて直訳「〜に対する」➡ 意訳「〜の」ってなるだけなんです。

[2] 答 ②

解説

she feels it [2] (① uncomfortable　② obligatory　③ stressful) to test her hypothesis against empirical reality.
「仮説を実験で得られたものに照らして，正しいかどうか探ることが，自分の義務だと感じている」
　　☞ ＳＶＯＣの構文です（it が仮S，to 〜が真S）。

この問題は文章全体を把握する必要があります。この文章では 2 人の学者が出てきます。2 人の学者を性別で分けてるんです。文章の最初に注目してみましょう。

Secondly, the scientist systematically and empirically tests her hypotheses. The man in the street certainly tests his "hypotheses," too, but he tests them in what might be called a selective fashion.
「第二に，科学者は自分の仮説を，体系的かつ経験的に検証してみる。素人であっても，きっと自分の『仮説というもの』を検証はするのだが，そのやり方は，自分に都合のいいものだけを選ぶとでも言っていいような方法で検証するのである」

she（女性の学者）は好みに左右されない「客観的な学者」（要はイケてる学者），the man（男性の学者）は自分の都合のよい証拠だけを集める「主観的な学者」（要はダメな学者）ですね。さらに，この段落の最後の文を読んでみましょう。「empirical testing の重要性を強調する」わけです。

She thus emphasizes the importance of systematic, controlled, and empirical testing of her hypotheses.
「そのため社会科学者は，体系的で，きちんと管理された，実験によって立証できる仮説検証が大切だと強調する」

設問に戻ると，S は she で「客観的にデータを集める学者」です。
そこさえつかめばカンタンです。
「客観的な学者は，実験で得られる現実に対して，自分の仮説を検証することを（① 不愉快に　② 義務的に　③ ストレスが多いと）感じる」に合うのは，② **obligatory** です。直後の文もヒントになります。

[3] 答 ①

解説

> For example, Freud had a theory of anxiety that included the concept of "repression." [3]（① By　② On　③ To）repression, Freud meant the forcing of unacceptable ideas into the unconscious.
>
> 「たとえばフロイトは不安に関する考えの中で，『抑圧』という概念に触れている。フロイトによれば，抑圧とは受け入れてもらえない考えを無意識の中に押し込めることである」

選択肢をチェックすると，ぜんぶ前置詞です。前置詞は熟語・語法をチェックでしたね。V は meant です。**mean がとる前置詞は by** です。

⊙ mean の語法

> **mean** *A* **by** *B*　「B によって，A を意味する」
> 「B とは A だと言う」

まず直訳は「B によって，A を意味する」になります。これを意訳すると「B という言葉を使って，A のことを言う」→「B とは A だと言う」になります。
さらにこの形から，by *B* が文頭に移動します。

> ▶ by *B* は副詞句です。副詞はどの位置にあっても OK ですね。by *B* が先頭に出ると，問題文の形になります

S **mean** *A* **by** *B*	「S は，B とは A だと言う」
→ **by** *B*, S **mean** *A*	「B とは，S に言わせれば A のことだ」

> ▶ この形は辞書にも例文が載ってないこともありますが，実際はよく見かけますし，

難関大学ではよく狙われます。

[4] 答 ②

解説

(① Relative to ② Depending on ③ Owing to) the outcome of the hypothesis-testing, one can determine whether to support the hypothesis or to reject it.

「仮説を検証した結果に応じて，その仮説を支持するのか，取り下げるのかを判断できる」

①	Relative to	「～に関係して」	語	特に熟語ではありません。
②	Depending on	「～に応じて」	語	重要熟語
③	Owing to	「～が原因で」	語	重要熟語

熟語の知識が聞かれてる問題です。正解は② **Depending on** になります。もともと〈S **depend on** O〉「S は O に左右される／O に頼る」って意味です。この depend on が分詞構文になっただけなんです。

Depending on ～ , S V 「～に左右されて」➡「～に応じて」

▶カッコよく英語で depending on ～ = **according to** ～ と覚えるのもアリです。

問題文は Depending on the outcome of the hypothesis-testing, ～「仮説検証の結果に応じて，～」という意味です。

訳｜　第二に，科学者は自分の仮説を，体系的かつ経験的に検証してみる。素人であっても，きっと自分の「仮説というもの」を検証はするのだが，そのやり方は，自分に都合のいいものだけを選ぶとでも言っていいような方法で検証するのである。単に自分の仮説と一致するというだけで，証拠を「えり好みする」ことがよくある。典型例を挙げてみよう。ファーストフードは体によくないという説だ。そう信じている人は，ファーストフードには健康によくないものが多いということを指摘することで，簡単に自分の考えを証明できる。その例外，たとえば健康によいファーストフードや低脂肪のファーストフードについては考えようとしない。本当の社会科学者であれば，このような「えり好み傾向」は，

人間につきものの心理的現象だとわかっているので，自分の予想したものや自分の好みが研究に影響しないように注意するし，自分の仮説を裏付けるようなデータだけを選ばないようにする。もっとも重要なことは，社会科学者はある関係を探究するのに机上の空論では満足しないのだ。仮説を実験で得られたものに照らして，正しいかどうかを探ることが，自分の義務だと感じている。そのため社会科学者は，体系的で，きちんと管理された，実験によって立証できる仮説検証が大切だと強調する。

〜 中略 〜

　たとえばフロイトは不安に関する考えの中で，「抑圧」という概念に触れている。フロイトによれば，抑圧とは受け入れてもらえない考えを無意識の中に押し込めることである。このフロイトの考えが正しいか確かめるのは難しい。というのは「抑圧」と「無意識」という考えを，実験によって数字で表すことで定義する必要があるからだ。これは仮説をたて，実験に基づいて検証する作業の一部なのである。もし仮説で述べた概念を，その過程で定義すれば，つまり実験で確かめることができるようにすれば，科学者は理論そのものを検証でき，理論自体はさらによいものになる。仮説を検証した結果に応じて，その仮説を支持するのか，取り下げるのかを判断できる。仮説検証という行為によって，問題とされている仮説そのものだけでなく，検証中の理論の正当性も検証されることになるのである。

語句

第1段落

- **systematically** 「体系的に」
- **empirically** 「実験的に；経験的に」
- **test** 「検証する」
- **the man in the street** 「一般市民；素人」
- **selective** 「えり好みする」
- **fashion** 「方法」
- **be consistent with** 〜 「〜と矛盾のない」
- **stereotype** 「固定観念」
- **verify** 「証明する」
- **noting** 「note（気づく；指摘する）の -ing。やたら nothing と間違えやすいので注意」
- **guard** 「守る；管理する」
- **preconception** 「予想」
- **predilection** 「偏愛」
- **armchair** 「肘掛け椅子；机上の空論的な(椅子に座ったまま理論を振り回す)」
- **exploration** 「調査」
- **empirical reality** 「経験的実在」

- **controlled** 「管理された」　• **empirical** 「実験に基づいた」

第2段落

- **repression** 「抑圧」　• **unacceptable** 「受け入れられない」
- **measurable** 「測定できる」　• **operationally** 「操作上」
- **testable** 「検査できる」　• **improve upon** 「改善する」
- **outcome** 「結果」　• **in question** 「問題になっている」
- **under consideration** 「検討中の」

STEP 3 実戦問題

🕐 60分　合格点23／30問中

　次の文章に関して，空欄補充問題と読解問題の二つがあります。まず，[1]から[20]の空所を埋めるのに，文脈的に最も適切な語を①から③の中から選びなさい。次に，内容に関する[21]から[30]の設問には，①から④の選択肢が付されています。そのうち，文章の内容からみて最も適切なものを選びなさい。

　The drought had lasted now for ten million years, and the reign of the dinosaurs had long since ended. Here on the Equator, in the continent which would one day be known as Africa, the battle for existence had reached a new climax of ferocity, and the victor was not yet in sight. In this barren and dry land, only the small or the swift or the fierce could flourish, or even hope to survive.

＊　　＊　　＊

　A new animal appeared on the planet, spreading slowly out from the African heartland. It was still so rare that a hasty census might have overlooked it, among the teeming billions of

総合政策　環境情報

creatures roving over land and sea. There was no evidence, as yet, that it would prosper or even survive; in this world where so many mightier beasts had passed [1] (① away ② off ③ out), its fate still wavered in the balance.

For a hundred thousand years, the man-apes invented nothing. But they started to change, and developed skills which no other animal possessed. The tools they had been programmed to use were simple enough, yet they could change this world and make the man-apes its masters. The most [2] (① complicated ② elegant ③ primitive) was the hand-held stone, that multiplied many-fold the power of a blow. Then there was the bone club, that lengthened the [3] (① edge ② reach ③ weight) and could provide a buffer against the fangs or claws of angry animals. With these weapons, the limitless food that roamed the savannas was theirs to [4] (① come ② make ③ take). They were no longer defenseless against the predators with whom they had to compete. They could drive away the smaller carnivores; the larger ones they could at least discourage from attacking, and sometimes put to flight. But they needed other aids, for their teeth and nails could not readily dismember anything larger than a rabbit. Luckily, nature had provided the 'perfect' tools, requiring only the wit to pick them up.

There was a crude but very efficient knife or saw, which would serve well for the next three million years. It was simply the lower jawbone of an antelope, with the teeth still in [5] (① frame ② pattern ③ place); there would be no substantial improvement until the coming of steel. Then there was an awl or dagger in the form of a gazelle horn, and finally a scraping tool made from the complete jaw of almost any small animal.

The bone club, the toothed saw, the horn dagger, the bone

scraper — these were the marvelous inventions which the man-apes needed in order to survive. Soon they would recognize them for the symbols of power that they were, but many months [6] (① could ② had to ③ might) pass before their clumsy fingers would acquire the skill — or the will — to use them. The odds were still [7] (① against ② between ③ beyond) them, and there were endless opportunities for failure in the ages that lay ahead. Yet the man-apes had been given their first chance. There would be no second one; the future was, very literally, in their own hands.

*　　*　　*

Their massive teeth were growing smaller, for they were no longer [8] (① absolute ② essential ③ powerful). The sharp-edged stones that could be used to dig out roots, or to cut and saw through tough flesh or fiber, had begun to replace them, with immeasurable consequences. No longer were the man-apes faced with starvation when their teeth were damaged or [9] (① killed ② repaired ③ worn); even the crudest tools could add many years to their lives. And as their fangs diminished, the shape of their face started to alter; the snout receded, the massive jaw became more delicate, the mouth able to make more [10] (① noisy ② subtle ③ sweet) sounds. Speech was still a million years away, but the first steps toward it had been taken.

*　　*　　*

The world began to change. In four great waves, with two hundred thousand years between their crests, the Ice Ages swept by, leaving their mark on all the globe. Outside the tropics, the glaciers slew those who had prematurely left their ancestral home; and everywhere they winnowed out the creatures who could not adapt.

When the ice had passed, [11] (① now ② so ③ then) had much of the planet's early life —— including the man-apes. But, unlike so many others, they had left descendants; they had not merely become extinct —— they had been transformed. The toolmakers had been remade by their own tools.

For in using clubs and flints, their hands had developed a [12] (① clumsiness ② dexterity ③ sloppiness) found nowhere else in the animal kingdom, permitting them to make still better tools, which in turn had developed their limbs and brains yet further. It was an accelerating, cumulative process; and [13] (① at ② in ③ of) its end was Man.

*　　*　　*

The first true humans had tools and weapons only a little better than those of their ancestors a million years earlier, but they could use them with far greater skill. And somewhere in these shadowy centuries they invented the most essential tool [14] (① at ② in ③ of) all, though it could be neither seen nor touched. They learned to speak, and so won their first great victory over Time. Now the knowledge of one generation could be handed on to the next, so that each age could [15] (① escape ② profit ③ suffer) from those that had gone before. Unlike the animals, who knew only the present, humans acquired a past; and they were beginning to [16] (① come ② grope ③ vanish) toward a future.

Humans were also learning to harness the forces of nature; with the taming of fire, they laid the foundations of technology and left their animal origins far behind. Stone gave [17] (① merit

② birth ③ way) to bronze, and then to iron. Hunting was succeeded by agriculture. The tribe grew into the village, the village into the town. Speech became eternal, [18] (① more ② relative ③ thanks) to certain marks on stone and clay and papyrus. Presently they invented philosophy, and religion. And they peopled the sky, not altogether inaccurately, with gods.

As their bodies became more and more defenseless, so their means of offense became steadily more frightful. With stone, bronze, and iron, they [19] (① got ② made ③ ran) the gamut of everything that could pierce and slash, and quite early in time they learned how to strike down their victims from a long distance. The spear, the bow, the gun, and finally the guided missile gave them weapons of infinite range and [20] (① all ② more ③ none) but infinite power.

Without these weapons, though they often used them against themselves, humans would never have conquered their world. Into their weapons they put their heart and soul, and for ages the weapons served them well. But now, as long as weapons existed, humans were living on borrowed time.

[21] What is the meaning of the statement "its fate still wavered in the balance" in the 2nd paragraph?
① It was uncertain whether the new animal would survive.
② Two or three groups of animals might take over the earth.
③ The form of animal life was unpredictable.
④ Two different animal groups took turns as animal kings.

[22] In the statement "the man-apes had been given their first chance" in the 5th paragraph, what kind of chance does the author mean?

① To grow crops.   ② To tame the animals.

③ To survive by using tools.   ④ To recognize symbols.

[23] Which of the following is the intended meaning of the statement "the toolmakers had been remade by their own tools" in the 8th paragraph?

① People were classified by the tools they made.

② Man-apes continued making new tools.

③ Man-apes evolved into humans.

④ New tools were produced by old tools.

[24] What made it possible for humans to acquire a past?

① Historical accidents.   ② Language.

③ Papyrus.   ④ Time.

[25] What does the author mean by the statement "they peopled the sky ... with gods" in the 11th paragraph?

① Humans separated politics and religion.

② Humans traced the figures of gods in the constellations.

③ Humans developed politics based on astrology.

④ Humans fostered a philosophy based on mythology.

[26] Why was it that "their means of offense became steadily more frightful" as stated in the 12th paragraph?

① Humans learned the art of aggressive diplomacy.

② Humans adapted to harsh environmental changes.

③ Humans learned how to fight in groups.

④ Humans transformed simple tools into weapons.

[27]　Which of the following items can be included in the list, "the spear, the bow, the gun, and the guided missile" in the 12th paragraph?
① Armor.　② The cannon.
③ The helmet.　④ The sword.

[28]　What does the author mean by the statement "they often used them against themselves" in the 13th paragraph?
① By misusing tools, humans destroyed them.
② Humans were not able to maximize their power.
③ Humans were not able to conquer the forces of nature.
④ Humans fought each other.

[29]　The statement "humans were living on borrowed time" in the 13th paragraph indicates that
① humans were obliged to return time to the lender someday.
② time could be reversed.
③ the human race might come to an end.
④ the human rule over time was simply accidental.

[30]　The main point of this article is
① both humans and animals adapted well to environmental changes.
② there was no essential difference between humans and animals.
③ tools played an important role in human history.
④ humans designed their environment through religion and philosophy.

（慶應・環境情報）

3択（語句選択問題）

[1] 答 ①

解説
熟語問題

> so many mightier beasts had **passed** [1](① away ② off
> ③ out),
> 「より強い動物の多くでさえ（**絶滅**）した」

pass away「亡くなる」という超重要熟語です。「離れたところへ（away），過ぎ去る（pass）」➡「亡くなる」になります。die「死ぬ」だと直接的すぎるので，遠まわしに pass away がよく使われます。

[2] 答 ③

解説
文脈問題

> **The tools** they had been programmed to use **were simple enough**, yet they could change this world and make the man-apes its masters. The most [2](① complicated ② elegant ③ primitive) was the hand-held stone, that multiplied many-fold the power of a blow. **Then** there was the bone club, ～ .
> 「類人猿が使うように条件づけられた**道具は，かなり簡単なもの**だったが，それによってこの世界が変わり，類人猿は世界を支配することになった。なかでも最も（**原始的な**）道具は，手で握れる大きさの石だった。この石を握ってなぐれば，素手の何倍も強くなぐることができた。**次に**，骨のこん棒で，～」

「道具はシンプル」➡「最も（ 2 ）な道具は hand-held stone」➡「それから（Then），bone club で」という流れですから，「シンプル」に近い意味の単語を選べば OK です。

①	complicated	「複雑な」
②	elegant	「上品な」
③	primitive	「原始的な」

[3] 答 ②

解説

文脈問題

> Then there was the bone club, that **lengthened** the [3]
> (① edge ② reach ③ weight) and ~ .
> 「次に，骨のこん棒で，（手が届く範囲で）伸ばしたり，~」

lengthened「長くした」に注目です。長くできるものは② **reach** ですね。
「手が届く範囲」って意味で，ボクシングでも「リーチ」って言います。

① edge「刃」がひっかけです。club は「こん棒」という意味なので刃は
ついてないんです。

▶トランプのクラブ（♣）はこん棒のデザインから生まれたんです。

①	edge 「刃」	②	reach 「手が届く範囲」	③	weight 「体重」

[4] 答 ③

解説

文脈問題

> With these weapons, the limitless food that roamed the
> savannas was theirs to [4](① come ② make ③ take).
> 「これらの武器を用いて，サバンナを歩き回る無数のえさは，類人猿が（と
> れる）ものとなった」

捨て問題ですので，できなくてもかまいません。

take「取る」➡「つかまえる／得る」で，**theirs to take**「彼らがつかまえ
るもの」です。the limitless food that roamed the savannas「サバンナを歩
き回る無限の食べ物（＝獲物)」を take「つかまえる」わけです。

[5] **答** ③

解説
熟語問題

> It was simply the lower jawbone of an antelope, with the teeth still **in** [5]（① frame　② pattern　③ place）;
>
> 「それは，歯（が付いたまま）のアンテロープ（鹿の一種）の下あごの骨で作ったものだった」

　in place「あるべき位置に／元の場所に」って熟語です。慶應レベルの受験生であれば知っておいてほしい熟語です。

　空所の前の with は「**付帯状況の with**」です。

with	the teeth	still in place	「歯が，まだ元の位置にあるままで」
with	O	C	➡「歯がついたままで」

[6] **答** ②

解説
文脈問題

> but many months [6]（① could　② had to　③ might）pass **before** their clumsy fingers would acquire the skill —— or the will —— to use them.
>
> 「しかし，その不器用な指でこういった道具を使えるようになるのは，あるいは使おうと思うようになるのは，何カ月も**後の**（ことだった）」

　空所の後にある **before** の便利な訳し方を覚えてください。

⊗ before の裏ワザ ➡ and で訳す

> S V **before** s v.　「S V だ。**そして** s v だ」

　いきなり「before を and で訳す」と言われてもワケわからないかもしれませんが，例文で考えるとカンタンです。

例 I got up before the sun rose.

訳 「太陽が昇る前に目が覚めた」➡「目が覚めた。そして日が昇った」

> ▶こうやって考えたほうが返り読みしないので、速く読めますし、内容がスッと入ってきて英文を混乱することがなくなります。

この before を本文で使ってみましょう。
意味がとりやすくなって、解答を出しやすくなります。

many months [6] (① could ② had to ③ might) pass **before** their clumsy fingers would acquire the skill — or the will — to use them.
「何カ月も過ぎる（② 必要があった）、**そしてその後**に不器用な指が道具を使うスキル、もしくは意志を、獲得した」

「何カ月も過ぎ去る**必要があった**」が一番自然な意味になります。ここから② **had to** を選びます。

　他の選択肢ですが、① could「過ぎることが<u>できた</u>（可能）」「ときには過ぎ去る<u>こともあった</u>（可能性）」どちらも変です。
　③ might は "might = may" と考えてください。might は「もしかしたら〜かもしれない」という現在の推量を表します。

> ▶仮に過去形「〜かもしれなかった」で考えても意味が変ですね。でもこの過去の意味の might は、現代英語ではほとんど使われないので "might = may" って覚えたほうが絶対に役立ちます。

[7] **答** ①

解説
熟語問題

The odds were still [7] (① against ② between ③ beyond) them, and **there were endless opportunities for failure** in the ages that lay ahead.
「**可能性**はまだ類人猿に（不利で）、その後**失敗する可能性は十分あった**」

odds は「可能性」という意味です（ギャンブルで「オッズ」と言います）。

The odds are ～「可能性は～だ」 ➡「きっと～だ」です。

空所の後ろに there were endless opportunities for failure「失敗の連続」がありますので，マイナスの意味になる① **against** を選びます。

The odds were against ～「きっと～にマイナスだった」が直訳です。

[8] 答 ②

解説
語彙問題

> Their massive teeth were growing smaller**, for** they were no longer [8]（① absolute　② essential　③ powerful）.
> 「類人猿の大きな歯は，次第に小さくなっていった。**というのは**，もはや（必要不可欠）ではなくなったからだ」

①	absolute	「絶対的な／完全な」
②	essential	「重要な／必要な」
③	powerful	「強力な」

どれもひっかかりやすい選択肢ですが，for に注目してください。

〈SV, for sv.〉「SVだ。というのはsvだからだ」の形です。

接続詞 **for** は「**理由**」を表します。

「歯が小さくなった。というのは（　8　）ではないからだ」に入るのは② **essential**「重要な／必要な」です。「歯が小さくなった理由は，必要ないから」です。

ここで大切なのが **essential** の意味です。ほとんどの受験生が「本質的な」と覚えてます。間違いではありませんが，「**重要な／必要な**」って覚えたほうが実際の英文では役立ちます！

> ▶こういう単語は超重要ですよ。だって筆者が「重要だ」と言ってるんですから，重要な内容に決まってますよね！　219ページにまとめてあるので，しっかりチェックしておいてください。

[9] 答 ③

解説
語彙問題

when their **teeth were damaged or** [9](① killed ② repaired
③ worn);
「**歯が損傷したり（すり減ったり）**したときでも，〜」

これは，**wear** の意味を知っているかがカギになります。

⊘ **wear の意味**

❶ 「**着ている／身に着けている**」

❷ 「**すり減らす**」 靴下やジャージを「着まくる」➡「すり減らす」

❸ 「**疲れさせる**」 「心をすり減らす」➡「疲れさせる」

▶すべての意味が重要です。今回は❷「すり減らす」になります

①	killed	「殺される」	「歯が殺される」は変。
②	repaired	「修理される」	
③	worn	「すり減らされる」➡「すり減る」	

[10] **答** ②

解説
文脈問題

the massive jaw became more **delicate**, the mouth able to make
more [10](① noisy ② subtle ③ sweet) sounds. Speech was
still a million years away, but **the first steps toward it had
been taken.**
「大きなあごは**細く**なり，より（微妙な）音を発せられるようになった。とは
いえ，話せるようになるのは100万年も後のことなのだが，**そのときにすでに
最初の一歩を踏み出していたのだ**」

空所の次の文が「言語にはまだ100万年離れている（＝言語が生まれるには

あと100万年かかる）が，**その第一歩が踏み出された**」です。「言葉の発生過程」を述べていますね。この文脈に合うのは② **subtle** です。

①　noisy 「やかましい」
②　subtle 「微妙な／繊細な」
③　sweet 「甘い」

[11]　答　②

解説
文法問題

> When the ice had passed, [11]（① now　② so　③ then） had much of the planet's early life — including the man-apes.
>
> 「氷が消え，地球上の初期の生物の多く（も）絶滅した。類人猿も含めて」

英文が "When s v, （　11　） V 〜 ." の形になっています。まず最初は「空所直後 had の S になるものが入る」って思いますよね。でも選択肢はすべて副詞ですから S になれません。ということは，空所（　11　）は S になるわけじゃないんです。

空所の左側に S がない以上，右の much of the planet's early life が S になるはず……。"（　　） V + S" の**倒置**なんです。

この形をつくるのは〈So V + S〉「S もそうだ」です。

✒ ココが慶應らしい

〈So V + S〉なんて慶應受験生にとっては基本中の基本ですよね。でもこうやって出されたら意外とできないんです。従来の解説書は，ただ「〈So V + S〉になっている」しか書きません。これでは「慶應が求める思考力」はつかないんです。ボクの解説はクドいと思いますが，実際慶應に合格する受験生が頭の中で行っているプロセスを示してるんです。それを習得するために何度も解説を読み直して慶應合格に近づいてください！

[12]　答　②

解説
語彙問題

their hands had developed a [12] (① clumsiness ② dexterity ③ sloppiness) found nowhere else in the animal kingdom, **permitting them to make still better tools,** 〜 .

「類人猿の手は動物界ではどこにもないほど（器用）になった。**その器用な手を使って，さらに精密な道具を作るようになり，〜**」

慶應に合格する受験生は絶対に①と②は知っています。「sloppiness は知らない，dexterity で十分意味通るよな」って考えれば OK です。

①	clumsiness	「不器用さ」
②	dexterity	「器用さ」
③	sloppiness	「だらしなさ」

[13] 答 ①

解説
文法問題（前置詞の判別）

and [13] (① at ② in ③ of) its **end** was Man.
「そして，その先端（に）いたのは人類だった」

end に注目です。end「終わり」という **1 点につく前置詞は「点を表す at」** です。問題文は Man was at its end. が倒置になったものです。
▶ in the end「最後は」と勘違いしないように注意してください。

[14] 答 ③

解説
文法問題（前置詞の判別）

they invented **the most essential** tool [14] (① at ② in ③ of) all,
「すべての（中で）**最も重要な道具を発明した**」

これは楽勝。最上級と一緒に使う **of all**「すべての中で」ですね。

[15] 答 ②

解説
文脈問題

> Now the knowledge of one generation could be handed on to the next, so that each age could [15](① escape ② profit ③ suffer) **from** those that had gone before.
>
> 「いま，ある代の知識は次世代へと引き継がれ，どの時代でも過去の知識**から**（恩恵を受ける）ことができるようになった」

空所直後に from がありますから，まず「from とくっつく熟語では？」って考えます。でもそこはさすが SFC！　すべて from をとる動詞です……。仕方ないので文脈で考えます。文脈自体はカンタンですね。

①	escape from ～	「～から逃れる」
②	profit from ～	「～から利益を得る」
③	suffer from	「～が原因で苦しむ」

[16] 答 ②

解説
語彙問題

> humans acquired a past; and they were beginning to [16] (① come ② grope ③ vanish) **toward a future**.
>
> 「人類は過去の知識を手に入れた。そして**未来へ向かって**（手探りで進み）始めたのである」

これは**捨て問題**です。文脈から「未来へ**進んだ**」というのは予想できると思いますが，選択肢で迷います。答えの② **grope** を知ってる受験生はいませんし，消去法も難しいのでミスしてかまわない問題です。

① come 「やってくる」
② grope 「手探りで進む」
③ vanish 「消える」 ✍ **vanish** は知っておいてほしい単語です。

[17] 答 ③

解説
熟語問題

> Stone **gave** [17]（① merit ② birth ③ way）**to** bronze, and then to iron.
> 「石に（代わって）青銅，次に鉄が登場した」

〈S **give way to** O〉「S は O に道を譲る」 ➡ 「S は O に代わる」という熟語です。「代わる」という日本語だけで覚えるのではなく「**S ➡ O という順番**」を意識してください。問題文は「Stone ➡ bronze，次に iron」って順番ですね。

① merit 「長所」
② birth 「誕生」 ✍ give birth to ～「～を生む」
③ way 「道」 ✍ give way to ～「～に代わる」

[18] 答 ③

解説
熟語問題

> Speech became eternal, [18]（① more ② relative ③ thanks）**to** certain marks on stone and clay and papyrus.
> 「石や粘土，パピルス紙に，ある記号を書き付けること（のおかげ）で，話し言葉を永久に書き残すことが可能になった」

空所直後 to に注目です。**thanks to** ～「～のおかげで」です。
② relative だと，relative to ～「～に関連して」になり，意味が変です。

[19]　答　③

解説
熟語問題

> With stone, bronze, and iron, they [19]（① got　② made
> ③ ran）the gamut of everything that could pierce and slash, ～ .
> 「石や青銅，鉄を使って，突き刺したり切りつけたりするあらゆることを（経験した）」

完全に捨て問題です。
run the gamut of ～ 「～の全範囲を経験する」という熟語です。
   ▶「この熟語を知っている人が現役の慶應大生の中に何人いるんだよっ」って問題です（ボクの予想は1000人に1人）。

[20]　答　①

解説
熟語問題

> The spear, the bow, the gun, and finally the guided missile
> gave them weapons of infinite range｜and｜[20]（① all　② more
> ③ none）**but** infinite power.
> 「槍や弓，銃，やがては誘導ミサイルといった道具により，人間はあらゆる種類の武器を手にし，（ほとんど）無限ともいえる力を手にしたのである」

まずは空所直前 and に注目してください。次の構造になります。

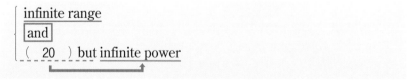

"（　20　）but" がまとめて infinite power を修飾するわけです。
all but 「ほとんど（＝ **almost**）」になります。
   ▶これは重要熟語ですからとりたい問題です。

4択（内容問題）

[21] **答** ①

解説

What is the meaning of the statement "**its** fate still wavered in the balance" in the 2nd paragraph?

「第2段落『**この動物**の運命は，まだてんびん上で揺れ動いている状態だった』とは，次のどれを意味するか？」

→ balance「（てんびんの）はかり」のことで，「てんびん上で揺れ動いている」→「まだハッキリしていない」ってことなんですが……。こんな教師の都合のいい解説をされても，実際の試験場で受験生がわかるはずありません。

まずは，英文の**確実にわかるところで選択肢を絞っていきましょう！**

its はこの段落の先頭 A new animal を指します。この new animal の fate（運命）を述べている選択肢は①しかありません。

---

① It was uncertain whether **the new animal** would survive.
「その新しい動物が生き残るかわからなかった」
② Two or three groups of animals might take over the earth.
「数種類の動物が，地球を引き継ぐ（＝支配する）かもしれない」
③ The form of animal life was unpredictable.
「動物の生活形態は予測不可能だった」
④ Two different animal groups took turns as animal kings.
「2種類の動物が，交代で動物界を支配した」
👉 下線部が A new animal を指すとは思えませんよね。

---

[22] **答** ③

解説

In the statement "the man-apes had been given their first chance" in the 5th paragraph, what kind of chance does the author mean?

「第5段落『類人猿は最初のチャンスを手にした』という文で，著者の言う「チャンス」とはどんなチャンスか？」

これは楽勝ですね。第5段落はひたすら「道具」の話です。余裕で答えは出ますが，慶應合格を目指す皆さんはもうちょっと深く英文を読んでみましょう。この段落の最後の文に注目です。

There would be no second one; the future was, **very literally, in their own hands**.

「二度目のチャンスはないかも。未来は文字通り，**彼らの手中にあった**」

in their own hands で「チャンスを手にした」と「道具を手に握っている」をかけているんです。それに気づくヒントが **literally**「文字どおり」なんです。つまり「チャンス＝道具」ということがここでもわかります。

慶應の意図は「この literally をしっかり解釈してね」ってことなんです！

①	To grow crops.	「作物を栽培する」
②	To tame the animals.	「動物を飼い慣らす」
③	To survive by using tools.	「道具を使って生き延びる」
④	To recognize symbols.	「象徴を認識する」

[23]　**答**　③

解説

Which of the following is the intended meaning of the statement "the toolmakers had been remade by their own tools" in the 8th paragraph?

「第8段落『この道具の作り手たちは，持っている道具で自分を作り変えた』が意図することは，次のうちどれか？」

直前にある文に注目です。

But, unlike so many others, **they had left descendants**; they had not merely become extinct — **they had been transformed**.

The toolmakers had been remade by their own tools.

「しかし多くの動物とは異なり，**類人猿は子孫を残していた**。単に絶滅した
のではなく，**姿を変えたのだ。この道具の作り手たちは，**自分たちの道具
によって**再生したのである**」

toolmakers（ = man-apes）が，remade（ = transformed）されたんです。
次の第9段落・ラストの文に "and [13]（① at ② in ③ of）its end was
Man" があります。つまり「 man-apes ➡ Man になった」ってことです。

---

① People <u>were classified</u> by the tools they made.
   「人間は自らが作った道具によって分類された」 ☞ 本文にナシ。
② <u>Man-apes continued</u> making new tools.
   「類人猿は新たな道具を作り続けた」
      ☞ man-apes 自体はこの時点で絶滅（extinct）します。
③ <u>Man-apes evolved</u> into humans.
   「類人猿は進化して人間になった」 ☞ 正解
④ <u>New tools were produced</u> by old tools.
   「古い道具から新しい道具が作られた」
      ☞ この選択肢は道具のことだけ。本文は「toolmakers の変化」を述べています。

---

[24] **答** ②

解説

What made it possible for humans to acquire a past?
「人間は何によって，過去の知識を手に入れたのか？」

カンタンな問題です。第10段落に注目です。

- 3つ目の文：They **learned to speak,** 〜 .「話をするようになった」
- ラストの文：Unlike the animals, who knew only the present,
  humans acquired a past; 「他の動物と違って，**過去を手に入れた**」

①	Historical accidents.	「歴史上で起こった偶然」
②	Language.	「言語」
③	Papyrus.	「パピルス紙」

   これは「紙として使われた」だけで，そこに書かれた「言葉によって過去の内容を理解できた」わけです。

| ④ | Time. | 「時間」 |

[25]　答　②

解説

What does the author mean by the statement "they peopled the sky ... with gods" in the 11th paragraph?

「第11段落『人間は神々を空に住まわせた』で，著者の意図することは何か？」

超難問です。

〈people *A* with *B*〉「AにBを住まわせる」という熟語なんて，受験生は絶対に知りません。でもきちんと考えることで正解に近づきます。がんばりましょう！

まず，これからは英文を読んでいて知らない動詞（ここでは people）が〈V *A* with *B*〉の形になっていたら〈provide *A* with *B*〉と同じ意味のつもりで読んでください（もちろん例外もありますが，かなり使えます）。

❯ V *A* with *B* は「AにBを与える」

例 We invested him with full authority.
訳 「彼に全権を与えた」
例 The book inspired me with courage.
訳 「その本は私に勇気を与えた」➡「その本を読んで勇気が湧いてきた」

さあ，問題文に戻りましょう。

they peopled <u>the sky</u>, not altogether inaccurately, with <u>gods</u>.
　　　　　V　　　*A*　　　　　　　　　　　　　　　with　　*B*

「空に神々を与えた」➡「空に神様を見出した」ぐらいに考えれば十分でし

ょう。たとえば「空には神様がいるんだ」って内容じゃないかと予想すれば
OK です。では選択肢を見てみましょう。

① Humans separated politics and religion.
「人間は政治と宗教を分離した」 🖉 politics（政治）は本文にナシ。

② Humans traced the figures of gods in the constellations.
「人間は星座の中に神の姿を捜し出した」 🖉 正解

③ Humans developed politics based on astrology.
「人間は占星術に基づき政治を発展させた」 🖉 politics はナシ。

④ Humans fostered a philosophy based on mythology.
「人間は神話に基づき哲学を発展させた」 🖉 これにひっかかる。

②の選択肢を読んで「だいたい同じだな」って考えれば完璧です！　ただ，
④にひっかかりやすいんです……。④の選択肢で注目すべき語句はどれでし
ょうか？

based on ～「～に基づいて」です。これは「**理由**」を表します。**因果表**
現ですよね。ですからマークしておかなきゃいけないわけです。④の選択肢
を因果に注目して考え直してみてください。

④ Humans fostered a philosophy based on mythology .
　　　　　　　　　　哲学（結果）◀━━━━━━━ 神話（原因）

この選択肢だと「神話から哲学が生まれた」ことになりますね。でも本文
では逆の「哲学 ➡ 神話」の順番です。第11段落ラスト 2 つの文を見てくだ
さい。

Presently they invented **philosophy**, and religion. **And** they
peopled the sky, not altogether inaccurately, with **gods**.
「**哲学**と宗教が生まれ，**そして**（**And**）空に**神様**を与えた（＝神話の誕生）」

この④さえ切れば，ほとんどの受験生が得点できないこの問題でバッチリ
得点できます！

[26]　答　④

Why was it that "their means of offense became steadily more frightful" as stated in the 12th paragraph?

「第12段落に述べられている『その攻撃手段はより恐ろしいものになっていった』のは，いったいなぜか？」

第12段落・ラストの文に注目です。

The spear, the bow, the gun, and **finally the guided missile gave them weapons of infinite range and** [20]（① **all** ② **more** ③ **none**）**but infinite power.**

「槍や弓，銃，やがては誘導ミサイルといった道具により，人間は無限に攻撃範囲が広がり，ほとんど無限ともいえる力を手にしたのである」

「しまいにはミサイル作っちゃった」から **frightful**「恐ろしい」なんです。他の選択肢は下線部が，まったく関係ないのでアウトです。

① Humans learned the art of <u>aggressive diplomacy</u>.
「人間は<u>攻撃的な外交関係</u>を学んだ」
② Humans adapted to harsh <u>environmental changes</u>.
「人間は厳しい<u>環境変化に適応した</u>」
③ Humans learned <u>how to fight in groups</u>.
「人間は<u>集団で戦う方法</u>を学んだ」
④ Humans transformed simple tools into weapons.
「人間は単純な道具を武器に変えた」　　正解

[27]　答　②

解説

Which of the following items can be included in the list, "the spear, the bow, the gun, and the guided missile" in the 12th paragraph?

「第12段落『槍や弓，銃，そして誘導ミサイル』に含めることができるのは，次のうちどれか？」

第12段落・２つ目の文に注目です。

they learned how to **strike down their victims from a long distance.**
「遠くから**獲物**を撃つ方法を覚えた」

つまり「遠くから攻撃できるもの」を選べば OK なんです。

① Armor. 「よろい」　② The cannon. 「大砲」
③ The helmet. 「ヘルメット」　④ The sword. 「剣」

　この問題はちょっと……女子には気の毒です。armor や cannon なんておそらく知りませんよね。男子ならゲームやマンガで「アーマー」「キャノン砲」って聞いたことあるので知ってるんです。慶應の先生もそこまで気がまわらなかったのでしょうね。

[28] 答 ④

解説

　What does the author mean by the statement "they often used them against themselves" in the 13th paragraph?
　　「第13段落『こういった武器はたいてい同じ人間に対して使われた』で，著者が意味することは何か？」

「代名詞を正確に把握できるか」っていう問題です。

　Without these weapons, though **they** often used them against themselves, **humans** would never have conquered their world.
　　「こういった武器はたいていの場合，同じ人間に対して使われたのであるが，もしこの武器がなかったら，**人類**は世界を制覇することはできなかっただろう」

they ＝ humans です。though 節の中の代名詞 S（この場合 they）は，主節の S（この場合 humans）に一致します。
　残った目的語の them ＝ these weapons になります。

① By misusing tools, humans destroyed them.
「道具の誤用により，人間はみずからを滅ぼした」 ☞ 人間は全滅してません。

② Humans were not able to maximize their power.
「人間は自分の持つ力を最大限に活用できなかった」 ☞ 本文にナシ。

③ Humans were not able to conquer the forces of nature.
「人間は自然の力を克服することができなかった」 ☞ 本文にナシ。

④ Humans fought each other.
「人々は互いに戦った」 ☞ 正解

[29] 答 ③

解説

The statement "humans were living on borrowed time" in the 13th paragraph indicates that
「第13段落『人類は借り物の時間を生きている』が意味することは……」

この問題もできなくても問題ありませんが，いちおう2通りの解説をします。
まず1つ目の解説は「熟語の暗記」です。live on borrowed time「(本当は死んでいるはずだが) 寿命を借りて，その時間を土台に (on) 生きている」
➡ 「命拾いして生きている／すぐに亡くなる」という熟語です。

▶ 『新英和大辞典』『リーダーズ英和辞典』(ともに研究社) のような大きな辞典には載っています。

この熟語，最高レベルの入試問題では，たま〜に見かけます。

例 We have begun to appreciate that we are living on borrowed time.
訳 「私たちはいつ滅んでもおかしくない状態なんだと気づき始めた」
(京都・後期 下線部和訳問題)

2つ目の解説は**受験テク**を使います。living on borrowed time は比喩表現です（「時間を借りる」なんて，できるわけないんですから比喩ですよね）。比喩表現の意味が問われたら「**比喩の単語をそのまま使っている選択肢はアウト**」なんです。これでダミーがかなり消せます！

① humans were obliged to <u>return time to the lender</u> someday.

「人間は時間を貸し主にいつか返す義務がある」 ☞「比喩そのまま」です。

② <u>time could be reversed.</u>

「時間は取り戻すことができる」 ☞「比喩そのまま」です。

③ the human race might come to an end.

「人類は消滅するかもしれない」 ☞ 正解

④ <u>the human rule over time</u> was simply accidental.

「人間が時間を支配しているのは，単なる偶然に過ぎない」

☞ この英文のテーマは，ひたすら「道具」ですよね。急に「時間の支配」はおかしいですね。

[30] **答** ③

解説

The main point of this article is

「この論文の主旨は……」

これはカンタンですね。この英文全体がず～っと道具の話です。
「最初は石，その後に言語や火，ミサイルを手にした」という内容ですね。

① both humans and animals <u>adapted well to environmental changes.</u>

「人間も動物も，環境の変化にうまく順応した」 ☞「道具」のことがナシ。

② there was <u>no essential difference between humans and animals.</u>

「人間と動物には本質的な違いはない」 ☞ 人間だけが道具を使えたんです。

③ tools played an important role in human history.

「道具は人間の歴史において重要な役割を果たした」 ☞ 正解

④ humans designed their environment <u>through religion and philosophy.</u>

「人間は宗教と哲学により自らの環境を築いた」

☞ 宗教と哲学は第11段落に出てくるだけです。

訳｜　干ばつはその時すでに1,000万年も続いており，恐竜が栄えた時代は遠い昔のことになっていた。赤道上では，のちにアフリカと呼ばれる大陸上にあるのだが，生存競争が再びピークに達しており，だれが勝つか見当もつかない状態だった。この乾燥した荒れ地で繁殖でき，生き残る望みすら持てるのは，小さいもの，すばしっこいもの，獰猛なものだけなのだ。

＊　　　＊　　　＊

　ある新種の動物が地球上に現れ，その生息域はアフリカ中央部から徐々に拡大していった。この動物はまだ非常に珍しく，急いで調査していたら，何十億もの動物が大地や海を移動する中で，見落とされてしまったかもしれない。この動物が繁殖するかどうか，いや，生き残る可能性さえ，その証拠はまだなかった。より強い動物の多くでさえ絶滅したこの世界において，この動物の運命はまだきわめて不安定な状態にあった。

　10万年の間，類人猿が何かを創り出すことはなかった。しかしやがて彼らに変化が生じ，他のどの動物にもない技術を開発した。類人猿が使うように条件づけられた道具は，かなり簡単なものだったが，それによってこの世界が変わり，類人猿は世界を支配することになった。なかでも最も原始的な道具は，手で握れる大きさの石だった。この石を握ってなぐれば，素手の何倍も強くなぐることができた。次に，骨のこん棒で，さらに遠くまで手を伸ばせるので，怒った動物が牙や爪で襲ってきたときに身を守るために役立った。類人猿はこれらの武器を用いて，サバンナを歩き回る無数のえさを一人占めした。張り合わなければならない肉食動物に対して，もはや無防備ということはなくなった。小さい肉食動物を追い払い，大きい動物には，少なくとも襲わないようにしたり，時には退散させることもできた。しかし類人猿には別の補助道具が必要になった。というのは，類人猿の歯と爪では，ウサギより大きな動物の体を割くのは難しかったからだ。幸運にも，自然界には「完璧な」道具が生まれた。あとはそれを使う知恵が必要だった。

　作りは雑だが，非常に使い勝手の良いナイフやのこぎりが作られ，その後300万年の間，便利な道具として使われることになった。それは，歯が付いたままのアンテロープ（鹿の一種）の下あごの骨で作ったものだった。鋼鉄製の道具が使われるまで，ほとんど事実上改良されることもなかった。次に，ガゼル（鹿の一種）の角の形をした，きりや短刀が登場し，やがてはさまざまな小

動物のあご全体を利用した削器が作られた。

　骨のこん棒，歯が付いたのこぎり，角の短刀や骨の搔器といったものは，類人猿が生き残るために必要な，すばらしい発明品であった。やがて類人猿はそういった道具を自分たちの力の象徴とみなすようになったが，その不器用な指でこういった道具を使えるようになるのは，あるいは使おうと思うようになるのは，何ヶ月も後のことだった。類人猿が勝ち残る可能性はまだ低く，その後失敗することは十分あり得た。それでも類人猿は最初のチャンスを手にした。二度目はないかもしれない。未来は文字どおり，彼らの手の中にあったのだ。

＊　　　＊　　　＊

　類人猿の大きな歯は，次第に小さくなっていった。というのは，もはや必要不可欠ではなくなったからだ。根を掘り起こしたり，硬い肉や繊維を切り分けたりするために，とがっている石を使うようになり，歯が必要なくなった。そしてこれは計り知れない結果をもたらした。歯が損傷したりすり減ったりしても，類人猿はもはや飢えの危機に直面する心配はなくなったのだ。そんな簡単な道具を使うだけで，何年も寿命が延びることになったのである。牙が小さくなるにつれ，類人猿の顔の形は変わり始め，突き出た鼻は引っ込み，大きなあごは細くなり，口はより微妙な音を発することができるようになった。とはいえ，話せるようになるのは100万年も後のことなのだが，そのときにすでに最初の一歩を踏み出していたのだ。

＊　　　＊　　　＊

　世界は変わり始めた。20万年間隔で4度のピークを迎えた氷河期が始まり，そして地球全体にその跡を残した。熱帯地方以外では，先祖代々住んできた場所を時期尚早にして離れた者の命は，氷河によって奪われた。そして地球上のいたるところで，気候に適応できない生物がふるい落とされていった。

　氷が消え，地球上の初期の生物の多くも絶滅した。類人猿も例外ではなかった。しかし他の多くの動物とは異なり，類人猿は子孫を残していた。単に絶滅したのではなく，姿を変えたのだ。この道具の作り手たちは，自分たちの道具によって再生したのである。

　というのも，こん棒や火打ち石を使う中で，類人猿の手は動物界ではどこに

もないほど器用になった。その器用な手を使って，さらに精密な道具を作るようになり，そのことによって今度は手足や脳がますます発達することになった。それは加速度的かつ累積するプロセスであって，その最後には人類が誕生することになった。

＊　　＊　　＊

初期の真の人類が持っていた道具や武器は，その祖先が100万年前に持っていたものに比べ，やや高度になったくらいではあったものの，その道具を使う技術では，はるかにすぐれていた。そして，いまだなぞの多いこの時代のどこかで最も重要な道具を発明したのである。それは見ることも触ることもできないものなのだが。人間は話をすることができるようになったのだ。そして初めて「時の流れ」に左右されない力を手に入れたのだ。いまや，ある世代の知識は次世代へと引き継がれ，どの時代でも過去の知識から恩恵を受けることができるようになった。現在の知識しか持たない動物と異なり，人類は過去の知識を手に入れた。そして未来へ向かって手探りで進み始めたのである。

人類は自然の力をも利用できるようになった。火を自在に操ることで，科学技術の基礎を築き，人間が動物だった原始の時代は，はるか昔のこととなった。石に代わって青銅，次に鉄が登場した。狩猟は農業へと変わった。部族が発展して村となり，村はやがて町になった。石や粘土，そしてパピルス紙に，ある記号を書き付けることで話し言葉を永久に書き残すことが可能になった。やがて人間は哲学や宗教を創り出した。人間が天空を神々でいっぱいにした，と言ってもまったくの間違いではないだろう。

人間の体が無防備になっていくにつれて，その攻撃手段は着実により恐ろしいものになっていった。石や青銅，鉄を使って，突き刺したり切りつけたりする，あらゆる武器を作ることができた。きわめて初期のころから，遠くから獲物を撃ち倒す方法を覚えた。槍や弓，銃，やがては誘導ミサイルといった道具により，人間はあらゆる種類の武器を手にし，ほとんど無限ともいえる力を手にしたのである。

こういった武器はたいていの場合，同じ人間に対して使われたのであるが，もしこの武器がなかったら，人類は世界を制覇することはできなかっただろう。人々が精魂込めて作った武器は，長い間人間の役に立ってきた。しかし今では，

| 武器が存在する限り，人類は借り物の時間を生きているのである。

語句

第1段落

- **drought** 「干ばつ」 　 **reign** 「支配」 　 **dinosaur** 「恐竜」
- **Equator** 「赤道」 　 **continent** 「大陸」 　 **climax** 「最高点」
- **ferocity** 「凶暴性」 　 **barren** 「不毛な」 　 **flourish** 「繁栄する」

第2段落

- **heartland** 「中心地」 　 **census** 「人口調査」
- **teeming** 「あふれんばかりの」
- **rove** 「うろつく」 　 **mighty** 「強力な」 　 **waver** 「揺れる」
- **balance** 「(てんびんの) はかり」

第3段落

- **man-ape** 「類人猿」
- **program** 「方向づける；しつける (人をプログラムする)」
- **multiply** 「増やす」 　 **-fold** 「〜倍の」 　 **blow** 「一撃」
- **lengthen** 「長くする」 　 **buffer** 「緩 衝 となるもの」
- **fang** 「牙」 　 **claw** 「爪」 　 **roam** 「歩き回る」
- **savanna** 「サバンナ」 　 **predator** 「肉食動物」
- **drive away** 「追い払う」 　 **carnivore** 「肉食動物」
- **flight** 「逃走」 　 **dismember** 「切断する」
- **pick up** 「習得する」

第4段落

- **crude** 「加工されていない」 　 **substantial** 「実質的な」
- **steel** 「鉄鋼」 　 **awl** 「千枚通し」 　 **dagger** 「短刀」
- **gazelle** 「ガゼル (シカに似た動物)」
- **scrape** 「こする；する」 　 **jaw** 「アゴ」

第5段落

- **clumsy** 「不器用な」 　 **odds** 「可能性」
- **literally** 「文字どおりに」

第6段落

- **massive** 「巨大な」
- **dig out** 「掘り出す」
- **flesh** 「肉」
- **immeasurable** 「計り知れないほどの」
- **consequence** 「結果」
- **edge** 「(刃を) 研ぐ」
- **saw** 「(のこぎりで) 切る」
- **fiber** 「繊維」

第7段落

- **crest** 「最高潮」
- **glacier** 「氷河」
- **prematurely** 「時期尚早に」
- **sweep** 「広まる」
- **slew** (**slay** (殺す) の過去形)
- **winnow out** 「ふるい分ける」
- **mark** 「跡」

第8段落

- **the planet** 「地球 (よく使われる言い回しです)」
- **descendant** 「子孫」
- **extinct** 「絶滅した」

第9段落

- **flint** 「石器」
- **limb** 「手足」
- **in turn** 「今度は;同様に」
- **cumulative** 「蓄積していく」

第10段落

- **shadowy** 「暗い;やみに包まれた」
- **hand on** 「伝える」

第11段落

- **harness** 「利用する」
- **succeed** 「後に続く」
- **clay** 「粘土;土」
- **tame** 「飼いならす」
- **tribe** 「部族」
- **papyrus** 「パピルス紙」
- **bronze** 「青銅」
- **eternal** 「永遠の」

第12段落

- **frightful** 「恐ろしい」
- **strike down** 「打ち倒す」
- **bow** 「弓」
- **infinite** 「無限の」
- **pierce** 「突き刺す」
- **spear** 「槍」
- **guided missile** 「誘導ミサイル」
- **slash** 「切りつける」

最終段落

- **conquer** 「征服する」
- **put one's heart and soul into 〜** 「〜に全身全霊を注ぐ」

慶應の長文はオモシロイ‼

　慶應の問題はレベルがまるで違います。量も難易度も。そして何よりも「**意見の深さ**」が違います。

　鋭い意見で読んでる受験生にも勉強になるし，問題そっちのけで，そのまま小論文に書きたくなるような意見まで出てきます。頑固者，極論を言う人まで出てきてなかなかオモシロイです。

　たとえば，慶應経済学部で出た英文なら……

> 「スポーツなんか新聞に載せるな」
> 「ボクシングは搾取{さくしゅ}のスポーツ」
> 「いや，ボクシングこそ貧困層の人が成り上がれる道」
> 「男はスポーツに燃えてろ。私たち女が勉強して世の中を作っていくから」
> 「スポーツの試合では即座の判断が必要。その決断力こそビジネスでも政治でもリーダーに求められる資質」

……などなど。

　これが教科書などだと，「スポーツは体にいい」とか，優等生の抽象論ばかりですよね。慶應に限らず，大学のゼミで，就職活動で，実際のビジネスで，こんな具体性を欠いた意見は相手にされません。

　慶應の問題を通じて，劇的に視野が広がるはずです。

掲載問題出典リスト

★は改題のうえ掲載。

▌慶應（学部別）

学部	問題		ページ
理工	**LESSON 1** 基本例題	(1), (2), (6), (10)	28, 29
	LESSON 1 実戦問題	(4), (5), (8), (9)	40, 41
	LESSON 2 例題		51
	LESSON 2 基本例題		52〜53
	LESSON 2 実戦問題		59
	LESSON 3 基本例題	(2)	68
総合政策	**LESSON12** 基本例題		290〜291
環境情報	**LESSON12** 実戦問題		297〜303
看護医療	**LESSON 1** 基本例題	(9)	29
薬	**LESSON 7** 参考		154
医	**LESSON 3** 基本例題	(3)	68
	LESSON 5 基本例題		107〜108
	LESSON10 基本例題		241

▌その他

引用元	問題		ページ
愛知大学	**LESSON6** 基本例題①	(1)	127
青山学院大学	**LESSON5** 参考問題		119
学習院大学（法）	**LESSON6** 基本例題①	(2), (4), (5)	127
早稲田大学（法）	**LESSON3** 参考問題		79
センター試験（本試）	**LESSON6** 基本例題①	(3)	127

➕ グラフ特有表現

グラフの特有表現❶（名詞）

- ☐ **figure** 「数字」 ☞ 他に「人影／人物／図」という意味も重要。
- ☐ **Fig. 1** 「図1」 ☞ figure の短縮形が Fig.
- ☐ **table** 「表」 ☞ 「タイムテーブル」って言いますよね。
- ☐ **chart** 「表」 ☞ 「ヒットチャート」でおなじみですね。
- ☐ **diagram** 「表」 ☞ 「JR のダイヤが乱れた」って言いますね。
- ☐ **pie chart / pie graph** 「円グラフ」 ☞ 「pie の形をした」 ➡ 「円」
- ☐ **bar chart / bar graph** 「棒グラフ」 ☞ bar は「棒」って意味です。
- ☐ **proportion** 「割合」 ☞ 「プロポーションがいい」とは，本来「体の割合（バランス）がいい」ってことなんです。
- ☐ **rate** 「割合／率」 ☞ 「為替のレート」って言いますね。
- ☐ **percentage** 「百分率」
- ☐ **aim** 「目的」
- ☐ **purpose** 「目的」
- ☐ **goal** 「（実験などの）目的」 ☞ 「最後にあるゴール」 ➡ 「目的」
- ☐ **instruction** 「指示」
- ☐ **item** 「項目／品目」 ☞ 「アイテム」とは「1つ1つのモノ」のことなんです。
- ☐ **category** 「区分」 ☞ 「カテゴリー」は日本語になってますね。
- ☐ **unit** 「単位」
- ☐ **the former** 「前者」
- ☐ **the latter** 「後者」
- ☐ **amount** 「総計」
- ☐ **degree** 「程度」
- ☐ **quality** 「質」
- ☐ **quantity** 「量」
- ☐ **statistics** 「統計」 ☞ 長文でもよく出ます。
- ☐ **effect** 「結果／効果／影響」 ☞ 超重要単語です。
- ☐ **result** 「結果」
- ☐ **research** 「調査」

| □ **means** | 「手段」 | ☞ mean「意味する」／ meaning「意味」と区別しましょう。 |

| □ **period** | 「期間」 |
| □ **term** | 「期間」 |

グラフの特有表現❷（動詞）

□ **account for** ～	「説明する／～を占める」
□ **lead** ～	「～の中で一番である」 ☞ センターで出てます。
□ **be similar in** ～	「～が似ている」 ☞ 直訳は「～において（in）似ている」
□ **in that** S V	「S V という点において／ S V だから」
□ **be similar in that** S V	「S V という点で似ている」
□ **conduct a survey on** ～	「～に関する調査を行う」
	☞ on は "意識の接触"「～について」って意味です。
□ **represent**	「表す／代表する」
□ **illustrate**	「説明する」 ☞ 「イラスト」は本文を説明する絵のことですね。
□ **remain steady**	「横ばいになる」 ☞ steady「安定した」
□ **level off**	「横ばいになる」
□ **increase by** ～	「～の分だけ増える」 ☞ 差を表す by「～の分だけ」
□ **increase to** ～	「～まで増える」 ☞ 到達点を表す to「～まで」
= **increase up to** ～	「～まで増える」 ☞ 到達点を強調する up がついて up to になっただけです。
□ **decrease by** ～	「～の分だけ減る」 ☞ 差を表す by
□ **decrease to** ～	「～まで減る」 ☞ 到達点を表す to
□ **decline**	「減る」
□ **investigate**	「～を調査する」
□ **calculate**	「～を計算する」
□ **measure**	「～を測る」 ☞ 「巻尺／メジャー」は「測る」モノですね。
□ **analyze**	「～を分析する」
□ **compare**	「～を比較する」

☐ **conclude**　「〜と結論を下す」
☐ **weigh**　　　「〜の重さを量る」　☞ 名詞形は weight で，この区別が文法で
　　　　　　　　　　　　　　　　　　　　出ます。

グラフの特有表現❸（「約」の区別）

☐ **about / around**「約〜」　　　☞ その数値の前後ともに OK。
☐ **almost / nearly**「ほとんど〜」　☞ その数値に達してない。
☐ **barely**　　　　「かろうじて〜」　☞ その数値をわずかに上回る。

　about は本来「まわりに」という意味です。そこから「約」「〜について」
という意味が生まれたんです。「まわり」ですから，その数値を上回っていて
も下回っていても OK です。
　almost は，日常会話で **"Almost!"** って使われます。「おしい！」って意
味で，子どもがやる気をなくさないように "No." の婉曲として言ったり，
クイズ番組やスポーツ中継でも使われたりします。
　barely は「かろうじて」って日本語を覚えてしまえば問題ないでしょう。

グラフの特有表現❹（その他）

☐ **As** sv, S V = S V **as** s v.「s v するにつれて S V だ」　☞ 比例の as
☐ **relatively**　　　　　　　「比較的」
☐ **increasingly**　　　　　　「ますます」
☐ **following**　　　　　　　「次の／以下の」
☐ **in the following way**　「以下の方法で」
☐ **in comparison with** 〜「〜と比較すると」
☐ **in contrast to** 〜　　「〜とは対照的に」
☐ **according to** 〜　　　「〜によると」
☐ **depending on chance**　「無作為に／でたらめに」
　　　　　　　　　　　　　　（= randomly / at random）
☐ **as of** 〜　　「〜現在」　☞ as of June 2010, なら「2010年 6 月現在」
☐ *A* **out of** *B*「B のうちの A」　☞ one person out of five「5 人中 1 人」
☐ **but** 〜　　「〜を除いて」　☞ この but は前置詞です。all but 〜「〜を除い
　　　　　　　　　　　　　　　　　て全部」／ one but 〜「〜を除いてひとつ」

関　正生（せき　まさお）

　1975年7月3日東京生まれ。埼玉県立浦和高校、慶應義塾大学文学部（英米文学専攻）卒業。TOEIC L&Rテスト990点満点。リクルート運営のオンライン予備校「スタディサプリ」で、全国の小中高生・大学受験生に、そして「スタディサプリENGLISH」のTOEICテスト対策講座では、動画講義を200本以上担当し、全国の大学生・社会人に授業を行う（PC・スマホで受講可能）。有料会員数は年間で140万人以上。受験英語から資格試験、ビジネス英語、日常会話までを指導し、英語を学習する全世代に強力な影響を与えている。

　主な著書に『真・英文法大全』『大学入試問題集　関正生の英語長文ポラリス』（全3冊）、『C D2枚付　大学入試　関正生の英語リスニング　プラチナルール』（ほかシリーズ全4冊）、『大学入試　世界一わかりやすい英文読解の特別講座』『カラー改訂版　世界一わかりやすい英文法の授業』（以上、KADOKAWA）など計120冊以上、累計300万部を突破（一部は韓国・台湾でも翻訳出版中）。また、NHKラジオ講座「小学生の基礎英語」のコラムや、英語雑誌『CNNENGLISH EXPRESS』（朝日出版社）での記事連載、さまざまなビジネス雑誌・新聞の取材、TV出演など多数。

かいていばん　せかいいち　　　　けいおう　えいご　　ごうかくこうざ
改訂版　世界一わかりやすい　　慶應の英語　合格講座

2020年11月20日　初版発行
2024年10月30日　7版発行

せき　まさお
著者／関　正生

発行者／山下　直久

発行／株式会社KADOKAWA
〒102-8177　東京都千代田区富士見2-13-3
電話　0570-002-301（ナビダイヤル）

印刷所／株式会社加藤文明社

●お問い合わせ
https://www.kadokawa.co.jp/（「お問い合わせ」へお進みください）
※内容によっては、お答えできない場合があります。
※サポートは日本国内のみとさせていただきます。
※Japanese text only

定価はカバーに表示してあります。